말씀으로 배우는 삶의 지혜

잠언365

말씀으로 배우는 삶의 지혜

잠언 365

이범의 · 이대경 · 이효재 지음

Proverbs

다윗의 아들 이스라엘 왕 솔로몬의 잠언이라 이는 지혜와 훈계를 알게 하며 명철의 말씀을 깨닫게 하며 지혜롭게, 공의롭게, 정의롭게, 정직하게 행할 일에 대하여 훈계를 받게 하며 어리석은 자를 슬기롭게 하며 젊은 자에게 지식과 근신함을 주기 위한 것이니 지혜 있는 자는 듣고 학식이 더할 것이요 명철한 자는 지략을 얻을 것이라 잠언과 비유와 지혜 있는 자의 말과 그 오묘한 말을 깨달으리라 여호와를 경외하는 것이 지식의 근본이 거늘 미련한 자는 지혜와 훈계를 멸시하느니라 내 아들아 네 아비의 훈계를 들으며 네 어미의 법을 떠나지 말라 이는 네 머리의 아름다운 관이요

아가페

"여호와여, 아침마다 주께서 내 소리를 들으시니,
매일 아침 나의 소원들을 주께 아뢰고
주님의 응답을 조용히 기다립니다."
- 시 5:3, 쉬운성경

Contents

Proverbs

Proverbs

지혜로 여는 매일 묵상 1월

"여호와를 경외하는 것이 지식의 근본이거늘
미련한 자는 지혜와 훈계를 멸시하느니라"
(잠 1:7)

Proverbs

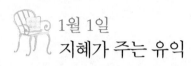

1월 1일
지혜가 주는 유익

다윗의 아들 이스라엘 왕 솔로몬의 잠언이라(1:1)

한 네덜란드 사람이 미국으로 여행을 왔습니다. 좌석버스를 타고 이동하던 그는 창밖을 내다보다가 갑자기 큰 소리로 말했습니다. "기사 양반, 저 화창한 하늘 좀 보시오. 저 멀리 보이는 산과 들은 정말 한 폭의 웅장한 그림 같지 않소?" 그러자 기사는 '별 이상한 사람 다 보겠네…' 라는 표정으로 그 여행객을 훑어보았다고 합니다. 오직 돈을 벌어야 한다는 집념 때문에 주위를 돌아볼 겨를도 없이 각박하게 사는 미국인과 꽃 한 송이를 보고도 아름다움과 삶의 여유를 즐기는 네덜란드인의 차이를 보여주는 이야기입니다. 우리 주위에도 돈을 벌려고 열심히 일하는 사람들이 많습니다. 그들은 나중에 자식에게 집이라도 한 채 물려주고 싶어서 돈을 번다고 대답합니다. 이것이 자녀를 가진 부모의 심정일 것입니다.

다윗은 진정으로 자식을 위한 길이 무엇인지 잘 알고 있었습니다. 다윗이 아들 솔로몬에게 남겨준 유산은 지혜입니다. 지혜는 하나님을 바로 알고 온전한 마음과 기쁜 뜻으로 섬기며 마음까지도 꿰뚫어보시는 하나님을 전심으로 찾는 것입니다. 물질만 찾는 사람은 물질과 함께 끝납니다. 하지만 하나님의 지혜를 구하는 사람은 생명, 행복, 재물을 모두 얻게 될 것입니다. 여러분은 자녀에게 무엇을 남겨주길 원하십니까?

✵✵✵하나님의 지혜를 배우고 자손에게 물려주는 삶이 되게 하소서.

가보면 알게 돼!

이는 지혜와 훈계를 알게 하며 명철의 말씀을 깨닫게 하며 지혜롭게,
공의롭게, 정의롭게, 정직하게 행할 일에 대하여 훈계를 받게 하며(1:2-3)

서한시대 때 황제는 강족(羌族)의 침입을 막고 잃어버린 성을 되찾기 위해
신하들을 모았습니다. 그리고 누가 선봉장이 되어 이 전쟁을 승리로 이끌
지를 물었습니다. 황제의 말이 끝나기도 전에 76세의 노장 조충국이 일어
나 그 임무를 자신에게 맡겨줄 것을 간청했습니다. 황제가 얼마의 병력이
필요하냐고 묻자, 노장은 현장을 직접 둘러본 후에 말씀드리겠다고 했습니
다. 곁에 있던 대신들은 병사들의 보고와 그동안의 통계로도 충분한데
왜 그러는지 이해가 되지 않았습니다. 이런 따가운 시선에도 불구하고 노
장은 이렇게 말했습니다. "백 번 듣는 것보다 한 번이라도 제 눈으로 직접
보는 것이 낫습니다. 제가 직접 현장에 가서 정확한 상황을 파악한 다음
에 우리의 병력이 얼마나 필요한지 말씀드리겠습니다." "백 번 듣는 것보
다 한 번 보는 것이 낫다"는 말은 후세에 "백문이 불여일견이요, 백견이
불여일간"(百聞不如一見 百見不如一干)이라는 속담으로 전해지게 되었습니다.

가르침, 지혜로움, 명철함, 정의로움, 공평함, 정직함, 공의로움 등은 들
음으로만 만족할 수 없습니다. 자신의 눈으로 직접 보고 그 길을 걷지 않
는 이상, 내 것이 될 수 없습니다. 그러므로 잠언의 지혜와 모든 가르침은
직접 실천해야 합니다.

••• 훈계를 받은 대로 구체적으로 실천하게 하소서.

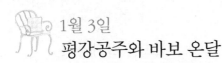

1월 3일
평강공주와 바보 온달

어리석은 자를 슬기롭게 하며 젊은 자에게 지식과 근신함을 주기 위한 것이니(1:4)

"개천에서 용 났다"는 우리 속담을 중국에서는 "닭장에서 귀한 봉황이 나왔다"고 표현합니다. 흔히 여건이 좋지 않는 시골이나 가난한 집에서 성공을 이루어낸 경우, 혹은 보잘것없는 집안에서 훌륭한 인물이 났을 때 많이 사용하는 말입니다.

이 속담에 가장 잘 어울리는 사람을 꼽으라면 '바보 온달'이 아닐까요. 온달은 고구려 평강왕 때 사람으로 얼굴은 우습게 생겼지만 마음씨는 아름다웠다고 합니다. 집이 너무 가난하여 항상 다 떨어진 옷과 해어진 신발을 신고 구걸을 하러 다녔습니다. 사람들은 그를 가리켜 바보 온달이라고 했습니다. 그러던 그가 평강공주를 만남으로 훌륭한 장군이 되어 용맹을 떨쳤습니다.

청소년들에게 인생에 대한 지혜와 근신을 요구하는 일은 매우 어렵습니다. 그럼에도 불구하고 하나님은 "말세에 내가 내 영을 모든 육체에 부어 주리니 너희의 자녀들은 예언할 것이요 너희의 젊은이들은 환상을 보고 너희의 늙은이들은 꿈을 꾸리라"(행 2:17)고 약속하셨습니다. 젊은이들이 하나님의 말씀을 받아들이고 잠언의 가르침대로 살아간다면 지식과 지혜와 근신을 가지게 될 것입니다.

***지식과 근신을 실천함으로 지혜로운 삶을 살비 하소서.

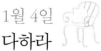

작은 일에 최선을 다하라

지혜 있는 자는 듣고 학식이 더할 것이요 명철한 자는 지략을 얻을 것이라(1:5)

한 노부부가 어느 지방의 작은 여관에 예약 없이 방문했습니다. 그런데 그 지방에 큰 축제가 열려서 모든 숙박업소의 방이 꽉 찼습니다. 그 여관도 마찬가지였습니다. 당황해하는 노부부에게 지배인은 자기 방을 기꺼이 내어주며 친절을 베풀었습니다. 고맙다는 말을 연거푸 하는 노부부에게 지배인은 자기 부모와 같은 분들이기에 당연히 해드려야 한다고 말했습니다. 노부부는 다음 날 호텔을 떠나면서 지배인에게 말했습니다. "당신의 친절에 진심으로 감사드리오. 우리 부부가 당신을 위해 최고의 호텔을 지어 드리겠소." 2년이 지난 후 뉴욕 중심가에 멋진 호텔이 세워졌는데, 그 지배인이 호텔 경영자로 임명되었습니다. 미국 최고급 호텔 월도포 아스토리아 사장인 조지 볼트의 이야기입니다.

복음서에 등장하는 예수님의 달란트 비유도 이와 유사합니다. 다섯 달란트와 두 달란트를 받은 종들은 부지런히 일해서 두 배의 이익을 남겼습니다. 그러나 한 달란트를 받은 종은 게으름을 피워서 가진 것마저 빼앗겼습니다. 지혜와 명철 역시 마찬가지입니다. 부지런히 구하는 사람은 더 풍성하고 폭넓은 학식과 모략을 얻게 됩니다. 큰일은 처음부터 크지 않습니다. 아주 작은 것이 모여서 크게 되는 것입니다.

***아주 작은 일에 최선을 다하는 자세를 가르쳐주소서.

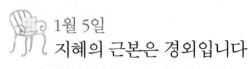

1월 5일
지혜의 근본은 경외입니다

여호와를 경외하는 것이 지식의 근본이거늘 미련한 자는 지혜와 훈계를 멸시하느니라(1:7)

"불보다 두려운 것은 물이다!" 홍수를 겪은 사람은 이 말의 뜻을 잘 압니다. 인류 최초이자 가장 무서운 자연재해를 꼽으라면 아마도 노아의 홍수일 것입니다. 노아의 홍수는 단순한 자연 현상이 아니라 하나님을 경외하지 않는 인간의 교만과 타락에서 기인한 것입니다. 노아 시대의 사람들은 그 누구도 인정하지 않았고 그 무엇도 두려워하지 않았습니다. 오직 자신이 세상의 중심이라고 생각했습니다. 자신의 생각이 곧 진리며, 자신이 하려는 것은 무엇이든지 옳은 것으로 여기는 이들에게는 '자기 자신'이 곧 삶의 기준이고 지침인 것입니다.

그러나 성경은 온 우주의 중심은 인간이 아니라 창조주 하나님이라고 말합니다. 하나님의 말씀인 성경이야말로 인간의 삶의 기준과 지침이라고 선포합니다. 이러한 진리를 받아들이는 것이 바로 하나님을 경외하는 것입니다. 경외의 사전적인 의미는 '공경하고 두려워하는' 것입니다. 이러한 마음을 가진다는 것은 어쩌면 가장 인간적인 표현일 것입니다. 이 세상을 지으신 분에 대한 높임과 두려움이 없다면, 인간은 방황과 방탕으로 끝없이 추락하는 존재가 될 것이기 때문입니다.

***하나님을 경외하는 지혜로운 자가 되게 하소서.

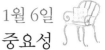

가정교육의 중요성

내 아들아 네 아비의 훈계를 들으며 네 어미의 법을 떠나지 말라
이는 네 머리의 아름다운 관이요 네 목의 금 사슬이니라(1:8-9)

중동의 여러 나라들 가운데 1948년에 건국된 이스라엘은 불가사의한 역
사를 가지고 있습니다. 이스라엘 민족은 고대 유대인의 왕국이 멸망한 후
2천 년 동안 세계 도처에 뿔뿔이 흩어져 살았습니다. 그 2천 년 동안 수많
은 소수 민족과 언어가 소멸된 것을 생각한다면, 유대인이 이스라엘을 일
으켜 세운 것은 기적 그 자체였습니다. 그런 기적이 일어날 수 있었던 것
은 이스라엘 민족이 가정교육과 신앙을 중요하게 여겼기 때문입니다. 그
들의 삶은 곧 신앙이요, 그들의 가정교육은 곧 신앙교육이었습니다.

오늘 말씀에 나오는 '아비의 훈계'와 '어미의 법'은 하나님의 말씀을 가
리킵니다. 그리고 더 나아가 이 세상 모든 부모들의 경험으로 축적된 삶
의 지혜와 가르침을 가리키기도 합니다. 이 가르침을 떠나지 말라는 말은
그 안에 거하라는 더 강력한 표현입니다. 하라는 것은 하고, 하지 말라는
것은 하지 않는 것. 그것이 바로 순종입니다. 이러한 순종은 경외하는 마
음 없이는 불가능합니다. 하나님을 경외함이 모든 지식의 출발이라고 한
다면, 부모를 경외함은 삶의 평안을 가져다주는 아름다운 면류관이 될 것
입니다.

°°°사는 날 동안 하나님과 부모님을 경외하게 하소서.

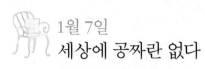

1월 7일
세상에 공짜란 없다

내 아들아 악한 자가 너를 꾈지라도 따르지 말라(1:10)

'몸비 시즌'이라는 말을 들어보셨나요? 매년 여름에 할리우드 블록버스터 영화들을 대대적으로 개봉하는 시즌을 말합니다. 이 말의 뜻은 '몸을 비비고 봐야 할 정도로 관객이 몰리는 기간'이라고 합니다. 할리우드 영화를 많이 본 사람들은 그 공통된 특징이 무엇인지 잘 압니다. 이야기의 시작은 항상 선에 대한 악의 도전과 횡포로 시작됩니다. 균형과 질서는 파괴되고 인간관계는 불신과 잔인함, 빈정댐으로 변합니다. 착하고 정의로운 사람들에게 과연 희망이 있는 것일까라는 의문이 생기지만, 그럼에도 불구하고 끝까지 결과를 지켜본다면 말할 수 없는 기쁨과 안도감을 느끼게 됩니다. 견디기 힘든 고통과 시련 후에는 반드시 선의 승리가 있기 때문입니다. 이 같은 해피엔딩은 우리에게 기쁨과 희망을 주지만, 다른 한편으로는 이를 위해 지불해야 할 대가가 결코 적지 않음을 일깨워줍니다.

이 세상에는 선한 길과 악한 길이 있습니다. 예수님은 선한 길을 좁은 문으로 표현하셨습니다. 이것은 악한 길은 누구나 쉽게 갈 수 있는 넓은 길이라는 것을 의미합니다. 선한 길을 갈 때 유혹도 큽니다. 그것은 불건전한 대중문화일 수도 있고 돈에 대한 숭배일 수도 있습니다. 세상의 악한 조류를 분별하고 뿌리치는 것이 선한 길로 가는 발걸음입니다.

°°°악한 자의 유혹에 빠져들지 않도록 분별력과 용기를 주소서.

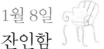

악한 자의 잔인함

> 그들이 네게 말하기를 우리와 함께 가자 우리가 가만히 엎드렸다가
> 사람의 피를 흘리자 죄 없는 자를 까닭 없이 숨어 기다리다가 스올같이
> 그들을 산 채로 삼키며 무덤에 내려가는 자들 같이 통으로 삼키자(1:11-12)

국내 영화 〈검은 집〉(2007년)은 개봉 첫 주에 52만에 가까운 관객을 불러 모 았습니다. 이 영화의 초기 흥행 성적은 주연배우들의 열연도 있지만 '사 이코패스'라는 용어를 앞세운 마케팅의 힘도 컸다고 합니다. 사이코패스 는 인격적 결함의 일종으로 반사회적 인격 장애 중의 하나입니다. 국내에 서 이 말이 관심을 끌기 시작한 것은 엽기적 연쇄살인범 유영철 사건 때 부터입니다. 2004년 7월에 검거되기까지 유영철은 거의 10개월 동안 스물 한 명을 잔혹하게 살해하고 사체를 절단해 유기했습니다. 조사 과정에서 국내 최초로 사이코패스 판정을 받았습니다. 이런 사이코패스에 대해 영 화 〈검은 집〉은 "사람이 아니라 괴물"이라고 말합니다.

세상 사람들은 모든 일에는 반드시 원인이 있고, 이유 없이 찾아오는 고 난이란 없다고 합니다. 그러나 성경은 인간 삶의 모든 일에 반드시 원인 이 있는 것은 아니라고 가르칩니다. 우리는 예기치 못하게 악한 자를 만 나거나 잔인한 일을 당할 수 있습니다. 그럴 때 왜 그런 일이 있어났는지 의문을 갖기보다, 우리의 주권이 하나님께 있음을 기억하며 기도해야 합 니다.

●●●모든 상황 속에서 주님만 의지하게 하소서.

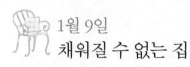

1월 9일
채워질 수 없는 집

우리가 온갖 보화를 얻으며 빼앗은 것으로 우리 집을 채우니(1:13)

인간이라면 누구나 재물과 명예와 건강을 추구합니다. 이 가운데서 가장 막강한 파워를 자랑하는 것은 아마도 재물일 것입니다. 사람들은 많은 재물을 얻음으로써 자신이 원하는 행복을 얻을 수 있다고 믿습니다. 그래서 온갖 수단과 방법을 가리지 않고 자기 집을 재물로 채웁니다. 하지만 그 집은 결코 채워질 수 없는 집입니다. '욕심'이라고 부르는 그 집은 이 세상의 모든 보화를 가져다놓아도 결코 채울 수 없습니다. 하나를 얻으면 열 개가 보이고, 열 개를 얻으면 백 개, 천 개가 보이는 것이 인간의 욕심입니다.

욕심을 부리다보면 어려움을 당하게 됩니다. 욕심은 마치 화약과 같아서 잘 다루지 못하면 언제든 생명을 잃을 수 있습니다. 그런 의미에서 욕심은 언제든 탐심으로 변할 수 있는 폭발성을 지니고 있습니다. 물론 재물은 우리 삶에서 꼭 필요한 것이기는 하지만 절대적인 것은 아닙니다. 결코 채워질 수 없는 욕심이라는 집을 어떻게 관리하느냐에 따라 행복한 삶과 불행한 삶을 결정할 수 있습니다.

***지나친 욕심을 늘 경계하게 하소서.

1월 10일
달콤한 유혹

너는 우리와 함께 제비를 뽑고 우리가 함께 전대 하나만 두자 할지라도
내 아들아 그들과 함께 길에 다니지 말라 네 발을 금하여 그 길을 밟지 말라
대저 그 발은 악으로 달려가며 피를 흘리는 데 빠름이니라(1:14-16)

하지 말라고 하는 것을 더 하고 싶어하는 심리가 사람에게 있다고 합니다. 이처럼 어떤 일에 대해 위협을 받거나 강요당한다고 느끼면, 기대되는 것과 반대 행동을 하려는 심리적 현상을 일컬어 '로미오와 줄리엣 효과'라고 합니다. 최초의 인간 아담과 하와가 생활한 에덴동산에는 풍성한 먹을거리들로 넘쳐났습니다. 마음껏 먹을 수 있는 것들이 많았지만, 아담과 하와는 하나님이 금하신 선악과에 유독 마음이 흔들렸습니다. 그래서 뱀의 유혹에 넘어가버렸습니다. 뱀의 유혹은 달콤한 말로 시작되었습니다. 그 달콤한 말은 사람의 이성을 흐리게 하여, 금지된 것이 마치 현실로 이루어질 것 같은 환상을 심어주었습니다.

가야 할 길과 가지 말아야 할 길이 있습니다. 해야 할 일과 하지 말아야 할 일이 있습니다. 함께 해야 할 사람이 있고 피해야 할 사람이 있습니다. 항상 부정적이고 다른 사람에게 해를 주는 사람은 멀리해야 하고, 긍정적이고 타인에게 이로움을 주는 사람과는 함께해야 합니다. 달콤한 유혹에 넘어가지 않도록 늘 깨어 있어야 합니다.

***달콤한 유혹에 넘어가지 않고 하나님이 기뻐하시는 길로 가게 하소서.

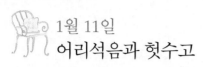

1월 11일
어리석음과 헛수고

새가 보는 데서 그물을 치면 헛일이겠거늘(1:17)

시골에서 자란 사람이라면, 새를 잡기 위해 그물을 쳐본 적이 있을 것입니다. 새를 잡으려면 우선 새들이 잘 나타나는 산기슭이나 논밭에 긴 줄로 연결된 나뭇가지를 세우고 큰 바구니를 걸쳐놓아야 합니다. 그 바구니 밑에 곡식을 좀 넣어두고 숨어서 새가 오기를 기다립니다. 새가 먹이를 먹으려고 바구니 밑으로 들어가는 순간, 나뭇가지와 연결된 긴 줄을 당기면 성공입니다. 이때 가장 중요한 것은 바구니를 설치하거나 그물을 칠 때 흔적을 남기지 않아야 한다는 것입니다. 이미 위험을 겪어본 새들은 먹이 주변에 조금이라도 이상한 징후가 보이면 바로 날아가 버립니다. 그러면 아무리 좋은 그물을 쓴다고 해도 헛수고가 됩니다.

여기서 우리는 두 가지 교훈을 발견할 수 있습니다. 아무리 보잘것없는 새라도 그물이 있는 것을 알아채면 그곳으로 날아들지 않는다는 것입니다. 사람의 편에서는 헛수고인 것입니다. 반대로 신중하고 경계해야 할 상황인데도 돌이킬 수 없는 욕심의 노예가 되어 곡식을 먹으려 한다면 생명을 잃게 됩니다. 우리는 이런 어리석음에 빠지지 않도록 주의해야 합니다.

•••어리석은 일을 도모하지 않도록 도와주소서.

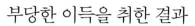

부당한 이득을 취한 결과

그들이 가만히 엎드림은 자기의 피를 흘릴 뿐이요
숨어 기다림은 자기의 생명을 해할 뿐이니(1:18)

우리는 사회생활을 하면서 이득을 취합니다. 열심히 일을 해서 생계를 유지하고 차근차근 부를 축적해 나갑니다. 이렇게 정당한 이익을 남기고 이득을 추구하는 것은 삶의 중요한 한 부분입니다. 그러나 오늘의 말씀은 부당한 이익을 취하려는 악인의 모습을 설명하며, 그로 인한 자업자득의 결과를 분명히 말하고 있습니다. 마치 새들이 그물을 치는 것을 보지만 미끼 때문에 그물 속으로 날아들지 않을 수 없는 것처럼, 악한 자들도 자기 목숨이 걸려 있는 것을 알고도 그물 속으로 뛰어 들어가는 어리석음을 범하는 것입니다. 그들의 어리석음은 치명적이며 돌이킬 수 없습니다.

악인들은 무고한 사람을 해치기 위해 엎드리기도 하고, 부당한 이득을 취하기 위해 숨어서 기다리기도 합니다. 그러나 성경은 자기 목숨을 잃기 위해 엎드려 기다리는 것이라고 말합니다. 그들은 무죄한 피를 노렸는데, 오히려 자기 피를 흘리게 됩니다. 부당한 이득을 취하기 위해 수단과 방법을 가리지 않는다면, 결국 자기 생명을 잃게 됩니다.

°°°부당한 이익을 취하지 않고 하나님 앞에서 항상 정직하게 하소서.

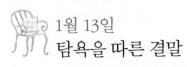

1월 13일
탐욕을 따른 결말

이익을 탐하는 모든 자의 길은 다 이러하여 자기의 생명을 잃게 하느니라(1:19)

전국시대 중엽, 진나라 혜왕은 군사를 동원하여 촉나라를 치려고 했습니다. 그러나 산세가 험한데다 넓은 길도 없어서 사실상 진군이 불가능했습니다. 이에 혜왕은 계책을 생각해냈습니다. 혜왕은 뛰어난 석공들을 불러 실물 크기의 돌소(石牛) 다섯 개를 만들게 했습니다. 그 돌소의 꼬리에 번쩍거리는 황금을 달아 놓고서, 신우(神牛)가 황금 변(便)을 본다는 소문을 퍼뜨렸습니다. 이 소식을 들은 촉왕은 진나라로 사람을 보내 그 신기한 돌소를 얼마에 살 수 있는지 알아 오게 했습니다. 놀랍게도 혜왕은 촉왕에게 공짜로 주겠다고 약속했습니다. 그 소식에 촉왕은 기쁨을 감출 수 없었습니다. 하지만 돌소를 운반해 올 방법이 없었습니다. 이에 혜왕은 큰 길을 만들어 돌소를 옮기라고 제안했습니다. 탐욕스러운 촉왕은 온 나라 백성에게 산을 허물고 길을 만들게 하여 돌소를 운반할 준비를 마쳤습니다. 그러나 도로가 완성되자마자 촉나라는 순식간에 쳐들어온 진나라의 20만 대군에게 멸망당하고 말았습니다.

이 세상은 생명의 소중함보다는 돈이 얼마나 큰 힘을 가지고 있는지를 가르칩니다. 그러나 성경은 온 천하를 다 가진다 해도 생명을 잃으면 무엇이 유익하겠느냐고 말합니다. 탐욕으로 생명을 잃는 어리석은 자가 되지 말아야 합니다.

•••작은 이익에 눈이 멀어 큰 것을 잃지 않게 하소서.

지혜가 부르는 소리

지혜가 길거리에서 부르며 광장에서 소리를 높이며 시끄러운 길목에서
소리를 지르며 성문 어귀와 성중에서 그 소리를 발하여 이르되(1:20-21)

한밤에 호젓한 곳에서 데이트를 즐기던 연인이 있었습니다. 여자가 할 말
이 떨어져 궁색해지자 이렇게 말했습니다. "자기야, 달이 너무 밝지?" 남
자는 이런 속도 모르고 무뚝뚝하게 대꾸했습니다. "그거야 대보름달이니
까 그렇지." 이에 여자는 속으로 중얼거렸습니다. '이런 멋대가리 없는 남
자가 다 있나.' 문자 그대로의 의미만 생각하다면 남자가 한 말은 틀리지
않습니다. 그런데 문제는 여자의 말에 담긴 의미를 알아채지 못했다는 것
에 있습니다. 성경은 이러한 언어들로 가득합니다. 풍부한 상상력이 없으
면 성경 말씀을 오해할 수도 있습니다. 예수님도 거의 모든 말씀을 비유
로 설명하셨습니다.

오늘의 말씀도 우리에게 상상력을 요구합니다. 여기서 지혜는 여자가 외
치는 지혜를 가리킵니다. 고대 이스라엘 사회에서 이런 장면은 자연스럽
지 못했습니다. 그런데 성경은 왜 이런 파격적인 용어를 사용할까요? 그
것은 언제 어디서나 지혜를 구해야 함을 가르치기 위해서입니다. 자신의
관습이나 선입견에 갇히면, 들어야 할 지혜의 소리를 듣지 못하게 됩니
다. 그래서 우리는 마음의 귀를 항상 열어놓아야 합니다.

***마음의 눈과 귀를 열어주셔서 지혜의 소리를 듣게 하소서.

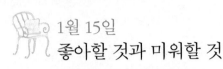

1월 15일
좋아할 것과 미워할 것

너희 어리석은 자들은 어리석음을 좋아하며 거만한 자들은 거만을
기뻐하며 미련한 자들은 지식을 미워하니 어느 때까지 하겠느냐(1:22)

하나님이 지으신 이 세상은 정말 아름답습니다. 아름다움은 질서와 조화를 떠나서는 생각할 수 없습니다. 있어야 할 곳에 가지런히 있어야 하고 없어야 할 곳에는 없는 것이야말로 질서와 조화라고 할 수 있습니다. 더나아가 이 세상에는 마땅히 좋아해야 할 것을 좋아하고, 미워해야 할 것을 미워해야 하는데 이것이 바로 지혜입니다. 그러나 반대로 좋아해야 할 것을 미워하고 미워해야 할 것을 좋아한다면 이는 어리석은 것입니다. 만약 해야 할 것을 하지 않고 하지 말아야 할 것을 한다면, 질서와 조화로움은 파괴됩니다. 그리고 그것은 아름다움을 추한 것으로 바꾸는 끔찍한 결과를 불러옵니다.

지혜는 우리에게 아름다움, 사랑, 공의, 평화, 선함, 신실함, 부지런함, 존경, 지식, 명철 등을 사랑하고 추구해야 한다고 말합니다. 반면 미움, 불의, 불평등, 전쟁, 악함, 배신, 추함, 게으름, 멸시, 교만, 미련함 등을 미워하고 멀리해야 한다고 외칩니다. 추구해야 할 것과 멀리해야 할 것을 알고 그에 맞게 행하는 것이 지혜입니다.

✦✦✦죄를 미워하고 하나님을 기뻐하게 하소서.

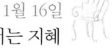

1월 16일
들고 돌아서는 지혜

나의 책망을 듣고 돌이키라 보라 내가 나의 영을
너희에게 부어 주며 내 말을 너희에게 보이리라(1:23)

친자식과 남의 자식의 차이를 구별하는 방법은 간단합니다. 아이가 잘못을 했을 때 회초리를 드는 모습을 보면 바로 알 수 있습니다. 친자식은 때리면 때릴수록 엄마의 치마폭으로 들어오지만, 남의 자식은 재빨리 도망갑니다. 우리가 하나님을 아버지라고 부르는 것은 그분의 친자식이기 때문입니다. 하나님은 우리를 아들과 딸이라고 부르십니다. 하나님은 한 번도 우리를 남의 자식으로 대하지 않으십니다. 우리가 잘못된 길에 들어섰을 때, 돌이킬 수 없는 잘못을 저질렀을 때도 그분은 아버지로서 탄식하고 고뇌하십니다. "애야, 제발 돌아오렴. … 내 훈계를 듣고 제발 돌아오렴. 지금이라도 늦지 않았단다. … 잘못을 뉘우치고 돌아오기만 하면 모두 용서해줄게!" 이것이 자식을 향한 아버지의 마음입니다. 아버지는 이 세상 그 무엇보다 자녀를 귀하게 여깁니다.

좋은 방법을 알고 있다고 해서 지혜롭다고 할 수 없습니다. 정말 지혜로우려면, 옳은 것과 그른 것이 무엇인지 먼저 배워야 합니다. 그리고 자신이 걸어가는 길이 잘못된 것임을 알았다면, 당장 멈춰 서서 다시 옳은 길로 돌아올 수 있어야 합니다.

***언제나 주의 책망에 귀 기울이는 자녀가 되게 하소서.

25

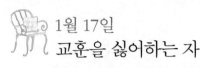

1월 17일
교훈을 싫어하는 자

내가 불렀으나 너희가 듣기 싫어하였고 내가 손을 폈으나 돌아보는 자가 없었고 도리어 나의 모든 교훈을 멸시하며 나의 책망을 받지 아니하였은즉(1:24-25)

예수님과 제자들이 배를 타고 다른 지방으로 가던 길이었습니다. 빵이 하나밖에 남지 않았는데, 제자들은 음식을 준비하지 못한 것을 감추려 쉬쉬하고 있었습니다. 그런데 갑자기 예수님이 제자들을 향해 "삼가 바리새인들의 누룩을 조심하라"는 말씀을 하시는 게 아닙니까? 그 말의 뜻을 이해할 수 없었던 제자들은 서로의 얼굴을 쳐다보며 당혹스러워했습니다. 그런 제자들에게 예수님은 "너희가 눈이 있어도 보지 못하며 귀가 있어도 듣지 못하느냐 또 기억하지 못하느냐"라고 질책하셨습니다.

우리 주변에는 소리를 듣지 못하는 청각장애인이 있습니다. 그들은 청각기관이 손상되었기 때문에 듣지 못합니다. 그런데 청각기관이 정상인데도 듣지 못하는 사람들이 있습니다. 이런 사람들은 둘 중 하나입니다. 하나는 무지해서 말귀를 못 알아듣는 것입니다. 예수님의 말씀을 들었지만 그 뜻을 깨닫지 못한 제자들이 그 대표적인 예입니다. 다른 하나는 타인의 말을 듣지 않기로 작정한 것입니다. 이는 반항심이 있는 사람들, 특히 이스라엘 백성처럼 하나님께 반역하는 사람들입니다. 하지만 결과는 똑같습니다. 우리는 무지함이나 반항심으로 인해 꼭 들어야 할 소리를 듣지 못하는 것은 아닌지 항상 돌아보아야 합니다.

•••들어야 할 소리를 들을 수 있도록 마음의 귀를 열어주소서.

하나님의 비웃음

**너희가 재앙을 만날 때에 내가 웃을 것이며
너희에게 두려움이 임할 때에 내가 비웃으리라(1:26)**

웃음이란 무엇일까요? 예를 들어, 키가 매우 작은 사람을 보았다고 합시다. 그를 보고 웃음이 나올까요? 아니면 키가 매우 큰 사람을 보면 웃음이 나올까요? 그렇지 않습니다. 하지만 키가 매우 큰 사람 옆에 키가 작은 사람이 걸어가는 모습을 보면 웃음이 나옵니다. 마치 간지럼을 타듯이, 자연스럽게 웃음이 터져 나옵니다. 그렇다면 설교자가 실수로 넘어질 때는 어떨까요? 아마 쉽게 웃음이 나오지 않을 것입니다. 그러나 설교자가 한껏 거드름을 피우며 설교를 마친 후에 강단에서 내려오다 마이크 줄에 걸려 넘어진다면, 우리는 아마도 낄낄대며 웃을 것입니다. 그의 거만함에 대해 비웃음을 던지는 것입니다.

흥미롭게도 하나님이 웃으셨다는 표현이 성경에도 나옵니다. 그런데 성경에 묘사된 하나님의 웃음은 비웃음입니다. 인간의 오만함에 대한 대답인 것입니다. 하나님은 참된 지혜를 구하지 않고 자기 지식으로 우쭐대며 오만함을 보이는 사람들을 비웃으십니다. 또 악인들이 모략을 짜내고 분주하게 오가는 것을 보실 때도 웃으십니다. 왜냐하면 하나님의 지혜를 구하지 않는 인간의 행위는 결국 무시무시한 재앙과 심판을 초래하기 때문입니다. 그러므로 늘 두렵고 겸손한 마음으로 하나님의 참된 지혜를 구해야 합니다.

●●●무엇보다 먼저 하나님의 지혜를 구하게 하소서.

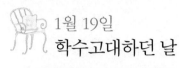

1월 19일
학수고대하던 날

너희의 두려움이 광풍 같이 임하겠고 너희의 재앙이 폭풍 같이 이르겠고 너희에게
근심과 슬픔이 임하리니 그 때에 너희가 나를 부르리라 그래도 내가 대답하지 아니
하겠고 부지런히 나를 찾으리라 그래도 나를 만나지 못하리니(1:27-28)

희망의 땅 '아일랜드'에 가는 것을 소망하며 사는 사람들이 있었습니다.
지구상에 일어난 생태적인 재앙으로 인해 일부만이 살아남은 21세기 중
반, 자신들을 지구 종말의 생존자라 믿고 있는 링컨6(이완 맥그리거)과 조던
2(스칼렛 요한슨)는 수백 명의 사람들과 함께 부족한 것이 없는 유토피아에서
빈틈없는 통제를 받으며 살고 있었습니다. 잠자리에서 일어나면서부터
몸 상태를 점검 받고, 먹는 음식과 인간관계까지 지배 받으며 생활하던
그들은 지구에서 유일하게 오염되지 않은 희망의 땅 '아일랜드'에 뽑혀
가는 그 날만을 간절히 바라고 있었습니다. 이는 마이클 베이 감독의 영
화 〈아일랜드〉(The Island, 2005년)의 줄거리입니다. 이 영화는 그렇게 기다리
던 날이 왔을 때 어떤 일이 생기는지를 잘 보여주고 있습니다. 지상천국
으로 가는 날이라 생각했던 그 날은 오히려 죽음의 날이었습니다.

오래 전 예루살렘에 살던 이스라엘 백성도 그랬습니다. 하나님만 따르며
살아야 할 자신들의 책임과 의무는 망각한 채 온갖 반역 행위를 저질렀습니
다. 그러면서도 하나님을 뵙는 날은 만사형통의 날이 될 것이라고 굳게
믿었습니다. 하지만 그날이야말로 무서운 심판의 날이 될 줄이야 누가 알
았겠습니까.

***마지막 날을 준비하는 지혜로운 자가 되게 하소서.

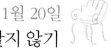

내 맘대로 살지 않기

대저 너희가 지식을 미워하며 여호와 경외하기를 즐거워하지 아니하며
나의 교훈을 받지 아니하고 나의 모든 책망을 업신여겼음이니라(1:29-30)

하얀 종이 위에 펜으로 글을 써서 편지를 보내던 시절은 이젠 추억이 된
듯합니다. 이제는 이메일로 서로 안부와 정보를 주고받는 것이 자연스러
우니까요. 또 얼마 전부터는 미니홈피와 같은 개인 홈페이지가 인터넷 사
용자들에게 폭발적인 인기를 끌고 있습니다. 인터넷 공간에 사진과 글을
올리며 다른 사람들에게 자신을 드러내는 사람들이 많아지고 있습니다.
한번은 지인들의 홈페이지를 둘러본 적이 있습니다. 오랜 친구의 사진을
구경하다가 우연히 시선을 사로잡는 한 글귀를 발견했습니다. "내 삶의
신조: 내 맘대로 함"이라는 글이었습니다. 어떤 규칙이나 질서나 명령도
거부하는 포스트모던시대 상(像)을 생생하게 표현해주는 글귀였습니다.

인간이 자기 인생을 설계하고 결정하는 삶의 방식은 어제오늘 일이 아닙
니다. 수천 년 전부터 인간이 추구해왔던 것입니다. 어떻게 사람이 제멋
대로 살 수 있습니까? 자신이 우상이 되고, 창조주를 인정하지 않을 때 가
능합니다. 사사기 시대의 백성들이 그러했습니다. "그 때에 이스라엘 사
람들에게는 왕이 없었기 때문에 사람들마다 자기 하고 싶은 대로 했습니
다"(삿 17:6, 쉬운성경). 제멋대로가 아니라 하나님의 뜻대로 사는 인생이 값진
인생임을 잊지 말아야 합니다.

●●●하나님을 경외하고 내 맘대로 살지 않게 하소서.

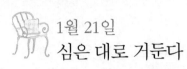

1월 21일
심은 대로 거둔다

그러므로 자기 행위의 열매를 먹으며 자기 꾀에 배부르리라(1:31)

언젠가 시골에서 땅을 갈아엎고 있는 한 농부를 만난 적이 있습니다. 지극정성으로 땅을 가꾸는 모습에 감동이 되어 가까이 다가가 물었습니다. "할아버지, 땅을 많이 사랑하시네요." 농부는 고개를 돌려 잠깐 나를 훑어보고는 이렇게 대답했습니다. "사람은 서로 속이지만 땅은 절대로 속이지 않는다네. 정성을 들이는 만큼 꼭 되돌려주지…" 그분과 헤어진 후에도 그 말은 오랫동안 제 머릿속에서 맴돌았습니다.

농부가 땅을 사랑하고 잘 경작해야 풍성한 수확을 거둘 수 있습니다. 사람도 마찬가지입니다. 마음은 밭과 같습니다. 마음이라는 밭에 무엇을 심고 경작하느냐에 따라 달라집니다. 예수님도 제자들에게 똑같은 진리를 가르쳐주셨습니다. "그들의 열매를 보고, 그들을 알 것이다. 가시나무에서 포도를 딸 수 있느냐? 엉겅퀴에서 무화과를 딸 수 있느냐? 마찬가지로 좋은 나무는 모두 좋은 열매를 맺고, 나쁜 나무는 나쁜 열매를 맺는다. 좋은 나무가 나쁜 열매를 맺을 수 없고, 나쁜 나무가 좋은 열매를 맺을 수 없다"(마 7:16-18, 쉬운성경). 어떤 열매를 맺고 싶습니까? 원하는 열매가 있다면 그 씨앗을 심으면 됩니다. 밭은 거짓말을 하지 않기 때문입니다.

***마음 밭에 가장 좋은 씨앗을 심고 잘 가꿀 수 있도록 도와주소서.

경청의 유익을 누리라

어리석은 자의 퇴보는 자기를 죽이며 미련한 자의 안일은 자기를
멸망시키려니와 오직 내 말을 듣는 자는 평안히 살며
재앙의 두려움이 없이 안전하리라(1:32-33)

유대인의 지혜서로 알려진 탈무드에 이런 이야기가 나옵니다. 조물주가
인간을 창조할 때 눈과 귀는 두 개씩 만들었는데 유독 입은 하나만 만든
이유는, 말하는 것보다 보고 듣는 것을 두 배로 더 하라는 뜻이라고 합니
다. 그런데 우리는 듣는 것에 익숙하지 못한 것 같습니다. 오히려 소리 내
어 말하기를 좋아합니다. 그것도 큰 소리로 말입니다. 예수님이 빌라도
앞에 섰을 때 많은 사람들은 마치 한 목소리처럼 크게 외쳤습니다. "십자
가에 못 박으소서! 십자가에 못 박으소서!" 이런 큰 소리들로 인해 양심의
소리, 옳은 소리는 더 이상 들리지 않게 되었습니다.

오늘 말씀은 어리석음과 미련함의 척도가 듣지 않음에 있다고 말합니다.
귀를 기울여 듣지 않음으로 어리석은 자는 퇴보하게 되고, 미련한 자는
안일하게 되어 멸망한다는 것입니다. 그런데 그들은 정말 아무것도 듣지
못하는 자들이 아닙니다. 들어야 할 소리와 듣지 말아야 할 소리를 구별
하지 못하는 사람들입니다. 경청은 두 가지 한자로 쓸 수 있습니다. 첫째,
경청(傾聽)의 '경' 자는 '기울다' 라는 뜻으로 '귀 기울여 듣다' 라는 의미를
지닙니다. 둘째, 경청(敬聽)의 '경' 자는 '공경하다' 라는 뜻으로 '공경하는
마음으로 듣는다' 는 의미를 지닙니다. 이 두 가지 들음이 있다면, 우리는
하늘의 소리를 들을 수 있을 것입니다.

***언제나 주의 말씀을 경청함으로 평안함 가운데 살게 하소서.

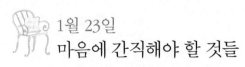

1월 23일
마음에 간직해야 할 것들

내 아들아 네가 만일 나의 말을 받으며 나의 계명을 네게 간직하며(2:1)

오늘날 스포츠는 더 이상 건강을 위한 수단이 아닙니다. 이웃과의 친목을 도모하고 국민을 하나로 묶어줄 뿐만 아니라, 전 세계인을 한 자리에 모으는 역할을 합니다. 우리는 올림픽을 통하여 함께 울고 웃는 감동의 도가니 속으로 빠져듭니다. 흥미로운 것은 올림픽 종목에는 일정한 게임 규칙이 있다는 것입니다. 규칙이 없는 자유로운 종목은 없으며, 선수들은 반드시 일정한 규칙을 따라 게임에 임해야 합니다. 관중들이 박수를 보내는 이유는 단지 선수들이 좋은 성적을 냈기 때문만은 아닙니다. 그들이 그동안 흘렸를 많은 땀과 경기에 충실하게 임한 것에 박수를 보내는 것입니다. 연예인 김제동 씨는 이것에 대한 어록을 남겼습니다. "올림픽에 출전한 선수들의 메달 색깔은 달라도 그들이 흘린 땀의 색깔은 같습니다."

신앙의 길을 걷는 그리스도인들도 마찬가지입니다. 많은 신앙인들이 구슬땀을 흘리며 수고의 씨앗을 심고 있습니다. 그러나 한 가지 기억해야 할 것이 있습니다. 아무리 뜨거운 열정이 있다 해도 자기 방식대로, 느낌 가는 대로 해서는 안 된다는 것입니다. 성경에 기록된 계명을 마음에 간직하고 그 방법대로 땀을 흘려야 합니다. 그렇지 않으면 헛수고로 끝나게 될 것입니다.

•••제 방식이 아니라 주의 말씀을 따라 살게 하소서.

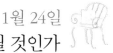

1월 24일

어떤 사람이 될 것인가

네 귀를 지혜에 기울이며 네 마음을 명철에 두며
지식을 불러 구하며 명철을 얻으려고 소리를 높이며(2:2-3)

오늘날 세계 인구는 65억이 넘었습니다. 이들 가운데 정치, 군사, 경제, 문화, 교육 등 사회 전반에 영향을 끼치는 사람은 7% 미만이라고 합니다. 이처럼 소수의 사람들만이 리더 역할을 하고 있으며, 나머지 93%의 사람들은 주어진 환경에 적응하며 삶을 꾸려나가고 있습니다. 그렇다면 사회에서 리더 역할을 하는 소수의 사람들은 일반 사람들과 무엇이 다를까요? 한 마디로 그들은 지혜를 가진 사람들입니다. 현재의 이익을 위해 사는 것이 아니라 미래의 가능성과 비전을 보고 준비하는 사람들입니다.

지식은 유한하지만 지혜는 무한하다고 합니다. 지식만을 추구하는 사람은 지혜를 가질 수 없으나, 지혜를 추구하는 사람은 지식도 가질 수 있습니다. 오늘날처럼 분초를 다투며 촉박하게 돌아가는 사회에서는, 일석이조 내지는 일석삼조의 능력을 발휘해야 리더의 역할을 할 수 있습니다. 그러려면 주어진 짧은 시간에도 최대의 효과를 낼 수 있는 고도의 집중력과 열정이 있어야 합니다. 혼신의 힘을 다해 지혜에 귀를 기울이며, 마음을 명철에 두고, 지식을 추구하는 사람만이 가능한 일이기도 합니다.

•••늘 최선을 다해 하나님의 지혜를 구하게 하소서.

33

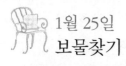

1월 25일
보물찾기

은을 구하는 것같이 그것을 구하며 감추어진 보배를 찾는 것같이
그것을 찾으면 여호와 경외하기를 깨달으며 하나님을 알게 되리니(2:4-5)

인류 타락 이후에 가장 강력한 우상이 있다면, 아마 '돈' 일 것입니다. 그리고 신들의 반열 가운데 가장 힘센 것이 있다면, '돈의 신' 일 것입니다. 이집트를 탈출한 이스라엘 백성은 하나님의 살아 계심과 역사하심을 직접 체험했습니다. 하나님은 구름기둥과 불기둥으로 그들을 인도하고 도와주셨습니다. 그럼에도 불구하고 그들은 하나님만을 경배하지 않았습니다. 그들은 눈에 보이는 금으로 송아지를 만들어 하나님이라며 숭배했습니다. 금신(金神)이야말로 그들에게 가야 할 '길' 을 보여주고 인도하는 신이라고 믿었던 것입니다(출 32장). 오죽하면 예수님도 사람이 하나님과 재물을 함께 섬길 수 없다고 하셨을까요(마 6:24).

우리 사회는 어떻게 하면 돈을 더 많이 벌지에 대해 혈안이 되어 있습니다. 그러나 하나님의 자녀인 우리는 하나님의 관점으로 돈을 대해야 합니다. 그리고 돈을 구하려는 열정만큼이나 하나님의 지혜를 찾아야 합니다. 숨겨진 보배를 찾는 심정으로 하나님의 지혜를 구해야 합니다. 그럴 때 우리는 하나님을 경외하는 것이 지혜임을 깨달으며, 하나님을 더욱 깊이 알게 될 것입니다.

***재물보다 하나님의 지혜를 구하는 자가 되게 하소서.

지혜는 어디서 오는가

대저 여호와는 지혜를 주시며 지식과 명철을 그 입에서 내심이며
그는 정직한 자를 위하여 완전한 지혜를 예비하시며
행실이 온전한 자에게 방패가 되시나니(2:6-7)

6·25 전쟁 당시 맥아더 장군은 극동 사령관으로 참전해 큰 공을 세웠습니다. 경건한 그리스도인인 맥아더는 최전방에서도 하루에 한 장씩 성경을 읽었다고 합니다. 그는 인천상륙작전을 준비하면서도 매일 저녁마다 기도했습니다. 또 당시 어려운 환경 속에서 우리 군인 3만 8천 명을 일본에 보내 훈련시키도록 한 것도 기도하면서 내린 결정이었습니다. 1950년 9월 29일에 서울을 되찾은 것을 기념한 연설에서도 그의 신앙이 잘 드러납니다. "하나님의 은총으로 우리 부대는 한국의 옛 서울을 해방시켰습니다. 이 거리는 잔학무도한 공산주의의 압제에서 해방되었으며 시민들은 다시 자유와 인간의 존엄을 누리게 되었습니다. 이 결정적인 승리를 주신 전능하신 하나님께 감사를 드립니다. 우리 모두 함께 주기도문을 드립시다."

맥아더의 이 고백은 어떻게 나왔을까요? 그는 기도하는 한 사람이 기도하지 않는 한 민족보다 강하다는 것을 잘 알고 있었습니다. 그리고 지혜, 지식, 명철, 인간의 모든 생사화복이 하나님으로부터 온 것임을 알고 있었습니다. 이 사실을 깨닫고 받아들이는 것이 바로 지혜요, 참된 신앙입니다.

•••지혜의 근원이신 하나님을 구하게 하소서.

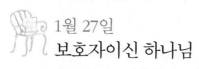

1월 27일
보호자이신 하나님

대저 그는 정의의 길을 보호하시며
그의 성도들의 길을 보전하려 하심이니라(2:8)

인간은 누구나 육신이 건강하고 마음이 평안하며 행복하기를 바랍니다. 고난을 좋아하는 사람은 없을 것입니다. 그러나 우리의 삶은 크고 작은 고난에 부딪히곤 합니다. 고난이 지속되는 사람도 있고, 고난이 오히려 전화위복의 계기가 되는 사람도 있습니다. 대부분의 사람들은 모든 고난에는 이유가 있다고 합니다. 마치 이유 없는 죽음이 없다고 말하는 것처럼 말입니다.

그러나 성경은 이유 없이 고난을 당하는 사람들에 대해 말합니다. 의로운 사람 욥은 죄 때문에 고난을 당하는 사람들과는 달랐습니다. 하루아침에 열 명의 자녀가 죽고, 모든 재산이 재로 변해버렸습니다. 게다가 욥의 온몸에 고름이 나는 악질까지 돋았으니 하늘도 무심하다는 말이 나올 법합니다. 그런데 성경은 고난 받는 의인에 대한 하나님의 인도와 보호에 초점을 맞춥니다. 성도의 삶에서 일어나는 모든 문제와 고난이 왜 생기는지에 대해 성경은 명확히 답하지 않습니다. 그러나 확실한 것은 하나님의 약속은 언제나 신실하다는 것입니다. 하나님은 의로우며 충성스러운 성도를 끝까지 돌보고 지켜주십니다. 어렵고 힘든 상황 속에서도 끝까지 하나님을 의지한다면, 하나님이 우리를 보호해주실 것입니다.

***삶의 보호자이신 하나님의 임재를 경험하게 하소서.

깨달음과 분별력

그런즉 네가 공의와 정의와 정직 곧 모든 선한 길을 깨달을 것이라
곧 지혜가 네 마음에 들어가며 지식이 네 영혼을 즐겁게 할 것이요(2:9-10)

언젠가 중국 여행을 다녀온 적이 있습니다. 동포들이 많이 사는 연변에서 시장을 둘러보다가 참기름을 파는 가게에서 흥미로운 문구를 발견했습니다. "참 참기름입니다"라고 쓰여 있었습니다. '참기름이면 참기름이지, 참 참기름은 또 뭐지?'라고 생각했습니다. 그러다 또 다른 매장에 걸린 "참참참 참기름"이라는 문구를 보고는 쓴 웃음을 지을 수밖에 없었습니다. 진짜가 가짜로 받아들여지고, 가짜가 진짜로 믿어지는 세상입니다. 때로는 가짜가 진짜보다 더 그럴 듯하게 포장되기도 합니다. 위조된 화폐, 위조된 학력, 위조된 신분증 등 말 그대로 '위조 천국'에 사는 것 같을 때도 있습니다. 우리가 이런 가짜들의 세상을 두려워하고 경계해야 하는 이유는, 그것이 우리의 깨달음을 무디게 하고 분별력을 흐리게 만들기 때문입니다.

무엇이 옳은 것이고 그른 것인지, 무엇이 선한 것이고 악한 것인지, 무엇을 해야 하고 하지 말아야 하는지, 무엇이 진짜이고 가짜인지 등을 분별할 수 있어야 합니다. 가짜가 판치는 세상에서 선한 길을 깨달을 수 있도록 하나님의 지혜를 구해야 합니다. 그럴 때 우리 영혼은 참 만족을 누리게 될 것입니다.

•••모든 일을 하나님의 지혜로 깨닫고 분별하게 하소서.

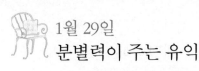

1월 29일
분별력이 주는 유익

근신이 너를 지키며 명철이 너를 보호하여 악한 자의 길과
패역을 말하는 자에게서 건져 내리라(2:11-12)

우리는 대화하면서 '적당히'라는 표현을 많이 쓰곤 합니다. 이 표현은 말
하는 사람이나 듣는 사람에게 모호할 때가 많습니다. 본래는 '적절하게'
혹은 '알맞게'라는 뜻을 가지고 있습니다. 하지만 발음상의 이유로 '좀
적게', '절제하여'라는 뜻으로 받아들여질 때가 많습니다. 예를 들어 "음
식을 적당히 먹어라", "일을 적당히 해라", "술을 적당히 마셔라"라고 말
할 때, '적절하게'라는 뜻보다는 '좀 적게'라는 뜻으로 받아들여지곤 합
니다.

오늘 말씀에 나오는 근신(謹愼)이라는 단어도 자세히 살펴볼 필요가 있습
니다. 근신은 말이나 행동을 삼가고 조심하는 것을 말합니다. 이것은 말
이나 행동에 제어장치를 달아야 한다는 뜻입니다. 그러므로 근신은 분별
력이라고 말할 수도 있습니다. 분별력이 있는 사람은 앉을 자리와 설 자
리를 구분할 줄 알며, 가야 할 길과 가지 말아야 할 길을 압니다. 분별력
을 가지면 모든 악한 길과 위험한 길에서 벗어날 수 있습니다. 우리는 하
나님과 그분의 말씀에 집중하여 분별력을 가져야 합니다.

***늘 분별력 있게 행동함으로 악한 길에서 벗어나게 하소서.

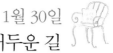

밝은 길과 어두운 길

이 무리는 정직한 길을 떠나 어두운 길로 행하며 기뻐하며
악인의 패역을 즐거워하나니 그 길은 구부러지고 그 행위는 패역하니라(2:13-15)

서로 뜻이 잘 맞거나, 매우 친하여 늘 어울리는 사이를 '단짝'이라고 부릅니다. 이와 비슷한 표현으로 '찰떡궁합'이 있습니다. "저 부부는 찰떡궁합이야!"라고 하거나, "왜놈들과 찰떡궁합(호흡이 척척 맞아서)이어서 땅을 빼앗아 부자가 됐다"고 말하곤 합니다. 이렇게 둘이 잘 어울리는 것은 사람뿐만 아니라 사물에도 해당됩니다. 음식을 조리할 때도 서로 잘 맞는 재료가 있고, 옷을 입을 때도 서로 어울리는 스타일이 있으며, 그림에 색을 칠할 때도 서로 조화로운 색감이 있습니다.

성경에도 단짝이 되는 표현들이 많이 나옵니다. 악인, 행악, 반역, 배신, 불의, 자만, 잔인함 등은 '어둠'이라는 단어와 단짝입니다. 그리고 정직함, 신실함, 겸손, 정의 등은 '빛'과 잘 어울립니다. 하루가 낮과 밤으로 이루어진 것처럼, 우리의 인생길에도 밝은 길과 어두운 길이 있습니다. 만약 밝음을 싫어하여 떠나면 갈 곳은 어두움밖에 없습니다. 어두움 속에 거하는 사람은 악을 행하거나 무고한 사람의 피를 흘리는 것을 즐김으로 더욱 어두운 길로 들어가게 됩니다. 그러므로 우리는 항상 자신을 돌아보아 잘못된 길로 들어서지 않도록 해야 합니다.

•••정직함으로 항상 빛 가운데 살게 하소서.

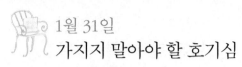

1월 31일
가지지 말아야 할 호기심

지혜가 또 너를 음녀에게서, 말로 호리는 이방 계집에게서 구원하리니(2:16)

역사에 이름을 남긴 훌륭한 발명가들은 하나같이 큰 호기심을 갖고 있었습니다. 자신이 가진 호기심을 해결하지 않고는 못 견뎠기 때문에, 남들이 하지 못하는 일을 하고 남들이 발견하지 못하는 것을 발견하게 된 것입니다. 사람은 태어날 때부터 호기심을 가지고 있습니다. 물론 호기심 자체가 나쁜 것은 아닙니다. 호기심은 때때로 우리에게 성취감이나 즐거움과 같은 좋은 결과를 가져다주기도 합니다. 그러나 호기심으로 인해 파멸의 길에 이른 부부가 있습니다. 그 부부는 바로 아담과 하와입니다. 뱀의 유혹은 이들에게 한껏 호기심을 불러일으켰습니다. 아담과 하와는 절대로 갖지 말아야 할 호기심을 갖고 범죄했습니다.

지혜를 추구하고 올바른 길을 걷는 젊은이에게 음녀는 아주 위험한 존재입니다. 오늘 말씀은 음녀를 이방 계집이라고 부릅니다. 이것은 도덕과 윤리, 관습적 가치관이나 규례 밖에 있는 여인을 가리킵니다. 그들은 돈과 쾌락을 위해서 달콤한 말로 호기심을 자극하며, 순진한 이웃들을 파멸의 길로 이끌어갑니다. 그러므로 음녀의 유혹에 호기심을 갖지 않도록 주의하며, 그 길에서 벗어날 수 있도록 지혜를 구해야 합니다.

***유혹의 길에서 벗어날 수 있는 지혜를 주소서.

지혜로 여는 매일 묵상 2월

"너는 마음을 다하여 여호와를 신뢰하고 네 명철을 의지하지 말라
너는 범사에 그를 인정하라 그리하면 네 길을 지도하시리라"

(잠 3:5-6)

Proverbs

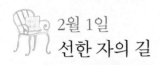

2월 1일
선한 자의 길

지혜가 너를 선한 자의 길로 행하게 하며
또 의인의 길을 지키게 하리니(2:20)

영화 〈태양의 눈물〉(Tears of the Sun, 2003년)을 보면 아직도 어디에선가 일어나고 있는 사실을 보는 것만 같습니다. 주인공 워터스(브루스 윌리스)가 이끄는 최정예 해군 특수부대는 유전 소유권을 둘러싼 내전에 휩싸인 나이지리아에서 미국인을 안전하게 철수시키라는 임무를 띠고 파견됩니다. 하지만 리나 켄드릭스 박사만 구출하면 끝날 줄 알았던 임무는 반정부군의 출현으로 예상치 못한 위험을 겪게 됩니다. 워터스 일행은 모든 것을 포기하고 즉각 철수하라는 상부의 통보를 받습니다. 한편 워터스 일행의 위치를 파악한 반정부군은 대규모 병력을 동원한 총공격을 감행합니다. 이때 워터스는 선택의 기로에 서게 됩니다. 주어진 임무만 수행하고 살아남을 것인가, 아니면 목숨을 걸고 약자를 구출할 것인가? 긴장과 갈등 속에서, 결국 워터스는 포악한 자의 손에서 약자를 구하는 길을 선택합니다.

영화는 "선의 방관은 악의 승리를 꽃피운다!"라는 에드먼드 버크의 말을 인용하며 끝을 맺습니다. 지혜는 옳은 길을 가도록 재촉하는 것이고, 그 길에 과감히 들어서는 것이며, 또한 그 길을 지키는 것입니다. 그러려면 사랑과 인내, 희생과 봉사, 굳건함과 신실함 같은 제자도가 필요합니다. 결코 쉽게 갈 수 있는 길이 아니지만 하나님의 지혜를 구하며 가야 합니다.

•••날마다 주의 선한 길을 따르게 하소서.

영원히 기억되는 사람

대저 정직한 자는 땅에 거하며 완전한 자는 땅에 남아 있으리라(2:21)

"호랑이는 죽어서 가죽을 남기고 사람은 죽어서 이름을 남긴다"는 말이 있습니다. 우리나라 사람들은 세종대왕이나 이순신 장군을 민족의 영웅으로 기억하고 있습니다. 성경에도 혁혁한 공을 세워 영원히 기억되는 사람들이 많이 나옵니다. 대홍수로부터 인류를 보전한 노아, 믿음의 조상과 열국의 아버지라 불리는 아브라함, 심한 기근에서 동족을 구한 요셉, 민족을 애굽에서 이끌어낸 모세, 부강한 통일국가를 세운 다윗, 태평성대를 이룬 지혜의 왕 솔로몬 등 그 이름을 나열하자면 끝도 없을 정도입니다. 성경 시대뿐 아니라 요즘 시대에도 성공한 사람이 많습니다. 백화점의 창시자이자 현대 비즈니스의 개척자로 알려진 존 워너메이커를 한 예로 들 수 있을 것입니다.

이들이 성공한 이유는 하나님의 말씀대로 정직하고 흠 없이 살았기 때문입니다. 그들은 인간의 잔꾀나 지식이 아닌 성경이 가르치는 진리대로 살았습니다. 하나님의 뜻과 지혜를 구했습니다. 우리 역시 그래야 합니다. 우리가 순결한 마음으로 하나님께 순종할 때, 하나님은 우리를 세상이 감당할 수 없는 사람으로 세우실 것입니다. 이런 사람은 하늘에서뿐 아니라 이 땅에서도 영원토록 기억됩니다.

***하나님 앞에서 정직하고 순종하게 하소서.

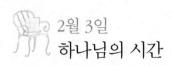

2월 3일
하나님의 시간

그러나 악인은 땅에서 끊어지겠고 간사한 자는 땅에서 뽑히리라(2:22)

성경을 보다가 도무지 납득이 안 되는 구절들을 만날 때가 있습니다. 이리 생각하고 저리 궁리해도 이해가 잘 안 됩니다. 특히 "정직한 자는 땅에 거하며 완전한 자는 땅에 남아 있으리라 그러나 악인은 땅에서 끊어지겠고 간사한 자는 땅에서 뽑히리라"(잠 2:21-22)라는 구절이 모순적으로 느껴집니다. 왜냐하면 우리가 살고 있는 이 세상은 그렇지 않기 때문입니다. 정직하게 살수록 고난이 찾아오며, 일이 잘 풀리지 않습니다. 예수를 믿으면 만사형통하다고 했는데 그렇지도 않습니다. 오히려 더 많이 손해를 보는 것 같습니다. 반대로 악하게 사는 사람들을 보면 한숨이 절로 나옵니다. 그들은 호화로운 저택과 최고급 승용차, 건강한 육신과 좋은 직장, 아름다운 아내 등 원하는 것은 다 소유하고 있습니다. 이 어찌 모순이라고 하지 않을 수 있나요!

그럼에도 불구하고 성경은 단호하게 외칩니다. 악한 자는 오래가지 못할 것이며, 선한 자가 반드시 승리한다고 말합니다. 이것은 사람의 시각이 아니라 하나님의 시각으로 보아야 알 수 있는 진리입니다. 이 땅에서 사람의 생명은 길어야 백 년이지만, 영원이라는 하나님의 시간에서 보면 보일까 말까 하는 하나의 점에 불과하기 때문입니다.

***고된 일상에서도 하나님의 시각으로 인생을 바라보게 하소서.

마음이 중요한 이유

내 아들아 나의 법을 잊어버리지 말고 네 마음으로 나의 명령을 지키라(3:1)

유대인의 규례에 의하면 음식을 먹을 때 반드시 손을 씻어야 했습니다. 더러운 것이 음식과 함께 몸 안으로 들어가면 사람의 몸도 더러워진다고 여겼기 때문입니다. 하루는 예수님을 따라 종일 힘든 일정을 소화한 제자들이 배가 고픈 나머지 그만 손을 씻지 않고 음식을 먹었습니다. 이 광경을 바라본 종교 지도자들은 규례를 어긴 제자들을 질책하면서 예수님께 그 책임을 물었습니다. 하지만 예수님의 대답은 의외로 당당했습니다. "아직도 이해하지 못하느냐? 입으로 들어가는 것은 모두 뱃속으로 들어갔다가, 결국 뒤로 나가는 것을 모르느냐? 그러나 입에서 나오는 것은 마음에서 나온다. 이런 것들이 사람을 더럽게 만든다. 마음에서는 악한 생각, 살인, 간음, 음행, 도둑질, 거짓말, 그리고 비방이 나온다. 이러한 것들이 사람을 더럽게 만드는 것이다. 씻지 않은 손으로 먹는 것이 사람을 더럽히는 것이 아니다"(마 15:16-20, 쉬운성경).

영화 〈공공의 적 2〉에서 "법이요? 그거 최소한입니다."라고 했던 설경구의 말이 생각납니다. 마음으로부터 지키지 않는 법은 아무리 겉포장을 잘해도 그 효력을 충분히 발휘할 수 없습니다. 그래서 성경은 우리에게 하나님의 법을 마음으로부터 받아들이고 지키라고 명령합니다. 마음의 변화는 인간의 근본적인 변화, 곧 삶의 변화를 가져오기 때문입니다.

***내 마음 깊은 곳에 주의 법을 새기게 하소서.

45

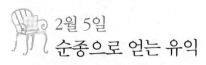

2월 5일
순종으로 얻는 유익

내 아들아 나의 법을 잊어버리지 말고 네 마음으로 나의 명령을 지키라 그리하면
그것이 네가 장수하여 많은 해를 누리게 하며 평강을 더하게 하리라(3:1-2)

하나님은 자신의 형상으로 인간을 창조하셨습니다. 그리고 인간에게 이
세상의 모든 것을 누리고, 직접 선택할 수 있는 자유의지를 주셨습니다.
또한 하나님과 이웃, 그리고 자신에 대한 책임과 의무도 주셨습니다. 그
리고 하나님은 우리를 자녀로 삼으셨습니다. 불순종의 자녀가 아니라 순
종의 자녀로 우리를 부르셨습니다. 그 부르심에 대한 인간의 응답은 순종
이어야 합니다.

성경은 순종과 불순종의 역사를 보여줍니다. 아담과 하와의 불순종은 인
간에게 죽음과 고통을 가져왔습니다. 모세는 일시적인 교만이 가져온 불
순종으로 인해 약속의 땅으로 들어가지 못했습니다. 하지만 순종의 역사
도 많습니다. 에녹은 하나님과 동행함으로 죽음을 보지 않고 하나님께 갔
습니다. 노아는 방주를 만들라는 하나님의 말씀에 순종함으로 홍수의 심
판에서 인류를 보존했습니다. 예수님은 십자가에서 순종하심으로 우리에
게 부활과 생명을 주셨습니다. 하나님은 우리가 순종하면 대대손손 복을
주겠다고 약속하셨습니다. 우리는 하나님의 말씀을 마음에 새기고, 그 말
씀에 순종해야 합니다. 순종의 결과는 생명과 장수와 평강이라는 성경의
약속을 잊지 말아야 합니다.

***순종의 사람이 되어 약속하신 복을 받게 하소서.

명예는 버는 것이다

**인자와 진리가 네게서 떠나지 말게 하고 그것을 네 목에 매며 네 마음판에 새기라
그리하면 네가 하나님과 사람 앞에서 은총과 귀중히 여김을 받으리라(3:3-4)**

국회의원을 뽑는 선거철이 올 때마다 씁쓸한 이야기들을 많이 듣게 됩니다. 수천만 원에서 수십억 원의 돈으로 국회의원직을 사고파는 모습을 간간히 보게 됩니다. 언론에서 의혹을 제기할 때면, 아주 자연스러운 표정으로 "특별당비로 대가성이 없다", "단순히 빌린 돈이다"라고 해명합니다. 정말 그 자체가 코미디입니다. 물론 세상만이 비판의 대상은 아닙니다. 등대와 같은 역할을 해야 할 교회는 어떤가요? 위원회의 장이나 교단의 장을 하기 위해 수억 원을 쏟아 붓는 현상도 심심찮게 보게 됩니다. 그것도 교회 헌금으로 말입니다.

교회 안이나, 교회 밖이나 감투 쟁탈전을 벌이는 것 같습니다. 어떤 기관이나 단체의 장이 되기 위해 수단과 방법을 가리지 않는 현실을 보면 쓴웃음을 지을 수밖에 없습니다. 사랑과 존경, 인자와 진리로 감투를 쓰고 마음을 채워야 할 사람들이 명예를 위해 혼신을 다하고 있으니 이 얼마나 불행한 일입니까? 자신에게 어울리지 않는 감투를 억지로 쓰다가 무게를 이기지 못해 오히려 목이 부러진다는 우스갯말이 있습니다. "명예는 누가 주는 것이 아니라 자신이 버는 것"이라는 어느 교수님의 가르침을 되새겨 봅니다.

***사랑과 진리로 제 마음을 채워주소서.

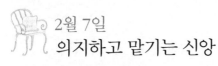

2월 7일
의지하고 맡기는 신앙

너는 마음을 다하여 여호와를 신뢰하고 네 명철을 의지하지 말라
너는 범사에 그를 인정하라 그리하면 네 길을 지도하시리라(3:5-6)

바다를 바라보는 것과 바다로 나가는 것은 전혀 다릅니다. 바다를 바라보는 것은 안전하지만, 바다로 나가는 것은 모험입니다. 전자는 자신의 눈을 바다에 내어준 것이며, 후자는 자신의 생명을 바다에 내어준 것입니다. 포기하든지 계속해서 가든지, 내던져 버리든지 찾아 나서든지 결국 선택은 자신의 몫입니다. 그리스도인의 신앙도 이와 같습니다. 신앙을 바라보는 것과 신앙으로 나아가는 것은 완전히 다른 경지입니다. 자신의 안전과 이익을 최우선으로 생각하고, 주일예배를 습관적으로 참석하는 것은 그저 신앙을 바라보는 것입니다. 그러나 하나님의 말씀에 모든 것을 걸고 위험을 감수하는 삶은 신앙으로 나아가는 것을 의미합니다.

전자는 눈으로 느끼는 자아만족만 있지만, 후자는 생명을 내어주고 얻는 참된 기쁨이 있습니다. 생각하기를 멈추든지 아니면 험난한 길이라도 계속 가든지 우리는 선택해야 합니다. 또한 그리스도를 물끄러미 쳐다만 보고 있든지, 그리스도의 은혜 앞으로 과감히 나아가든지도 결정해야 합니다. 그분의 은혜에 모든 것을 걸지 않는다면, 결코 신앙으로 나아갈 수 없을 것입니다.

•••주님만 믿고, 의지하며, 모든 것을 내어맡기는 삶을 살게 하소서.

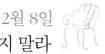

2월 8일

자기 꾀에 빠지지 말라

스스로 지혜롭게 여기지 말지어다 여호와를 경외하며 악을 떠날지어다
이것이 네 몸에 양약이 되어 네 골수를 윤택하게 하리라(3:7-8)

성경에서 가장 불행한 사람은 누구일까요? 아마도 가룟 유다일 것입니다. 성경은 유다가 언제 어떻게 선택되었는지에 대해서는 구체적으로 기록하지 않습니다. 다만 숫자에 상당히 밝은 사람이라는 것과 예수님과 열두 제자의 살림살이를 책임졌다는 것만 알 수 있습니다. 그는 어떤 문제가 생길 때 그 누구보다도 득실을 잘 아는 사람이었습니다. 어느 날 예수님이 베다니 시몬의 집에서 저녁을 드실 때였습니다. 갑자기 한 여자가 값비싼 향유를 깨뜨려 예수님의 발에 부었습니다. 이 광경을 목격한 사람들 가운데 유다의 계산이 가장 빨랐습니다. 그는 향유를 내다 팔면 많은 사람들을 도와줄 수 있다고 말했습니다. 얼핏 들으면 누구나 그의 생각에 감탄할 수밖에 없었습니다.

그런데 성경은 유다의 제안은 진심으로 가난한 사람들을 돕기 위한 것이 아니라 자기의 배를 채우기 위한 것이라고 말합니다. 헌금이 들어와야 슬그머니 뒤로 빼돌릴 수 있는 여유가 생기기 때문입니다. 잔머리를 굴려가며 자기 꾀로 사고파는 데 능숙했던 그는 결국 예수님을 팔아넘기기에 이르렀습니다. 우리는 자기 꾀에 빠지지 말고 하나님을 경외하는 진정한 지혜자가 되어야 합니다.

•••자기 꾀에 빠지지 않고 하나님을 경외하게 하소서.

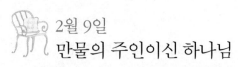

2월 9일
만물의 주인이신 하나님

네 재물과 네 소산물의 처음 익은 열매로 여호와를 공경하라 그리하면
네 창고가 가득히 차고 네 포도즙 틀에 새 포도즙이 넘치리라(3:9-10)

하나님의 주례로 첫 가정을 이룬 아담과 하와는 가인과 아벨을 낳았습니다. 자라서 가인은 농부가 되었고, 아벨은 양치는 목동이 되었습니다. 두 형제는 그들이 생산한 것을 하나님께 드렸습니다. 가인은 자신이 가꾼 땅에서 나온 소산을 드렸고, 아벨은 자신의 양 가운데 처음 난 새끼를 구별하여 드렸습니다. 그런데 하나님은 가인의 제물을 받지 않으셨습니다. 이해가 잘 안 됩니다. 마치 하나님이 두 형제를 차별한 것처럼 보입니다. 결국 가인은 분노를 억제하지 못하고 친동생을 처참하게 죽이고 맙니다.

하나님께 제물을 드린다는 것은 내 것을 드린다는 의미가 아닙니다. 또 그때그때 마음 가는 대로 선심을 쓰듯 드리는 것도 아닙니다. 제물을 드린다는 것은 내가 가진 모든 것이 하나님의 것이라는 고백입니다. 우리는 만물의 주인이신 하나님의 소유 가운데 일부를 잠시 맡아서 관리하는 청지기에 불과합니다. 제물을 드리면서도 하나님께 감사해야 할 이유가 여기에 있습니다. 가인의 이야기를 교훈 삼아, 우리는 모든 것을 감사함으로 하나님께 드립시다.

***항상 감사함으로 하나님께 드리는 삶이 되게 하소서.

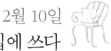

좋은 약은 입에 쓰다

내 아들아 여호와의 징계를 경히 여기지 말라 그 꾸지람을 싫어하지 말라(3:11)

사람이 살면서 영원히 풀리지 않는 숙제가 있는데, 부모와 자식과의 관계도 그렇다고 볼 수 있습니다. 부모의 마음을 십분의 일만 헤아려도 그 자식은 지극한 효자라고 합니다. '부모님은 왜 우리를 이해하지 못하실까?' '왜 사사건건 참견하실까? 잔소리는 왜 그렇게 많으실까?' 때로는 자녀들은 부모에게 이런 마음을 가집니다. 하지만 세월이 지나 가정을 이루고 자녀를 낳으면, 예전에 부모님께 들었던 잔소리를 자신도 모르게 자녀에게 하고 있다는 사실을 깨닫게 됩니다. 올바른 훈계는 자녀교육에 꼭 필요합니다. 그래서 부모는 당장 자녀들이 듣기 싫어하는 말이라 해도 그들을 사랑하는 마음에 쓴 소리를 합니다. 고통이나 시련도 마찬가지입니다. 그 당시에는 쓰고 아프지만, 나중에 돌아보면 자신에게 유익이었음을 깨닫게 됩니다.

성경에 나오는 하나님의 사람들도 쓴맛을 경험했습니다. 고통과 시련은 그림자처럼 그들을 따라다니며 삶의 일부분이 되었습니다. 아브라함, 이삭, 야곱, 요셉, 모세, 다윗, 이사야, 예레미야의 삶을 기억해보십시오. 쓰디 쓴 고통은 그들이 하나님을 사랑하고 이웃을 사랑하는 위대한 일을 하는 데 중요한 밑거름이 되었습니다.

❊❊❊하나님의 징계를 신중하게 받아들이게 하소서.

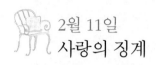

2월 11일
사랑의 징계

대저 여호와께서 그 사랑하시는 자를 징계하시기를
마치 아비가 그 기뻐하는 아들을 징계함 같이 하시느니라(3:12)

미국에서 이민생활을 시작하는 교민들은 가끔 '징계' 때문에 갑자기 경찰에 연행되거나 경고를 받는 경우가 종종 있다고 합니다. 이는 '징계'라는 말에 대한 인식의 차이에서 비롯됩니다. 우리나라 부모들은 어린 자녀가 말을 안 듣거나 잘못을 하면 말로 타이르다가 그래도 안 되면 매를 들곤 합니다. 적절한 매를 들어야 잘못을 저지른 아이를 바로 잡을 수 있다고 생각합니다. 이것을 우리는 '사랑의 매'나 '사랑의 징계'라고 부릅니다. 그러나 미국의 경우는 다릅니다. 미국인들은 어떤 경우라도 약자에게 손을 대는 행위는 폭력으로 간주합니다. 가정에서도 부모가 어린아이에게 매를 드는 일을 절대로 허용하지 않습니다. 그래서 미국에 사는 한국 부모들이 아이에게 회초리를 들기라도 하면, 가정폭력으로 오해 받아 경찰서로 잡혀가는 웃지 못 할 일을 겪기도 합니다.

징계는 허물이나 잘못을 뉘우치도록 나무라며 경계하는 것입니다. 징계의 목적은 상대방을 고통스럽게 하는 것이 아니라, 잘못을 깨닫고 본래의 자리로 돌아오게 하는 데 있습니다. 그리스도인을 향한 하나님의 징계 역시 마찬가지입니다. 하나님은 우리가 올바른 자리로 돌아오기를 원하십니다. 이것이야말로 '사랑의 매'라고 할 수 있지 않을까요.

°°°하나님의 징계를 기쁘게 여기고 제 잘못을 돌아보게 하소서.

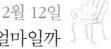

지혜의 값은 얼마일까

*지혜를 얻은 자와 명철을 얻은 자는 복이 있나니 이는 지혜를 얻는 것이
은을 얻는 것보다 낫고 그 이익이 정금보다 나음이니라(3:13-14)*

아들을 먼 지방으로 유학을 보낸 유대인이 갑자기 중병에 걸려 죽게 되었
습니다. 그는 전 재산을 한 하인에게 물려주고, 아들에게는 그가 원하는
것 한 가지만 주라는 내용의 유서를 남기고 세상을 떠났습니다. 갑자기
찾아온 행운을 놓칠세라 하인은 주인의 아들에게 쏜살같이 달려가 유서
와 함께 부친의 소식을 전했습니다. 갑자기 놀랍고도 어처구니없는 유서
를 받게 된 아들은 아버지를 원망하며 통곡했습니다. 장례식을 마친 아들
은 어찌해야 할지 몰라 랍비를 찾아갔습니다. 랍비는 유산을 받은 하인만
선택한다면 아버지의 모든 것을 가질 수 있다고 조언했습니다. 그 말을
들은 아들은 그제야 아버지의 깊은 뜻을 깨달았습니다. 그 이후 아들은
항상 "역시 나이 많은 사람의 지혜는 따라갈 수 없다"고 말하곤 했습니다.

지혜는 바로 이런 것입니다. 보이는 재물을 구하면 그것으로 끝날지 모르
지만, 보이지 않는 지혜의 보물창고는 무궁무진합니다. 그래서 지혜를 얻
은 자는 복이 있다고 하는 것입니다. 우리에게 행복을 가져다주는 것은
은이나 금이 아니라 하나님의 지혜입니다.

°°°재물보다 하나님의 지혜를 더 구하게 하소서.

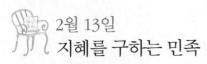

2월 13일
지혜를 구하는 민족

지혜는 진주보다 귀하니 네가 사모하는 모든 것으로도
이에 비교할 수 없도다(3:15)

20세기에 들어와 가장 주목받는 민족은 유대인입니다. 특히 교육열이 높은 한국인은 유대인의 교육법에 관심이 많습니다. 세계 인구의 0.2%, 1500만 명밖에 되지 않는 유대인들은 수천 년 동안 온갖 박해와 인종말살의 위협 속에서도 꿋꿋이 생존했을 뿐 아니라, 조상의 땅으로 돌아와 국가를 세웠습니다. 이렇게 작은 민족이 세계사에서 이룩한 성과는 기적 그 자체입니다. 노벨상 수상자의 35%, 미국 대학교수의 25%, 상·하의원의 20%, 월가 금융전문가의 35%, 뉴욕 중고등학교 교사의 50%, 미국 70만 변호사의 20%, 미국 최상위 부자 40명 중 22명이 유대인이라고 합니다. 그렇다면 유대인들이 극심한 고난의 역사를 딛고 일어나 전례를 찾아보기 힘든 업적을 쌓으며 승승장구하는 비결은 무엇일까요?

대답은 간단합니다. 유대인들은 지혜를 구하는 민족입니다. 금은보화를 얻기 위해 지혜를 사용하는 것이 아니라, 지혜를 구하기 위해서라면 금은보화까지도 기꺼이 던져버리는 민족입니다. 많은 사람들은 성공을 교육의 목적으로 삼지만, 유대인들은 하나님이 주신 지혜를 최대한 발견하고 활용하는 것을 교육의 목적으로 삼는다고 합니다. 지혜를 위해 진주를 버리면, 지혜와 더불어 진주까지 얻게 된다는 진리를 그들은 알고 있습니다.

•••참으로 귀한 것을 분별할 수 있는 안목을 주소서.

지혜가 주는 두 가지 선물

그의 오른손에는 장수가 있고 그의 왼손에는 부귀가 있나니
그 길은 즐거운 길이요 그의 지름길은 다 평강이니라(3:16-17)

부귀영화를 누리면서 장수하는 것은 이 세상 모든 사람들의 한결 같은 소원일 것입니다. 그래서 부귀영화가 있는 사람은 장수를, 장수가 있는 사람은 부귀영화를 가지고 싶어 합니다. 그러나 이 소원을 모두 이루며 사는 사람은 아마 없을 것입니다. 세상 사람들은 이 두 가지를 구하는 데 모든 노력과 열정을 기울입니다. 이에 대해 예수님은 "사람이 만일 온 천하를 얻고도 제 목숨을 잃으면 무엇이 유익하리요 사람이 무엇을 주고 제 목숨을 바꾸겠느냐"(마 16:26)라고 말씀하셨습니다.

세상의 가치관으로 살아가는 사람, 세상의 부귀영화만을 추구하는 사람을 두고 성경은 '어리석은 자'라고 말합니다. 그렇다면 그리스도인들은 부귀영화를 누리거나 장수하면 안 되는 것일까요? 절대로 그렇지 않습니다. 다만 예수님은 가치관의 우선순위가 중요하다는 것을 말씀하신 것입니다. 생명의 소중함을 아는 것, 무엇이 먼저이고 나중인지를 아는 것이 바로 지혜입니다. 하나님은 우리가 이 세상 그 무엇보다 더 하나님의 지혜를 추구하고 소유하기를 원하십니다. 지혜가 있는 사람에게는 하나님이 주신 부귀영화와 장수가 따라오는 법입니다.

***세상 그 무엇보다 지혜를 추구하는 삶을 살게 하소서.

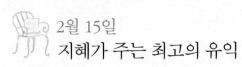

2월 15일
지혜가 주는 최고의 유익

지혜는 그 얻은 자에게 생명나무라 지혜를 가진 자는 복되도다(3:18)

2009년 7월, 우리나라 대표 여성산악인 고미영 씨가 히말라야 낭가파르밧 정상에서 하산하다가 실족하여 사망한 사건이 있었습니다. 극한 추위와 생명의 위협을 마다하지 않고 그 가파른 곳을 오르내리는 이유를 사람들은 이해하지 못합니다. 심지어 어떤 사람들은 무모한 짓이라고 생각하기도 합니다. 그러나 산악인들은 그 험난한 산을 올라 마침내 정상에 섰을 때의 감동이란 말로 다 표현할 수가 없다고 합니다. 그 순간만큼은 자신이 살아 있고, 모든 욕망과 싸워 이겼다는 기분을 만끽할 수 있어 행복하다는 것입니다. 진정한 자아를 발견하게 되는 기쁨이라고 할까요.

잠언은 우리에게 지혜라는 산을 오를 때 얻게 되는 유익에 대해서 말합니다. 지혜는 우리에게 장수와 부귀영화를 주지만, 그밖에 삶의 의미를 발견하게 하고 지식도 얻게 합니다. 그러나 지혜의 유익은 여기서 끝이 아닙니다. 지혜라는 산 정상에 올랐을 때, 우리는 생명을 얻게 됩니다. 이것이 지혜를 가진 자가 행복한 진짜 이유입니다.

***생명을 주는 지혜를 더욱 갖게 하소서.

건축가이신 하나님

여호와께서는 지혜로 땅에 터를 놓으셨으며 명철로 하늘을 견고히 세우셨고(3:19)

인류가 만든 아름다운 건축물에는 어떤 것들이 있을까요? 인도 아그라에 세워진 타지마할은 유네스코가 지정한 세계문화유산입니다. 타지마할은 자한 황제가 열넷째 아이를 낳다 죽은 아내를 위해 국력을 기울여 지은 이슬람 예술의 정수입니다. 잘 꾸며진 정원을 배경으로, 관목이 줄지어 선 연못에 비치는 타지마할의 정경은 물질의 세계를 뛰어넘은 우아함의 극치를 보여줍니다. 또한 타지마할의 섬세하게 조각된 흰 대리석, 더할 수 없이 완벽한 비례, 아름다운 조경은 세기적 로맨스 이야기와 함께 어우러져 보는 이의 마음을 사로잡습니다. 이 밖에도 중국 북경의 이화원과 만리장성, 호주 시드니의 오페라 하우스, 이집트의 피라미드 등 수없이 많은 건축물이 아름다움을 뽐내고 있습니다. 국내에서는 전주시에 위치한 전동성당이 아름다운 건축물로 꼽힌다고 합니다.

인간의 지혜는 여기까지입니다. 하나님이 지으신 우주에 아주 작은 지혜를 드러내는 것이 바로 인간의 건축물이지요. 하늘의 별들과 아름다운 산과 바다, 그 속의 모든 동물과 식물을 지으신 분은 하나님이십니다. 광활한 우주를 설계하고 만드신 하나님은 또한 우리의 삶과 죽음도 설계하신다는 것을 기억해야겠습니다.

°°°제 삶을 건축하시는 하나님께 순종하게 하소서.

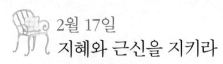

2월 17일
지혜와 근신을 지키라

내 아들아 완전한 지혜와 근신을 지키고 이것들이 네 눈 앞에서 떠나지 말게 하라
그리하면 그것이 네 영혼의 생명이 되며 네 목에 장식이 되리니(3:21-22)

어린아이를 키우는 엄마라면 '눈 앞에서 떠나지 말게 하라'는 말이 무엇
을 뜻하는지를 잘 알 것입니다. 엄마들은 아이에게서 한시도 눈을 뗄 수
가 없습니다. 그렇지 않으면 되돌릴 수 없는 대형사고가 일어날 수 있기
때문입니다. 〈세븐 데이즈〉, 〈밀양〉, 〈트랩트〉, 〈맨 온 파이어〉 등의 영화
는 부모들이 잠깐 아이에게서 눈을 돌리거나 방심하는 사이에 유괴나 실
종과 같은 사건이 일어난다는 것을 보여줍니다. 이것은 비단 영화에만
나오는 이야기가 아닙니다. 안타깝게도, 우리 주변에서도 이런 일들이
생깁니다.

오늘 말씀은 어린아이를 지켜보듯 지혜와 근신을 우리 삶에서 한시도 떠
나지 말게 하라고 가르칩니다. 모든 사고는 눈 깜짝할 사이에 일어나기
때문입니다. 매스컴을 통하여 전해 듣는 사건사고는 대부분이 안전 불감
증에서 오는 경우가 많습니다. 그럼에도 불구하고 우리는 '나는 괜찮겠
지.' 하는 생각으로 대수롭지 않게 여길 때가 많습니다. 그러나 성경은 지
혜와 근신이 항상 곁에 있을 때, 생명과 영광이 따라온다고 말합니다. 생
명과 영광이 사라지는 것도 '순간'이라는 사실을 잊지 말아야 합니다.

●●●지혜와 근신을 항상 기억하며 지키게 하소서.

두 날개를 가지라

내 아들아 완전한 지혜와 근신을 지키고 이것들이 네 눈 앞에서 떠나지 말게 하라 네가 네 길을 평안히 행하겠고 네 발이 거치지 아니하겠으며(3:21,23)

2001년에 개봉한 마이클 베이 감독의 영화 〈진주만〉은 세계에서 가장 아름다운 섬으로 꼽히는 하와이를 배경으로 하고 있습니다. 1941년 당시 진주만에는 미 해군기지와 태평양 함대 본부가 주둔하고 있었습니다. 그런데 12월 7일에 일어난 일본의 기습 공격으로 정박해 있던 미 함대는 큰 타격을 입었습니다. 사실 제2차 세계대전이 한창이던 1941, 미국은 전쟁을 방관한 채 평화로운 중립을 견지하고 있었습니다. 당시 미국은 지혜로운 선택을 한 듯 보였습니다. 그리고 평온한 삶에 젖은 나머지 심각한 안전 불감증에 빠져들기 시작했습니다. 하지만 결국 미국은 2천 명이 넘는 군인들이 생명을 잃는 비참한 사태를 맞게 되었습니다.

지혜와 근신은 새의 두 날개와 같습니다. 창공을 자유롭고 안전하게 날려면 두 날개가 필요하듯이, 근신이 없는 지혜는 교만에 빠지기 쉽고 지혜가 없는 근신은 어리석음에 빠지기 쉽습니다. 그러므로 평탄한 걸음을 걷기 위해서는 이 두 가지가 모두 있어야 한다는 것을 잊지 말아야 합니다. 이런 사람이야말로 지혜로운 사람입니다.

***새의 두 날개와 같이 지혜와 근신을 함께 지키게 하소서.

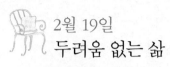

2월 19일
두려움 없는 삶

내 아들아 완전한 지혜와 근신을 지키고 …
네가 누울 때에 두려워하지 아니하겠고 네가 누운즉 네 잠이 달리로다(3:21, 24)

우리는 '시험 인생'을 살고 있습니다. 태어나면서부터 세상을 떠날 때까지 많은 시험을 치르고 각 시험을 어떻게 통과하느냐에 따라 인생이 달라집니다. 대학을 졸업하고 취업할 때까지의 기간만 생각해보더라도 시험의 횟수는 헤아릴 수 없을 정도입니다. 중간고사와 기말고사, 모의고사와 수능시험, 자격증시험, 유학시험, 면접시험 등 우리는 각종 시험의 홍수 속에 산다고 해도 과언이 아닙니다. 시험을 코앞에 두고 긴장하지 않는 사람은 거의 없습니다. 특히 시험 준비를 제대로 하지 못했다면, '내가 모르는 문제가 너무 많이 나오지 않을까' 노심초사하게 되지요. 그래서 아는 문제도 풀지 못하는 어이없는 일이 종종 발생하기도 합니다. 이렇게 두려움과 근심으로 가득한 사람이 있는 반면, 시험을 보나 싶을 정도로 평안한 사람도 있습니다. 성실하게 준비가 된 사람의 여유로움이라고나 할까요.

지혜와 근신이라는 두 날개는 하루아침에 자라는 것이 아닙니다. 독수리의 두 날개가 자라기까지 피나는 훈련과 시련이 있습니다. 그 모든 시험을 당연하게 받아들이고 지혜롭게 대처할 때 우리는 두려움 없는 안전한 삶을 살게 될 것입니다.

•••삶에서 오는 온갖 시험을 지혜와 근신으로 이기게 하소서.

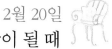

어린아이와 같이 될 때

**너는 갑작스러운 두려움도 악인에게 닥치는 멸망도 두려워하지 말라 대저
여호와는 네가 의지할 이시니라 네 발을 지켜 걸리지 않게 하시리라(3:25-26)**

어린아이와 어른의 차이에 대해 생각해봅니다. 어른은 스스로 무엇을 해
야 한다고 생각하는 반면, 어린아이는 아빠나 엄마가 해줄 거라는 의존적
인 생각을 가지고 있습니다. 아빠가 목마를 태워주면 아이는 좋아서 어찌
할 줄을 모릅니다. 하지만 어른이 목마를 타는 경우는 거의 볼 수가 없습
니다. 무겁기 때문일 수도 있지만, 사실은 목마를 태워주는 사람을 못 믿
어서일 경우가 많습니다. 그러나 어린아이는 아빠를 전심으로 믿기 때문
에 오히려 즐거워합니다. 어떠한 위험을 만나도 아빠가 자신을 도와주고
보호해줄 거라는 믿음에는 변함이 없습니다.

예수님도 이러한 믿음이야말로 참 믿음이라고 하셨습니다. 믿음은 머리
로 계산해보고 손익을 따져서 안전하다고 판단될 때 시작하는 것이 아닙
니다. 이 세상의 그 어떤 것도 안전함을 주지 못하기 때문입니다. 우리가
온전히 의지할 분은 창조주 하나님밖에 없습니다. 어린아이와 같은 순전
한 믿음을 가져야겠습니다.

•••어린아이처럼 아버지께 모든 것을 의지하게 하소서.

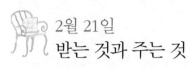

2월 21일
받는 것과 주는 것

네 손이 선을 베풀 힘이 있거든 마땅히 받을 자에게 베풀기를 아끼지 말며(3:27)

톨스토이는 도스토옙스키와 함께 19세기 러시아 문학을 대표하는 대문호로 잘 알려져 있습니다. 특히 톨스토이의 단편들은 사람이 이 세상을 살아가는 데 꼭 필요한 것이 무엇인지를 문학적으로 잘 그려내고 있습니다. 그 중에서 「사람은 무엇으로 사는가」, 「사랑과 함께 존재하는 신」, 「두 노인」은 사랑과 친절이 무엇인지, 베푸는 것과 받는 것이 무엇인지를 이야기합니다. 이 중 「두 노인」은 평생의 소원인 성지순례를 가게 된 두 노인의 이야기를 그려냅니다. 한 노인은 물을 얻어 마시려고 어느 마을을 들렀다가 기근과 질병으로 죽어가는 사람들을 만나게 됩니다. 그리고 그는 가던 길을 멈추고 자신의 여행 경비로 죽어가는 사람들을 구제합니다. 결국 그 노인은 성지순례를 포기해야 했지만 하나님은 그의 구제를 기쁘게 받아들이셨다는 내용입니다.

오늘 말씀은 베풀 수 있는 능력이 내게 있고, 내 도움이 필요한 사람이 있다면 주저하지 말고 호의를 베풀라고 가르칩니다. 아무런 이유 없이 베풀기란 쉽지 않습니다. 그러나 나는 이미 하나님께 모든 것을 받았고, 이제 남은 것은 내가 이웃에게 베푸는 것뿐이라는 사실을 깨닫는다면 충분히 가능합니다.

***먼저 은혜를 입은 자임을 깨닫고 이웃에게 친절을 베풀게 하소서.

지금 즉시 선을 베풀라

네게 있거든 이웃에게 이르기를 갔다가 다시 오라 내일 주겠노라 하지 말며(3:28)

남에게 돈을 빌려주기는 쉬워도 받기는 어렵다는 뜻으로 사람들은 흔히 '앉아서 주고 서서 받는다'는 말을 합니다. 자신이 급할 때는 무엇이든 해 줄 수 있다고 말하지만, 정작 내가 급할 때는 나 몰라라 하기 쉽습니다. 이런 생각 때문에 도와줄 수 있는 위치의 사람은 도움을 받으러 온 사람에게 '내일 다시 오라' 혹은 '가능할 때 바로 연락 주겠다'고 말하며 돌려보내곤 합니다. 그런데 지혜자는 그렇게 하지 말라고 가르칩니다. 여기서 '네게 있거든'이라는 조건은 매우 중요합니다. 이는 선을 베풀 능력도 없는 사람에게 없는 것을 꾸어서라도 주라는 것이 아닙니다. 또한 잘 알지도 못하는 사람에게 보증을 서주라고 하는 것도 아닙니다.

잠언에서는 내가 할 수 있는 것이 무엇이며, 다른 사람의 긴박한 상황이 무엇인지 파악하는 능력을 '근신'과 '분별력'이라고 표현합니다. 정말로 도와주어야 할 사람과 그렇지 못한 사기꾼을 구별하는 데도 지혜가 필요합니다. 그러므로 누군가 도움을 청해 온다면 그에게 필요한 것을 분별해내고, 즉시 도움의 손길을 내밀어야 합니다.

***도움이 필요한 사람에게 즉시 도움의 손길을 내밀게 하소서.

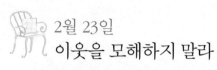

2월 23일
이웃을 모해하지 말라

네 이웃이 네 곁에서 평안히 살거든 그를 해하려고 꾀하지 말며
사람이 네게 악을 행하지 아니하였거든 까닭 없이 더불어 다투지 말며(3:29-30)

악한 사람과 선한 사람을 구별하는 것은 그리 어렵지 않습니다. 자기 이익만을 위해 수단과 방법을 가리지 않고, 이유 없이 타인에게 피해를 주거나, 있지도 않은 사실을 꾸며내고 거짓 증언을 해서 상대를 모해한다면 그는 악한 사람입니다. 반면 자기 이익을 추구하면서도 타인에게 해를 끼치지 않고, 누구에게나 친절을 베풀며, 거짓 증언을 하지 않고, 희생과 봉사로 이웃에게 유익을 준다면 그는 선한 사람입니다. 강자는 약자의 어려움을 외면하지 말고 이웃을 괴롭히지 말아야 합니다. 나쁜 일을 꾸며 무죄한 이웃을 해하거나 싸움을 거는 자는 지혜를 거역하는 악한 사람입니다.

하지만 우리는 가끔 이웃에게 자신의 권리를 지나치게 주장하다가 말싸움이 법정 분쟁으로까지 비화되는 경우를 보곤 합니다. 이는 지혜롭지 못한 처사일 뿐만 아니라 악한 모습입니다. 우리를 사랑하여 친히 화목제물이 되어주신 예수님에게서 화평을 배워야겠습니다.

***악한 일을 도모하지 않고 이웃과 화목하게 지내도록 도와주소서.

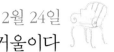

친구는 나의 거울이다

포학한 자를 부러워하지 말며 그의 어떤 행위도 따르지 말라(3:31)

인생은 끊임없는 만남과 이별의 연속입니다. 성공과 실패, 부유와 빈곤, 가치 있는 삶과 비참한 삶은 어떤 사람과 가까이하느냐에 달려 있습니다. 이렇듯 인간관계에서는 친구가 중요합니다. 친구를 사귀기 가장 좋은 곳은 바로 학교입니다. 그러나 좋은 친구와의 아름다운 추억으로 가득해야 할 학교가 무서운 폭력으로 얼룩진 것은 어제 오늘의 일이 아닙니다. 폭력의 위험 속에서 차라리 폭력을 휘두르는 사람이 되고 싶지, 폭력에 속수무책으로 당하는 희생자가 되고 싶은 사람은 아마 없을 것입니다. 그래서 청소년 시절에는 싸움 잘하는 학생들을 부러워하기도 합니다.

'포악한 자'는 문자적으로 '폭력의 사람'을 뜻합니다. 우리는 이런 사람들을 부러워하면 안 됩니다. 악한 자는 잔인하게 완력을 행사하여 약한 사람의 권리를 빼앗습니다. 또한 우리는 악을 행하면서 손쉽게 돈을 버는 사람들을 부러워해서도 안 됩니다. 오늘 말씀은 죄를 지으면서까지 뭔가를 얻고자 하는 마음에 경종을 울립니다.

●●●좋은 친구를 가까이 함으로 악을 멀리하게 하소서.

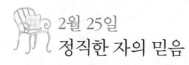

2월 25일
정직한 자의 믿음

대저 패역한 자는 여호와께서 미워하시나
정직한 자에게는 그의 교통하심이 있으며(3:32)

중국 영화 〈야연〉에서 주인공 황후 완(장쯔이)이 새로운 황제를 죽이기 위해 가장 무서운 독 중에 하나로 알려진 전갈 독을 사러 갔을 때의 일입니다. 전갈 독보다 더 강한 독이 있냐고 묻자, 독을 파는 사람은 "세상에서 가장 강하고 무서운 독은 사람의 마음이오."라고 대답했다고 합니다. 사람의 마음이 얼마나 무서운지는 히틀러를 보면 잘 알 수 있습니다. 20세기 들어 가장 끔찍한 역사를 꼽는다면, 히틀러에 의해 6백만 명이 넘는 유대인들이 학살당한 사건일 것입니다. 그중 절반 이상은 아우슈비츠 집단수용소의 독 가스실에서 죽었습니다. 2006년 뉴욕타임스 베스트셀러 1위에 오른 엘리 위젤의 책 「나이트」, 영화 〈쉰들러 리스트〉와 〈인생은 아름다워〉 등은 아우슈비츠에서 벌어진 잔학상을 생생하게 그리고 있습니다.

유대인들이 눈앞에서 부모와 자식, 친척과 동료들이 처참하게 죽어가는 모습을 보면서도 신앙을 지킬 수 있었던 이유는 무엇일까요? 그들은 정의롭고 공의로우신 하나님의 주권을 굳게 믿었습니다. 하나님이 악을 행하는 사람은 반드시 심판하실 것이며, 정직한 사람은 반드시 돌보실 것이라는 믿음이 온갖 고난을 이기게 만든 것입니다.

***고난 중에도 하나님의 일하심을 신뢰하게 하소서.

복이 가득한 집

악인의 집에는 여호와의 저주가 있거니와 의인의 집에는 복이 있느니라(3:33)

고대 중국사회에서 황제에게 반항한 사람은 본인은 물론 친인척 모두가 죽임을 당했습니다. 구약성경에도 한 사람의 잘못 때문에 수많은 사람이 죽임을 당하는 사건이 종종 나옵니다. 여호수아 7장에 나오는 아간의 이야기가 대표적입니다. 전리품 가운데 어떤 것도 개인이 가지지 말라는 명령을 어긴 아간 때문에 민족 전체가 전투에서 패하고 많은 희생자를 낸 것입니다. 또한 창세기 34장에는 야곱의 딸 디나가 히위 종족의 추장 아들에게 납치되어 강간을 당한 이유로 그 성의 모든 남자가 죽임을 당한 이야기가 나옵니다. 오늘날에도 미국의 동맹국이란 이유로 한국인 관광객이 피랍을 당하거나, 기독교인이라는 이유로 죽임을 당하는 일이 빈번하게 일어나고 있습니다.

악인과 의인은 '개인'으로 그치는 것이 아니라, 공동체적인 성격을 가지는 '집'으로 나타나기도 합니다. 힘이 강한 민족이 약한 민족을 불의로 억압할 때 하나님은 이를 그냥 두지 않으십니다. 이처럼 축복이나 저주는 한 개인의 차원을 넘어 민족과 국가라는 공동체로 이어집니다. 우리가 민족과 국가를 위해 기도해야 할 이유가 여기 있습니다.

***하나님을 경외하는 대한민국이 되게 하소서.

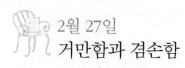

2월 27일
거만함과 겸손함

진실로 그는 거만한 자를 비웃으시며 겸손한 자에게 은혜를 베푸시나니(3:34)

잠언은 악인을 종종 '거만한 자'로, 의인을 '겸손한 자'로 묘사합니다. 일반적으로 '거만한 자'는 사회적으로 강하고, '겸손한 자'는 약해 보입니다. '거만한 자'는 자신의 지위나 권력을 자만하기 때문에 약한 사람들을 억압하고 조롱합니다. 그리고 자신을 비판하는 사람을 가만두지 않습니다. 그런데 오늘의 말씀은 하나님이 거만한 자를 비웃으신다고 말합니다. 거만한 자가 사회적 약자나 동료를 조롱하기 때문에 하나님도 그를 조롱하신다는 것입니다.

한편 성경에서 '겸손한 자'는 원래 가난하고 착취를 당한 사람들을 가리키는 사회경제학적 용어로 쓰였습니다. 여기에서 '가난한 사람'은 올바른 사람과 의로운 사람, 지혜로운 사람 등을 나타냅니다. 더불어 영적인 의미로는 심령이 가난한 사람을 뜻하기도 합니다. 자신의 마음을 비워 하나님을 사모하는 열정으로 채우는 사람이야말로 심령이 가난하고 하나님 앞에 겸손한 사람인 것입니다. 하나님은 그런 자들에게 은혜와 복을 풍성히 내려주십니다.

•••하나님 앞에 겸손하며, 심령이 가난한 자가 되게 하소서.

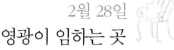

영광이 임하는 곳

지혜로운 자는 영광을 기업으로 받거니와
미련한 자의 영달함은 수치가 되느니라(3:35)

프랑스의 문학가이자 강한 교회 비판과 무신론 주장으로 유명한 볼테르
가 어떤 서점에서 돈을 꾸어 쓴 일이 있었다고 합니다. 서점 주인에게 심
한 빚 독촉을 받은 볼테르는 악심을 품고서 서점 주인을 단단히 혼내주리
라고 벼르고 있었습니다. 그러던 어느날, 볼테르는 빚 독촉을 하러 온 서
점 주인의 뺨에 불꽃이 번쩍 튀도록 따귀를 때린 후 이렇게 쏘아붙였습니
다. "뭐야, 당신은 황송하게도 세계 최대의 위인에게 뺨을 맞는 역사에 길
이 남을 명예를 가지게 되었는데, 또 무슨 돈을 달라는 거야?"

교만은 사람의 영혼을 마비시킵니다. 그래서 자신이 지금 어디로 가고 있
는지, 어떻게 처신하는 것이 경우에 합당한지 판단하지 못하게 합니다.
그렇기 때문에 교만한 사람은 이웃에게 인정받지 못하고 따돌림을 받습니
다. 은혜의 물줄기는 거만한 자의 산에서 흘러 내려와 자신의 낮고 비
천함을 깨닫는 겸손한 자의 계곡으로 흘러 들어오는 것입니다. 하나님의
영광은 낮은 곳에 깔려 있습니다.

•••겸손한 마음으로 하나님의 영광을 바라보게 하소서.

지혜로 여는 매일 묵상 3월

"모든 지킬 만한 것 중에 더욱 네 마음을 지키라
생명의 근원이 이에서 남이니라"

(잠 4:23)

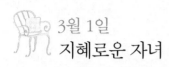

3월 1일
지혜로운 자녀

아들들아 아비의 훈계를 들으며 명철을 얻기에 주의하라(4:1)

심청은 지극한 효녀로 우리에게 잘 알려져 있습니다. 어려서 어머니를 여의고 눈먼 아버지 밑에서 자란 심청은 아버지를 위해 기꺼이 자신의 몸을 바다에 던졌습니다. 한편 이삭은 순종의 아들로 우리에게 잘 알려져 있습니다. 늙은 아브라함이 십대 후반의 건강한 아들을 제물로 바치려 했고, 그 아들 역시 저항하지 않았다는 이야기는 우리의 상상력을 자극합니다. 이삭이 순종의 아들로 불린 것은 그냥 얻어진 것이 아닙니다. 순종이란 언제나 생명의 주인은 내가 아니라 하나님이시라는 굳건한 확신이 있어야 가능하기 때문입니다.

히브리서는 예수님이 아버지 하나님께 얼마나 순종적이셨는지를 기록합니다. "그가 아들이시면서도 받으신 고난으로 순종함을 배워서 온전하게 되셨은즉 자기에게 순종하는 모든 자에게 영원한 구원의 근원이 되시고 하나님께 멜기세덱의 반차를 따른 대제사장이라 칭하심을 받으셨느니라" (히 5:8-10). 그러므로 우리도 순종의 본이 되신 예수님을 따라 부모님께 순종하는 법을 배워야 합니다. 육신의 부모에게 순종하고 효도하는 것이 곧 하나님께 순종하는 것임을 잊지 말아야 하겠습니다.

❖❖❖ 부모의 가르침에 순종하는 자녀가 되게 하소서.

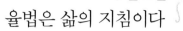

율법은 삶의 지침이다

한 가정이나 사회에는 전통이라는 것이 있습니다. 오랜 시간이 흐르면서 자연스럽게 생겼거나, 혹은 누군가가 만든 관습이 반드시 지켜야 할 도리가 되었을 때 우리는 이를 관례, 혹은 전통이라고 합니다. 우리나라의 종친회, 조상에게 지내는 제사, 무당을 통한 굿 등도 일종의 전통이라고 할 수 있겠지요. 전통에는 어떠한 의식을 할 때 해야 할 것과 하지 말아야 할 것, 그리고 해야 한다면 어떻게 해야 하는지에 대한 규칙이 있습니다. 넓게는 한 국가의 통치이념도 여기에 포함될 것입니다. 우리나라는 널리 인간세계를 이롭게 한다는 뜻의 홍익인간을 건국이념이자 교육이념으로 삼고 있습니다.

하나님도 우리에게 삶의 지침을 주셨습니다. 토라라고 불리는 이 율법에는 그리스도인들이 지켜야 할 하나님의 법이 담겨 있습니다. 토라는 우리의 존재 이유, 삶의 가치, 행복해지는 법, 궁극적으로 추구해야 할 목적, 살아가는 방법 등 우리에게 필요한 모든 것을 알려줍니다. 우리를 지으신 창조주 하나님의 법 안에 거할 때만이 진정한 행복을 느낄 수 있습니다.

•••하나님의 교훈을 사랑하고 지키게 하소서.

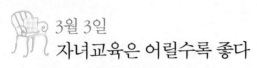

3월 3일
자녀교육은 어릴수록 좋다

나도 내 아버지에게 아들이었으며 내 어머니 보기에 유약한 외아들이었노라(4:3)

태교가 중요하다는 것을 모르는 사람은 거의 없습니다. 특히 자녀교육은 어릴수록 좋다는 것이 널리 증명되면서부터 태교에 대한 관심이 더 높아지고 있습니다. 자녀교육은 부모의 무릎 위에서가 아니라, 부모의 뒷모습을 통해 이루어진다고 합니다. 말보다는 행동으로 보여주는 가르침이 더 큰 영향력을 미친다는 것입니다. 부모의 사랑을 받으며 좋은 환경에서 자란 아이들은 훌륭한 사람으로 성장할 가능성이 높은 반면, 부모의 학대를 받으며 나쁜 것만 보고 자란 아이들은 성장해서도 많은 문제를 일으키기 쉽습니다.

디모데는 어머니와 외할머니의 신앙으로 인해 어릴 때부터 말씀으로 교육받으며 자랐습니다. 그리고 젊은 나이에 교회의 지도자가 되었습니다. 성경은 디모데를 이렇게 묘사합니다. "또 어려서부터 성경을 알았나니 성경은 능히 너로 하여금 그리스도 예수 안에 있는 믿음으로 말미암아 구원에 이르는 지혜가 있게 하느니라"(딤후 3:15). 하나님이 선물로 주신 귀한 자녀를 어릴 적부터 하나님의 말씀으로 잘 가르쳐야 합니다.

•••어릴 때부터 말씀으로 양육하는 부모가 되게 하소서.

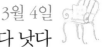

순종이 제사보다 낫다

아버지가 내게 가르쳐 이르기를 내 말을 네 마음에 두라
내 명령을 지키라 그리하면 살리라(4:4)

부모를 잘 섬기는 도리, 부모를 정성껏 섬기는 일을 '효도'라고 합니다. 그런데 많은 사람들은 부모를 즐겁게 해드리는 것을 효도라고 생각합니다. 그래서 명절 때 찾아뵙기도 하고, 용돈을 많이 드리면 부모님이 기뻐하실 거라고 생각합니다. 이처럼 자신의 입장에서 무엇을 해드리면 된다고 생각하는 것이 효도에 대한 일반화된 생각입니다. 그리스도인들의 신앙 역시 그럴 때가 많습니다. 내가 하나님께 무엇을 드릴까 고민하고, 내가 무엇을 행하면 하나님이 기뻐하실까 생각할 때가 많다는 것입니다.

그런데 성경의 가르침으로 비추어 볼 때, 이 모든 것은 지극히 자기중심적인 사고방식입니다. 내가 무엇을 해드리면 그만이라는 자세가 아니라, 부모의 마음을 헤아리는 것이 무엇보다 중요합니다. 하나님의 뜻에 어긋나는 것이 아니라면, 부모의 가르침을 존중하고 순종하는 것이 효도입니다. 성경은 "순종이 제사보다 낫고 듣는 것이 숫양의 기름보다 나으니"(삼상 15:22)라고 말씀합니다. 하나님이 기뻐하시는 예배는 내가 원하는 것을 드리는 것이 아니라 하나님의 말씀을 경청하는 것입니다.

✦✦✦부모님께 순종함으로 참된 효도를 하게 하소서.

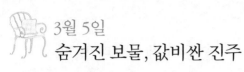

3월 5일
숨겨진 보물, 값비싼 진주

지혜를 얻으며 명철을 얻으라 내 입의 말을 잊지 말며 어기지 말라(4:5)

예수님은 그리스도인들의 영원한 본향인 천국을 비유로 말씀하셨습니다. "천국은 마치 밭에 감추인 보화와 같으니 사람이 이를 발견한 후 숨겨 두고 기뻐하며 돌아가서 자기의 소유를 다 팔아 그 밭을 사느니라 또 천국은 마치 좋은 진주를 구하는 장사와 같으니 극히 값진 진주 하나를 발견하매 가서 자기의 소유를 다 팔아 그 진주를 사느니라"(마 13:44-46). 예수님은 천국이 우리가 가진 모든 소유를 팔아서라도 꼭 사야 하는 것이라고 말씀하십니다. 그리고 천국의 가치를 아주 값진 진주를 구하는 상인으로도 비유하십니다. 상인은 누구보다 그 진주의 가치를 잘 아는 사람입니다. 그가 숨겨진 보물을 발견한 즉시 모든 소유를 팔아 그 보물이 있는 땅을 샀다는 이야기는, 보물의 가치를 잘 모르는 사람에게는 무모한 짓처럼 보일 수도 있습니다.

천국이 소중한 것처럼, 지혜 역시 소중합니다. 하나님은 값진 진주를 구하는 상인처럼, 전 재산을 팔아 숨겨진 보물을 샀던 사람처럼, 지혜를 구하라고 말씀하십니다. 지혜는 값진 진주와 숨겨진 보물처럼 비싼 대가를 지불할 만큼 귀한 것이기 때문입니다.

***그 무엇보다 하나님의 지혜를 구하는 자가 되게 하소서.

연인같이 사랑하라

지혜를 버리지 말라 그가 너를 보호하리라
그를 사랑하라 그가 너를 지키리라(4:6)

가장 달콤한 사랑을 나누는 사람은 아마 연인일 것입니다. 그래서 연인들을 흔히 '바보, 즉 바라보면 바라볼수록 보고 싶은 사람'이라고 부르기도 하지요. 하나님은 "나를 사랑하는 자들이 나의 사랑을 입으며 나를 간절히 찾는 자가 나를 만날 것이니라 부귀가 내게 있고 장구한 재물과 공의도 그러하니라"(잠 8:17-18)고 말씀하십니다. 사랑은 일방통행이 아닙니다. 사랑을 하면 할수록 기대하지도 않았던 존경과 보호, 보살핌 등을 되돌려 받게 됩니다. 이것이 바로 사랑의 신비입니다. 잔머리를 굴리고 계산적으로 다가가거나 친절을 베푸는 것은 진정한 사랑이 아닙니다. 아무런 계산이나 요구도 하지 않고 바보처럼 사랑하면 다시 반사되어 돌아오는 것이 사랑입니다. 연인들의 사랑처럼 말입니다.

지혜도 마찬가지입니다. 지혜를 사랑하면 그 지혜가 우리를 위험과 죽음에서 보호하고, 든든한 후원자가 되어줍니다. 여기서 '지혜를 사랑하라'는 말은 '지혜를 얻기 위해 사랑하라'는 뜻보다는 '지혜를 애인처럼 사랑하라'는 뜻입니다. 지혜를 더욱 사랑함으로, 지혜의 보호를 받는 안전한 삶을 누립시다.

⁺⁺⁺지혜를 조건 없이 진정으로 사랑하게 하소서.

3월 7일
지혜를 얻기 위한 노력

지혜가 제일이니 지혜를 얻으라 네가 얻은 모든 것을 가지고
명철을 얻을지니라(4:7)

스티븐 스필버그 감독의 영화 〈라이언 일병 구하기〉는 약속의 소중함을
잘 보여줍니다. 제2차 세계대전이 한창인 1944년 6월 6일이었습니다. 노
르망디 상륙 작전이 벌어지는 오마하 해변에 투입된 밀러 대위에게 어려
운 임무가 맡겨졌습니다. 전쟁 중에 실종된 라이언 일병을 구하라는 미행
정부의 특명이었습니다. 자초지종은 이러했습니다. 네 아들을 모두 전장
에 보낸 부모가 있었습니다. 그런데 세 아들이 전사하고 막내아들마저 전
장에서 실종됐다는 소식을 들은 부모가 실신을 하고 맙니다. 정부는 그
부모를 찾아가 막내를 안전하게 집으로 돌려보내겠다고 약속하고는 곧
특명을 내립니다. 밀러 대위가 이끄는 여덟 명의 특공대는 적진으로 들어
가 라이언 일병을 구합니다. 하지만 대위와 특공대원들의 희생이 잇따릅
니다.

진정한 아름다움은 온갖 역경을 이겨내고 바위틈에서 피어나 그 향기와
자태를 드러내는 한 송이 꽃과 같습니다. 소중한 것을 얻기까지 많은 대
가를 치러야 하지만, 그것으로 인해 풍성한 열매를 얻는다면 기꺼이 모든
것을 바칠 수 있습니다. 그 소중한 것이 바로 하나님의 지혜입니다. 지혜
는 우리의 모든 것을 내어놓아도 아깝지 않은 가치를 가지고 있습니다.

•••헛된 것을 구하지 않고 오직 지혜를 구하게 하소서.

윈-윈 패러다임

그를 높이라 그리하면 그가 너를 높이 들리라
만일 그를 품으면 그가 너를 영화롭게 하리라(4:8)

우리나라 결혼식에서는 신랑이 신부를 안고 방으로 들어가거나 신랑이 신부를 업고 다니는 모습을 볼 수 있습니다. 여기에는 큰 의미가 담겨 있는 것 같습니다. 남편은 평생을 함께할 사랑하는 아내를 공주처럼 소중하게 대하라는 것입니다. 전통적으로 가부장적인 우리 사회에서는 가정의 기강이 무너진다는 이유 때문에 남성이 여성을 존경하는 모습을 찾아보기 힘듭니다. 그러나 남편의 진정한 권위와 영광은 아내를 높임으로써 얻게 되는 것입니다. 남편들이 그것을 깨닫지 못하는 현실이 안타깝기만 합니다.

결혼예식에서 신랑이 아름다운 신부를 맞이하듯, 우리 역시 지혜를 소중히 맞아야 합니다. 두 팔로 안고, 가슴에 품고, 등에 업고, 마음에 항상 간직함으로 지혜를 맞이한다면 우리도 지혜에게 동일한 대접을 받게 될 것입니다. "무엇이든지 남에게 대접을 받고자 하는 대로 너희도 남을 대접하라"(마 7:12)는 예수님의 말씀처럼 말입니다.

●●●지혜를 높이고, 사랑하고, 품을 수 있게 하소서.

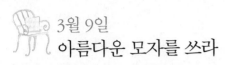

3월 9일
아름다운 모자를 쓰라

그가 아름다운 관을 네 머리에 두겠고
영화로운 면류관을 네게 주리라 하셨느니라(4:9)

한때 모자는 사람의 신분을 상징했습니다. 지금이야 모자를 하나의 패션으로 생각하지만, 옛날에는 어떤 모자를 썼느냐에 따라 그 사람이 어느 정도의 권력을 가졌는지 알 수 있었습니다. 특히 '갓'은 신분을 나타냈습니다. 신분이 높은 사람은 '감투'를 썼으며, 별감이나 서리, 또는 광대들은 '초립'을 썼습니다. 또한 떠돌이는 '패랭이'를, 군졸들은 '전립'을 썼습니다. 여기에서 비롯된 지명도 있습니다. 경기 여주의 '삿갓봉'은 승려나 유랑인들이 쓰는 넓은 모양의 삿갓을 닮은 봉우리입니다. 또한 '관현(冠峴)', '관문현(冠文峴)'이라는 옛 문경의 이름도 주흘산의 생긴 모습이 관(冠:모자)처럼 생긴 것에서 유래했다고 합니다.

사람들은 어떤 대상이나 사물의 모양을 보고 그에 걸맞는 모자를 씌워줍니다. 모자를 썼다고 해서 모양이 달라지지는 않습니다. 단지 본래의 모습에 따라 모자가 씌워졌을 뿐입니다. 그런데 사람들은 모자로 본래의 모양을 바꾸려고 하는 경우가 많습니다. 그래서 자신에게 맞지 않는 모자를 억지로 쓰기도 합니다. "명예는 누가 주는 것이 아니라 자신이 버는 것이다."라는 은사의 가르침을 기억해봅니다.

●●●면류관을 구하기보다 먼저 자신의 모양을 가꾸게 하소서.

3월 10일
장수하는 비결

내 아들아 들으라 내 말을 받으라 그리하면 네 생명의 해가 길리라(4:10)

진시황은 중국 역사에서 가장 큰 업적을 남겼습니다. 북방 변경에 흉노족의 침입을 막기 위해 세운 만리장성은 최근 '신세계 7대 불가사의'로 선정되기도 했습니다. 진시황은 중국 최초로 대륙을 통일했고 솔로몬 못지않게 이 세상의 부귀영화를 다 누렸던 인물입니다. 하지만 그도 유수 같은 세월을 막을 수는 없었습니다. 늙지 않고 영원히 살고 싶었던 그는 불로초라는 약초를 구하기 위해 많은 사람들을 세상 곳곳으로 보냈다고 합니다. 그때 한반도에 가장 먼저 왔다는 일화도 있습니다. 진시황은 그 일에 자신이 할 수 있는 온갖 노력을 다 기울였습니다. 그러나 약 50세의 나이로 세상을 떠나고 말았습니다.

세계 최고령자로 기네스북에 올라 있는 사람은 영국의 존 에반스입니다. 그는 자신의 건강 비결에 대해 이렇게 말합니다. "매일 아침 따뜻한 물에 약간의 꿀을 타 마시고, 술과 담배는 입에 대지 않으며, 욕은 한 마디도 하지 않고, 평화로운 마음을 유지하는 것이오." 이는 육체의 건강을 유지하기 위한 조언입니다. 그러나 성경은 육신의 생명과 함께 영원한 생명을 얻는 방법에 대해서 가르칩니다. 그것은 바로 하나님의 말씀을 따라 살아가는 삶입니다.

•••몸과 마음이 건강한 하나님의 사람이 되게 하소서.

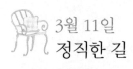

3월 11일
정직한 길

내가 지혜로운 길을 네게 가르쳤으며 정직한 길로 너를 인도하였은즉 다닐 때에 네 걸음이 곤고하지 아니하겠고 달려갈 때에 실족하지 아니하리라(4:11-12)

교회 청년들과 함께 겨울수련회를 갔습니다. 산길을 한참 들어가는데 곳곳에 아직 빙판인 곳이 있었습니다. 그중에서도 가장 위험해 보이는 지점을 가리키며 제 차로 운전하고 있는 형제에게 조심하라고 일러주었습니다. 그런데 결국 바로 그 지점에서 앞에서 달려오는 차와 정면충돌하고 말았습니다. 문제는 제 차의 보험이 가족특약으로 되어 있어 다른 사람에게는 혜택이 주어지지 않는다는 것이었습니다. 주위 분들은 제가 운전하다 사고난 것으로 해서 보험처리를 하라고 권했습니다. 그러나 그날 저녁 수련회 설교강단에서 저는 제 아이를 안고 이렇게 말했습니다. "오늘 저는 가장 비싼 설교를 하려고 합니다. 이번 사고로 저는 3백여 만원의 손실을 입었습니다. 그러나 이렇게 처리하지 않고는 강단에 설 이유와 확신이 없습니다. 그리고 이제 막 기어 다니는 이 아이 앞에 부끄러운 아빠로 서고 싶지 않습니다…."

우리 사회에는 한 가지 신화가 있습니다. 그것은 "정직하면 손해를 본다"는 것입니다. 그러나 성경은 '정직한 길'을 이야기하고 있습니다. 하나님의 말씀이 옳음을 믿고 살아가는 순종의 삶이 우리에게 필요합니다.

***당장 손해를 보더라도 정직한 길을 선택하게 하소서.

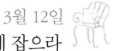

3월 12일
훈계를 굳게 잡으라

훈계를 굳게 잡아 놓치지 말고 지키라 이것이 네 생명이니라(4:13)

땅을 구하는 한 청년이 그동안 모은 전 재산을 가지고 길을 떠났습니다. 얼마 후, 광활한 땅에 도착한 청년은 그 마을 이장의 말에 귀가 솔깃했습니다. 하루 종일 걷는 만큼의 땅을 천 루블에 판다는 것입니다. 다만, 해 지기 전까지 출발 지점으로 돌아와야 하고 그렇지 않으면 돈을 잃게 된다는 조건이 있었습니다. 그러나 흥분한 청년은 이 조건을 귀담아 듣지 않았습니다. 다음날, 청년은 해가 뜨기도 전에 한 장소를 출발점으로 정해 걷고 또 걸었습니다. 더 많은 땅을 얻으려고 우유나 물도 마시지 않습니다. 뜨거운 햇빛으로 온몸이 땀투성이가 되고 발이 찢겨 제대로 걸을 수 없었지만 쉬지도 않았습니다. 천신만고 끝에 청년은 출발점으로 돌아왔습니다. 하지만 그 땅을 차지한 바로 그 순간에 숨을 거두고 말았습니다.

톨스토이가 들려준 이 이야기는 욕심이 너무 크면 생명을 잃게 된다는 교훈을 생각하게 합니다. 또 한편으로는 생명의 소중함을 소홀히 한 어리석음에 대해서도 생각해볼 수 있습니다. 하나님의 훈계가 우리의 생명보다 소중하고 귀한 것은, 그 훈계로 말미암아 우리의 생명이 살기 때문입니다. 그러므로 하나님의 훈계를 굳게 잡아 지켜야 합니다.

***하나님의 훈계를 굳게 잡아 지키게 하소서.

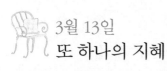

3월 13일
또 하나의 지혜

사악한 자의 길에 들어가지 말며 악인의 길로 다니지 말지어다 그의 길을 피하고
지나가지 말며 돌이켜 떠나갈지어다(4:14-15)

행복하게 지내던 한 젊은 부부가 있었습니다. 그런데 남편이 친구의 유혹
에 빠져 마약에 손을 대기 시작하면서 불행이 시작되었습니다. 꼬박꼬박
가져오던 월급도 언젠가부터 절반도 안 되게 줄어들었고, 차마 입에 담지
못할 욕설은 이제 일상 언어가 되어버렸습니다. 게다가 남편은 술에 취하
면 폭력적이 되었습니다. 그렇게 몇 년을 지내다보니 남편은 마약중독자
가 되었고, 몸은 망가질 대로 망가져 앙상한 모습만 남았습니다. 여러 해
동안 곁에서 눈물로 지켜보던 아내는 이 모든 것이 마약 때문이라고 생각
했습니다. 그러면서 남편의 잘못된 습관을 고치기 위해 자신도 마약을 하
기 시작했습니다. 남편이 자신을 정말로 아낀다면 무서워서라도 마약을
끊게 될 거라고 굳게 믿은 것이지요. 정면승부를 내걸었던 아내도 결국은
돌아올 수 없는 길로 들어서고 말았습니다.

"싸워야 할 때와 싸우지 말아야 할 때를 알면 승리한다"는 말이 있습니다.
물론 문제를 해결하기 위해 정면으로 부딪혀야 할 때도 있습니다. 그러나
악한 것과 그릇된 것을 만날 때는 피하고 멀리 도망가는 것이 지혜롭습니
다. 자존심 때문에 악한 사람과 한판 승부를 거는 것은 어리석은 행동임
을 기억해야 합니다.

***악한 길을 피하고 돌이켜 떠날 수 있는 지혜와 용기를 주소서.

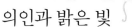

3월 14일
의인과 밝은 빛

의인의 길은 돋는 햇살 같아서 크게 빛나 한낮의 광명에 이르거니와(4:18)

성경은 의인, 즉 의로운 사람에 대한 많은 이야기를 우리에게 들려줍니다. 대표적인 인물은 아브라함입니다. 성경은 "아브라함이 하나님을 믿으니, 그 믿음을 그의 의로 여기셨다"(롬 4:3, 쉬운성경)라고 말하고 있습니다. 이 세상의 기준과 가치관으로 볼 때, 의인은 죄를 범하지 않고 옳은 일을 행하는 착한 사람이라고 할 수 있습니다. 물론 성경도 이것을 부인하지 않습니다. 정의와 공의를 행하고 불의를 기뻐하지 않는 사람을 의인이라고 말하고 있으니까요. 그러나 성경은 더 근본적인 의로움이란 하나님에 대한 믿음이라고 말합니다. 이것은 이 세상의 모든 주권이 하나님께 있다는 신앙고백이기도 합니다.

성경은 항상 좋은 것과 나쁜 것, 옳은 것과 그른 것, 빛과 어둠, 낮과 밤, 의인과 악인, 정의와 불의 등의 대립적인 모습을 보여줍니다. 특히 의인의 길은 '빛'으로 표현되는데, 이것은 주로 안전, 구원, 풍성한 삶을 상징합니다. 오늘 말씀에서 의인의 길은 일출에서 시작해 정오의 태양으로 발전하며 점점 더 환하게 빛나고 있습니다. 그러므로 의인의 의로운 행실과 지혜로운 삶은 더욱 견고해지며 '온전한 광명'을 향해 계속 나아갈 것입니다.

✽✽✽의의 길을 걸으며 날마다 주의 빛 가운데 나아가게 하소서.

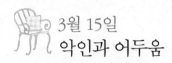

3월 15일
악인과 어두움

악인의 길은 어둠 같아서 그가 걸려 넘어져도
그것이 무엇인지 깨닫지 못하느니라(4:19)

16세기 위대한 종교개혁자 존 칼빈은 "절대 권력은 절대 부패를 낳는다"
고 말했습니다. 세상의 재물은 한계가 있고 사람의 욕심은 끝이 없습니
다. 아마 이 세상의 모든 재물을 안겨준다 해도 만족하지 못할 것입니다.
그런데 권력이라는 것도 재물과 비슷합니다. 가지면 가질수록 더 높은 것
을 가지려 하고, 가진 다음에는 절대로 잃어버리지 않으려고 합니다.

성경은 악한 것과 악한 사람을 왜 '어둠' 이라고 표현할까요? 악함은 선한
것을 보는 눈을 잃어버린 상태를 의미하기 때문입니다. 선한 것이 무엇인
지, 내가 누구인지, 내가 무엇을 하고 있는지, 타인과의 관계는 어떠해야
하는지에 대한 시력을 상실한 것입니다. 어둠 속에 거하면 점점 더 어두
움을 사랑하게 됩니다. 그래서 그들은 돌이킬 수 있는 길을 스스로 막아
버리기도 하고, 길을 잃어버리기도 합니다. 또한 무고한 사람의 피를 흘
리기 좋아하며, 남을 괴롭히는 것이 자기 힘을 드러내는 것이라고 여기는
데까지 이르게 됩니다.

***어둠의 일을 버리고 빛의 일을 쫓게 하소서.

마음에 담아야 할 것

내 아들아 내 말에 주의하며 내가 말하는 것에 네 귀를 기울이라
그것을 네 눈에서 떠나게 하지 말며 네 마음 속에 지키라(4:20-21)

어떤 제품을 구입하면 '사용설명서'가 들어 있습니다. 휴대폰이나 카메라, 자동차 등의 사용설명서에는 다 보기도 어려울 정도로 많은 내용이 나와 있습니다. 그러나 이전 모델을 사용해본 사람은 설명서를 꼼꼼히 들여다보지 않습니다. 그냥 여기저기 직감적으로 눌러보고 사용하는 경우가 대부분입니다. 또 어떤 사람들은 설명서에 주의사항이 너무 많다고 불평하며, 그걸 다 기억하기란 쉽지 않다고 말하기도 합니다.

주일학교 예배 시간에 두꺼운 자동차 사용설명서를 들고 아이들에게 설교했던 적이 있습니다. 하나님의 말씀인 성경은 바로 이 사용설명서와도 같다고 말입니다. 자동차 사용설명서에는 무엇을 해야 하고, 하지 말아야 하는지에 대한 내용이 담겨 있습니다. 그것은 자동차의 자유를 제한하거나 사용하는 데 불편하게 하려는 것이 아닙니다. 오히려 규칙을 잘 지킴으로써 최대한 안전하고 오랫동안 달리도록 하기 위한 것입니다. 성경에 귀를 기울여야 하는 이유도 이와 같습니다. 성경은 우리가 자유롭고, 안전하며, 행복하게 사는 법을 알려주는 친절한 사용설명서입니다.

•••주님의 말씀을 마음에 새기며 그 말씀대로 살게 하소서.

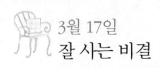

3월 17일
잘 사는 비결

그것은 얻는 자에게 생명이 되며 그의 온 육체의 건강이 됨이니라(4:22)

21세기는 웰빙 시대라고 해도 과언이 아닙니다. '웰빙' 이란 이름만 붙으면 어떤 상품이라도 불티나게 팔립니다. 그래서 음식뿐만 아니라 전자제품, 심지어 자동차 보험까지도 웰빙과 관련한 상품이 출시되었습니다. 국가적으로는 '녹색성장' 이라는 구호를 들고 열심히 달려가고 있습니다. 웰빙이란 육체와 정신의 조화를 통해 행복하고 안락한 삶을 지향하는 삶의 유형 또는 문화 현상을 말합니다. '복지ㆍ안녕ㆍ행복' 을 뜻하며, 우리말로 '참살이' 라고 하기도 합니다. 웰빙은 물질적 가치나 명예보다 건강한 심신을 유지하는 삶을 행복의 척도로 삼는 것이라고 할 수 있습니다.

오늘 말씀에 나오는 '생명' 은 신체적인 건강과 물질적인 번영을 뜻합니다. 또 '생명' 과 나란히 놓인 '건강' 은 '치료' 라고 할 수 있는데, 이는 연약해진 생명을 완전히 회복하는 것을 뜻합니다. 하나님의 가르침은 보약과 같아서 잃어버린 생명력을 회복하게 합니다. 그러므로 지혜로운 사람은 하나님의 가르침을 따릅니다. 낙망하여 살아갈 힘조차 나지 않을 때 우리는 주의 말씀을 펼쳐야 합니다. 우리를 회복시키는 참된 생명력이 그곳에 있기 때문입니다.

***주의 말씀을 가까이 함으로 참된 생명과 건강을 누리게 하소서.

생명의 근원인 마음

모든 지킬 만한 것 중에 더욱 네 마음을 지키라
생명의 근원이 이에서 남이니라(4:23)

뚜렷한 의지나 주관이 없는 사람, 믿음이 연약한 사람, 귀가 얇고 변덕스러운 사람을 종종 '갈대'에 비유합니다. 갈대는 강 주변이나 호수와 같은 습지에서 자라는 식물로, 보통 1~3미터 정도의 키에 속이 빈 줄기와 길고 뾰족한 잎을 가지고 있습니다. 다른 들풀에 비해 높은 키를 자랑함에도 불구하고, 갈대는 아주 작은 바람에도 쉽게 흔들립니다. 하나님 앞에서 이스라엘 민족은 이 흔들리는 갈대와 같았습니다. 그들은 하나님의 언약 백성이었습니다. 하늘을 향해 곧게 뻗은 대나무와 같이, 오직 하나님만 섬기는 존재로 부르심 받은 백성이었던 것입니다. 그러나 그들은 하나님이 약속하신 기름지고 아름다운 땅에서 우상을 만들어 숭배했습니다. 갈대처럼 흔들린 이스라엘 백성은 하나님의 심판을 피하지 못했습니다.

우리의 생사화복, 삶의 가치관과 세계관, 삶의 질을 결정하는 중요한 근원이 마음입니다. 그래서 우리는 그 무엇보다 마음을 잘 지켜야 합니다. 특히 하나님과 함께하는 여정에서 우리의 마음을 하나님께 맞추는 일은 참된 생명을 얻는 매우 값진 일입니다.

°°°흔들리는 갈대가 되지 않도록 제 마음을 굳건히 지켜주소서.

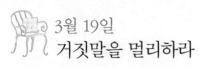

3월 19일
거짓말을 멀리하라

구부러진 말을 네 입에서 버리며 비뚤어진 말을 네 입술에서 멀리 하라(4:24)

영화 〈올드보이〉는 우리나라 영화계에 큰 충격을 주었습니다. 좋은 흥행 성적을 기록한 이유도 있지만, 상상하기 힘들 정도의 독특한 소재로 주목을 받기도 했습니다. 영화는 사실인지 아닌지도 모르는 말을 퍼뜨림으로 한 소녀가 죽음에 이르게 되고, 소녀의 동생이 복수를 하려고 살아가는 모습을 그리고 있습니다. 왜곡된 말을 아무렇지 않게 여기저기 전하다가 큰 어려움을 당하는 것을 생생하게 보여준 영화였습니다. 그런데 거짓말은 언제 어디에서 시작되었을까요? 하나님이 창조하신 에덴동산에서 행복하게 사는 아담과 하와에게 뱀의 탈을 쓰고 다가온 사탄으로부터 시작됩니다. 사탄은 가짜를 진짜처럼 만드는 데 탁월한 재주가 있었습니다. 그 속임에 넘어간 아담과 하와는 파멸의 길을 걷게 되었고 인류에게 고통을 남겨주었습니다.

아담과 하와의 이야기는 왜곡된 말과 거짓말을 가까이 한 것의 결과를 잘 보여줍니다. 왜곡된 말과 거짓말은 한 번 하면 계속하게 되는 전염성을 가지고 있으므로, 입으로 내뱉지도 말고 가까이 듣지도 말아야 합니다. 그리고 항상 정직함과 신실함으로 벗을 삼아야 합니다.

•••왜곡과 거짓의 말을 분별하여 멀리하게 하소서.

눈은 몸의 등불이다

네 눈은 바로 보며 네 눈꺼풀은 네 앞을 곧게 살펴
네 발이 행할 길을 평탄하게 하며 네 모든 길을 든든히 하라(4:25-26)

한 남자가 어두운 길을 걷고 있었습니다. 그런데 마침 반대편에서 어떤 눈먼 사람이 등불을 들고 걸어오고 있었습니다. 의아한 눈빛으로 그를 바라보던 남자는 이렇게 물었습니다. "당신은 앞을 보지 못하는데 왜 등불이 필요합니까?" 그러자 그 눈먼 사람은 이렇게 대답했습니다. "내가 이 등불을 들고 걸어가면, 다른 사람들이 내가 걸어가고 있다는 것을 알 수 있으니까요." 눈이라는 몸의 등불을 잃어버리자, 다른 사람을 위해 등불로 자신의 몸을 밝혔다는 탈무드의 이야기입니다. 예수님은 눈과 등불에 대해서 이렇게 말씀하셨습니다. "눈은 몸의 등불이다. 만일 네 눈이 밝으면, 네 온몸이 밝을 것이다. 그러나 네 눈이 나쁘면, 온몸이 어두울 것이다. 그러므로 네 안에 있는 빛이 어두우면, 그 어두움이 얼마나 심하겠느냐?"

눈은 우리 몸의 내비게이션과 같습니다. 목적지까지 안전하게 가려면 올바른 눈이 필요하기 때문입니다. 예수님은 인생길을 볼 수 있는 안목을 가져야 한다고 가르치셨습니다. 진리의 말씀을 가까이 함으로 이 세상을 바라보고 올바른 진단을 내릴 수 있는 기독교세계관을 키워야겠습니다.

●●●내 몸의 등불을 밝혀주셔서 올바른 안목을 가지게 하소서.

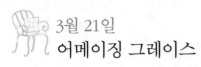

3월 21일
어메이징 그레이스

좌로나 우로나 치우치지 말고 네 발을 악에서 떠나게 하라(4:27)

"어메이징 그레이스"는 세계적으로 많은 사랑을 받고 있는 노래 가운데 하나입니다. 우리나라에서는 "나 같은 죄인 살리신"이라는 제목으로 자주 불리고 있지요. 18세기 영국에서 노예폐지운동에 앞장섰던 윌리엄 윌버포스의 생애를 그린 영화의 제목도 〈어메이징 그레이스〉입니다. 스물한 살에 영국 하원의원에 당선된 윌리엄은 기독교 신앙을 가진 후, 소외되고 힘든 노예계층을 위한 정치 활동을 벌입니다. 특히 노예폐지법을 의회에 통과시키는 데 모든 노력을 기울였습니다. 윌리엄이 세상을 떠나기 며칠 전에 노예폐지법은 국회를 통과하고, 그는 영적 스승인 존 뉴턴 목사의 음악과 함께 생을 마감하는 것으로 영화는 막을 내립니다. "신앙이란 늘 입으로 고백할 뿐 아니라 반드시 삶에서 실천해야 한다"는 것이 그의 고백이었습니다.

영국 역사상 가장 숭고한 사건의 중심에 윌리엄 윌버포스가 있었습니다. 그는 피부색이 다르다는 이유만으로 한 종족이 다른 종족을 억압하고 착취하는 것은 하나님의 창조세계와 맞지 않다는 것을 알았습니다. 악을 미워하고 선을 행하기 위해 달려가는 삶이야말로 좌로나 우로 치우치지 않는 것입니다.

•••진리의 신앙을 실천하는 삶을 살게 하소서.

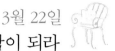

3월 22일
우아한 사람이 되라

내 아들아 내 지혜에 주의하며 내 명철에 네 귀를 기울여서
근신을 지키며 네 입술로 지식을 지키도록 하라(5:1-2)

고상하고 기품이 있으며 아름다운 모습을 보면 우리는 '우아하다'고 말합니다. 특별히 고운 맵시나 태도를 지닌 여성에게는 '자태가 곱다'라는 말을 쓰기도 합니다. '고운 자태'나 '우아함'이란 표현은 어느 한 부분만 보고 사용하지 않습니다. 얼굴과 몸매, 말씨, 행동, 눈빛, 지적수준 등이 서로 조화를 이룰 때 사용하는 것입니다. 또 다른 표현으로, 최근 '엄마 친구의 아들'의 줄임말 '엄친아'라는 신조어가 유행하고 있습니다. 엄친 아 역시 외모, 직업, 재력, 지식, 총명함 등을 두루 갖춘 사람을 일컫는 말인데, 사람들은 이런 엄친아를 부러워합니다.

외적인 것을 중요시하는 세상과는 달리 성경은 내면의 아름다움을 소중하게 여깁니다. 성경은 우리가 하나님과 세상 사람들 앞에서 우아한 사람이 되기 위해, 지혜를 구하고 명철에 귀를 기울여야 한다고 가르칩니다. 날마다 지혜의 보고(寶庫)인 성경을 배우며, 그 가르침대로 살아갈 때 우리는 성경이 말하는 우아한 사람, 즉 지혜롭고 분별력 있는 사람이 될 수 있습니다.

***지혜를 구하고 명철에 귀 기울이게 하소서.

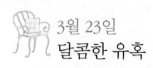

3월 23일
달콤한 유혹

대저 음녀의 입술은 꿀을 떨어뜨리며 그의 입은 기름보다 미끄러우나
나중은 쑥 같이 쓰고 두 날 가진 칼 같이 날카로우며(5:3-4)

유혹은 언제나 달콤하고 맛있습니다. 그리고 우리의 상상력을 자극하고
환상을 가지게 합니다. 유혹하는 자들의 입에서 흘러나오는 말을 들으면
죽은 사람도 살아날 것 같고, 이 세상에 해결하지 못할 문제는 없을 것 같
습니다. 말 그대로 만사형통을 안겨주는 것이 그들의 말입니다. 성경에도
여인의 유혹에 넘어간 사람이 많이 나옵니다. 대표적으로, 헤롯은 부인의
꾀에 넘어가 세례 요한의 목을 베는 끔찍한 일을 저지르기도 했습니다.

유혹하는 자들은 내일을 생각하지 않습니다. 오늘만이 전부라고 생각하
기에 자신들의 달콤한 유혹이 마지막에는 쑥과 같이 쓴 맛을 낸다는 것을
깨닫지 못합니다. 하지만 잠언은 우리에게 그러한 어리석음에 빠지지 말
라고 경고합니다. 유혹은 빠지면 빠질수록 점점 더 헤어 나오기 어렵습니
다. 우리는 유혹에 몸을 던지는 일이 없도록 각별히 주의해야 합니다. 달
콤함이 영원히 계속되리라는 착각 속에서 방탕한 길에 빠지는 것은 결국
자신의 소중한 행복과 미래를 내던져버리는 어리석은 행동임을 기억해야
합니다.

***달콤한 유혹의 자리에 앉지 않도록 지혜를 주소서.

두려운 사람과 불쌍한 사람

그는 생명의 평탄한 길을 찾지 못하며 자기 길이
든든하지 못하여도 그것을 깨닫지 못하느니라(5:6)

세상 사람들은 깨달음을 얻고자 많은 노력을 합니다. 종교의 힘을 빌리기도 하고, 고행이나 명상과 같은 자기 수행을 하기도 합니다. 자신이 누구인지, 인생은 무엇인지, 어떻게 사는 것이 행복한 것인지, 어디로 가야 하는지, 삶의 소중함이 무엇인지, 생명이란 무엇인지 등 우리는 많은 것을 돌아보며 깨달아야 합니다. 이러한 생각은 오직 인간만이 할 수 있는 특권이라고 할 수 있습니다. 그런 의미에서 이런 깨달음이 없는 사람은 가장 두려운 사람이기도 하고, 가장 불쌍한 사람이기도 합니다. 삶의 의미와 생명의 소중함을 깨닫지 못하는 사람은 다른 사람의 삶을 파괴하거나 생명에 위협을 주는 것에 전혀 두려움이 없습니다. 또 자신의 소중함을 깨닫지 못하는 사람은 타인의 소중함에 대해 생각할 수 없습니다. 궁극적으로 참 불쌍한 사람입니다.

성경은 깨닫지 못하는 사람을 어리석은 자라고 말합니다. 깨닫지 못하는 데는 이유가 있습니다. 마음속에 있는 교만과 편견, 무지, 독선 등이 진정한 깨달음을 방해하는 것입니다. 그렇기 때문에 날마다 자신을 내려놓고 하나님 앞에 무릎 꿇는 일은 자신이 누구인가를 발견하는 매우 중요한 시간입니다.

°°°하나님 앞에서 제가 누구인지 발견하게 하소서.

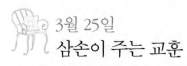

3월 25일
삼손이 주는 교훈

그런즉 아들들아 나에게 들으며 내 입의 말을 버리지 말고 네 길을 그에게서 멀리
하라 그의 집 문에도 가까이 가지 말라 두렵건대 네 존영이 남에게 잃어버리게 되
며 네 수한이 잔인한 자에게 빼앗기게 될까 하노라(5:7-9)

"영웅은 미인의 관문을 넘기 어렵다"는 중국 속담이 있습니다. 많은 수고
와 시간을 들여 쌓아올린 명성이 여자를 잘못 만나 땅바닥으로 추락한 예
는 허다합니다. 성경에 나오는 인물 가운데 대표적인 사람은 삼손일 것입
니다. 왕조가 세워지기 전 이스라엘은 외세의 침략을 당할 때마다 하나님
의 선택을 받은 한 사람이 일어나 여러 부족을 이끌고 전장에 나갔습니
다. 그 사사들 가운데 삼손은 혼자서 수천 명을 물리치는 용맹과 힘을 가
진 사람이었습니다. 수많은 군사로도 삼손 한 사람을 이길 수 없었던 적
군은 여자 하나를 들여보냈습니다. 결국 미인계를 넘지 못했던 삼손은 역
사의 이슬로 사라지게 되었습니다.

삼손의 이야기는 아무리 성공하고 모든 문제가 막힘없이 형통한다 하더
라도 경각심을 늦추지 말아야 함을 가르쳐줍니다. 우리는 항상 하나님의
가르침을 간직하고 경홀히 여기지 않아야 합니다. 그렇지 않는다면, 삼손
처럼 영광과 생명을 잃어버릴 수 있습니다.

•••형통할 때 자만하지 않고 주의 말씀에 귀 기울이게 하소서.

자기 관리

두렵건대 타인이 네 재물로 충족하게 되며
네 수고한 것이 외인의 집에 있게 될까 하노래(5:10)

자기가 일한 것만큼 대가를 꼬박꼬박 받는다는 것은 진정 하나님께 감사드릴 일입니다. 반면 내가 죽도록 수고한 열매의 일부가 다른 사람의 수중에 들어간다는 것은 상당히 안타까운 일입니다. 나아가 내 평생의 수고의 대가가 모조리 타인의 금고로 들어가 버린다면 속이 뒤집힐 것입니다. 그런데 성경은 음란의 비참한 결과가 재산의 탕진으로 이어진다고 말합니다. 음행에 빠지면 자신의 금고가 모퉁이부터 허물어져 결국은 통제불능의 상태가 되고 맙니다.

일반적으로 성적인 면에 정결한 사람은 돈 관계에 있어서도 깨끗하며, 성적인 면에서 추잡한 사람은 돈 문제에 있어서도 지저분합니다. 그 까닭은 이 두 가지 모두가 자기 자신을 제대로 관리하느냐, 그렇지 못하느냐에 달려 있기 때문입니다. 즉 자신의 육체를 존귀하게 여기고 잘 관리하는 사람이 자신이 수고하여 얻은 재물도 잘 관리하는 것입니다. 땀 흘려 번 돈과 부부간의 아름다운 성(性)은 가정을 견고하게 세우시는 하나님의 도구이지만, 음란과 눈먼 돈은 가정을 무너뜨리며 사회를 더럽게 만드는 사탄의 미끼임을 알아야겠습니다.

***하나님이 주신 육체를 존귀하게 여기고 잘 관리하게 하소서.

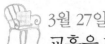

3월 27일
교훈을 가볍게 여기지 말라

두렵건대 마지막에 이르러 네 몸, 네 육체가 쇠약할 때에 네가 한탄하여 말하기를 내가 어찌하여 훈계를 싫어하며 … 나를 가르치는 이에게 귀를 기울이지 아니하였던고(5:11-13)

어리석은 자는 미래를 보지 못합니다. 그래서 지금 즐기는 쾌락이 영원히 지속될 것이라고 생각합니다. 세상이 시작되던 때에도 그랬습니다. 이 세상은 모든 피조물이 살기에 가장 적합한 환경으로 조성되어 있었습니다. 사람들은 좋은 환경이 영원히 지속될 줄로 알았습니다. 그래서 하나님의 말씀에 순종하여 방주를 짓는 노아와 그의 가정을 조롱했습니다. 산꼭대기에 배를 짓고 있는 그들을 도저히 이해할 수 없었던 것입니다. 사람들은 성적으로 문란하여 쾌락을 삶의 전부로 삼았습니다. 하지만 그 쾌락으로 인해 종말을 맞게 될 줄은 상상도 하지 못했습니다.

사람은 언젠가 마지막을 맞게 됩니다. 성경은 호색하는 자의 결말은 항상 고통이라고 경고합니다. 성적 쾌락으로 삶을 즐기던 자들은 말할 수 없는 육신의 고통을 겪게 될 것입니다. 나이가 들어 젊었을 때 왜 하나님의 말씀을 가볍게 여겼을까 탄식하며 후회해도 이미 늦습니다. 흘러간 시간은 결코 되돌릴 수 없음을 기억하며 하나님의 말씀에 귀를 기울여야 합니다.

***쾌락의 끝은 고통임을 항상 잊지 않게 하소서.

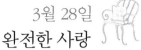
완전한 사랑

너는 네 우물에서 물을 마시며 네 샘에서 흐르는 물을 마시라
어찌하여 네 샘물을 집 밖으로 넘치게 하며
네 도랑물을 거리로 흘러가게 하겠느냐(5:15-16)

결혼의 신비는 남자가 한 여자를 온전하게 사랑한다는 데 있습니다. 타락한 가치관은 많은 것을 소유하는 것이 곧 능력이라고 인정합니다. 여자도 하나의 소유물로 여기며, 인격체가 아닌 쾌락의 대상으로만 생각합니다. 그러나 성경은 하나를 통한 완전한 사랑을 이야기합니다. 우리가 한 분 하나님으로 완전한 사랑을 느끼듯이 말입니다. 남녀 간의 사랑도 마찬가지입니다. 한 여자를 아내로 삼아 내 몸같이, 생명을 다해 사랑하는 것이 진정한 사랑입니다.

덴젤 워싱턴 주연의 영화 〈존 큐〉(2002년)에 이런 대사가 나옵니다. "이후에 성인이 되어 여자를 만나면 공주처럼 대해라. 원래 공주니까. 그리고 뭔가 하겠다고 약속을 했으면 반드시 지켜야 한다. 왜냐하면 약속은 지키기 위해 하는 것이란다." 생사의 기로에 선 주인공이 아들에게 남긴 유언과도 같은 말입니다. 결혼예식의 서약은 단지 예식을 위해 하는 것이 아닙니다. 행복할 때나 슬플 때나, 아플 때나 건강할 때나, 부유할 때나 가난할 때나, 아내를 내 몸과 같이 사랑하겠다는 그 약속을 날마다 마음에 간직하고 살아야 합니다.

•••배우자를 끝까지 사랑할 수 있도록 도우소서.

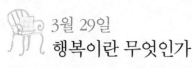

3월 29일
행복이란 무엇인가

그 물이 네게만 있게 하고 타인과 더불어 그것을 나누지 말라 네 샘으로 복되게 하라 네가 젊어서 취한 아내를 즐거워하라(5:17-18)

"네 안에 나 있다." 한동안 사람들은 이 말로 사랑을 표현했습니다. 결혼을 통해 나는 네 것이 되고, 너는 내 것이 됩니다. 기분에 따라 변하는 관계가 아니라 무슨 일이 있어도 사랑하고 존중해야만 하는 관계가 바로 결혼입니다. 성경은 남편에게 '젊어서 취한 아내'에 대한 의무를 강조합니다. 그리고 말라기는 아내를 배신하지 말 것을 강조합니다. 고대 이스라엘 사회는 우리 옛 조상들처럼 어린 나이에 언약결혼을 하는 경우가 많았습니다. 그렇게 수십 년을 살다보면, 아내는 어느덧 주름 많은 할머니가 되지만 남자는 혈기왕성한 중년 정도밖에 안 되었습니다. 이럴수록 남편은 젊어서 취한 아내를 홀대하지 말고 더욱 즐거워하며 사랑을 베풀어야 한다는 것입니다.

가끔 공원이나 해변에서 백발이 된 노부부가 손을 잡고 걷거나 팔짱을 끼고 산책하는 모습을 보게 됩니다. 젊은 시절에 만나 사랑의 열매를 맺고 함께 늙어가는 모습은 진정한 행복과 인생의 아름다움이 무엇인지를 깨닫게 합니다. 서로에 대한 약속을 지키며 살아가는 모습이 바로 하나님이 원하시는 것입니다.

*** 배우자를 한결같이 존중하고 사랑하게 하소서.

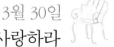

3월 30일
아내를 진심으로 사랑하라

그는 사랑스러운 암사슴 같고 아름다운 암노루 같으니
너는 그의 품을 항상 족하게 여기며 그의 사랑을 항상 연모하라(5:19)

우리는 성적 타락이 난무한 세상에 살고 있습니다. 날마다 매스컴에서 들려오는 소식은 정말 상상을 초월합니다. 어린이 성폭행은 갈수록 심각해져가고, 아버지가 친딸을, 시아버지가 며느리를 성폭행하는 일도 있습니다. 심지어 부부 스와핑까지 일어나고 있습니다. '양심'이라는 말은 윤리 교과서나 사전에만 있는 단어가 되었으며, 그저 들키지만 않으면 괜찮다고 여기는 세상입니다. 가정은 깨어지고 있으며, 부부 관계나 자녀 관계는 점점 변질되고 있습니다.

하나님의 말씀은 이런 우리 사회에 경종을 울립니다. 아내를 욕되게 하는 남편은 곧 자신을 욕되게 하는 것이며, 아내를 사랑하지 않는 남편은 곧 자신을 사랑하지 않는 것입니다. 하나님이 짝지어주신 아내는 사랑스러운 암사슴 같고, 길들여진 장미와 같습니다. 그리스도인은 결혼 안에서 사랑을 그리워하고 추구해야 합니다. 하나님에 대한 사랑은 가정에도 그대로 나타나기 때문입니다.

***하나님이 주신 아내를 진심으로 사랑하게 하소서.

101

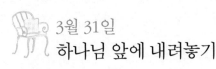

3월 31일
하나님 앞에 내려놓기

대저 사람의 길은 여호와의 눈 앞에 있나니 그가 그 사람의 모든 길을 평탄하게 하시느니라(5:21)

미국 북부지역에 큰 농장을 경영하는 신앙심 깊은 한 장로님이 계셨습니다. 게다가 장로님에게는 칼빈대학교에서 공부하는 의젓한 대학생 아들이 있었습니다. 그야말로 행복한 가정이었습니다. 이제 장로님이 바라는 것은 아들이 하루빨리 학교를 졸업하고 자신과 함께 농장을 경영하는 것이었습니다. 졸업을 한 학기 남겨놓은 그 자랑스러운 아들은 크리스마스 이브를 가족과 함께 보내려고 장장 7시간을 운전해 집으로 왔습니다. 학교에서 있었던 일들을 이야기하고, 아버지 농장에서 일어난 일들을 묻기도 하면서 시간 가는 줄 모르고 즐거운 밤을 보냈습니다. 그리고 다음날 저녁, 아들은 다시 학교로 돌아갔습니다. 그런데 아들이 떠난 지 두 시간도 안 되어 장로님은 아들이 교통사고로 사망했다는 끔찍한 비보를 들었습니다. 갑자기 하늘이 무너지는 것만 같았습니다.

장로님은 온갖 슬픔을 뒤로한 채, 아들의 죽음을 하나님 앞에 내려놓았습니다. 사람의 길이 하나님 앞에 있다는 것을 잘 알았기 때문입니다. 그리고 아들 이름으로 외국인 유학생들을 위한 장학금으로 내놓았습니다. 기쁠 때만 아니라 슬플 때도, 자신의 모든 것을 하나님 앞에 내려놓는 것이 참된 신앙입니다.

***하나님 앞에 모든 것을 내려놓는 참 신앙인이 되게 하소서.

지혜로 여는 매일 묵상 4월

"지혜 있는 자에게 교훈을 더하라 그가 더욱 지혜로워질 것이요 의로운
사람을 가르치라 그의 학식이 더하리라"

(잠 9:9)

Proverbs

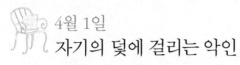

4월 1일
자기의 덫에 걸리는 악인

악인은 자기의 악에 걸리며 그 죄의 줄에 매이나니 그는 훈계를 받지 아니함으로 말미암아 죽겠고 심히 미련함으로 말미암아 혼미하게 되느니라(5:22-23)

해마다 크리스마스 시즌이 되면 텔레비전에서 〈나 홀로 집에〉라는 영화를 방영하곤 합니다. 이 영화는 크리스마스에 빈 집만을 골라서 터는 두 도둑과 집을 지키려는 열 살 남짓한 어린아이와의 싸움을 소재로 합니다. 아이를 골탕 먹이려다 오히려 자신들이 당하는 도둑들의 능청스러운 코믹 연기가 일품입니다. 이 영화를 보고 있노라면 '아무리 어리석어도 그렇지 어떻게 매번 어린아이의 덫에 걸릴 수 있을까?' 하는 생각도 듭니다. 물론 영화 속 이야기지만, 과연 우리 삶에는 이런 코미디 같은 일이 없을까요?

다른 사람을 잡으려고 덫을 놓았다가 오히려 자신이 덫에 걸리는 경우가 많습니다. 예수님의 열두 제자 중 가룟 유다를 보십시오. 그는 자신이 만든 덫에 걸려, 비참한 죽음을 맞이했습니다. 우리는 악한 사람을 멀리하고, 악한 일을 부러워하지 말아야 합니다. 그렇지 않으면 결국 자기의 덫에 걸려 생명이 위험해질 것입니다.

＊＊＊미련한 계획을 세우지 않고 겸손히 훈계를 받아들이게 하소서.

담보는 신중해야 한다

내 아들아 네가 만일 이웃을 위하여 담보하며 타인을 위하여 보증하였으면 네 입의 말로 네가 얽혔으며 네 입의 말로 인하여 잡히게 되었느니라(6:1-2)

친인척의 보증을 섰다가 나중에 부도나 파산을 맞는 경우를 종종 보게 됩니다. 우리는 자기 집을 얼마에 구입하고 얼마에 팔았는지, 그리고 얼마의 이익을 남겼는지에 대해 주위 사람들에게 말하곤 합니다. 교인들 역시 상대방의 재산이나 부동산이 얼마나 되는지 정확히 알고 있습니다. 그러다 보니 돈을 빌리거나 보증을 서는 일이 잦아지게 됩니다. 자신의 재산 정도를 알고 있는 친인척이 돈을 빌려달라고 하거나 보증을 서달라고 하면 거절하기가 쉽지 않습니다. 그런데 중국인들은 보증을 잘못 서서 재산을 잃는 경우가 거의 없다고 합니다. 그들은 벌어도 손해를 봤다고 말합니다. 그러니 누구에게 얼마의 재산이 있는지 아무도 모릅니다. 어찌 보면 중국인들은 견물생심의 이치를 잘 알고 있는 것입니다.

한국인은 자기 재산을 자랑하기 좋아하고, 중국인은 아무도 모르게 감추기를 좋아합니다. 은근히 자랑하고 싶은 심리는 누구에게나 있을 것입니다. 물론 하나님의 축복을 받았다고 고백하면서 말입니다. 그러나 담보만큼은 신중해야 합니다. 재산도 잃고 사람도 잃는 경우가 허다하기 때문입니다.

°°°재물을 잘 다스릴 수 있는 지혜를 주소서.

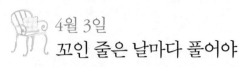

4월 3일
꼬인 줄은 날마다 풀어야

내 아들아 네가 네 이웃의 손에 빠졌은즉 이같이 하라 너는 곧 가서 겸손히 네 이웃에게 간구하여 스스로 구원하되(6:3)

책상 위에 있는 전화기의 줄이나 화장실에 있는 헤어드라이어의 줄이 배배 꼬인 것을 본 적이 있을 것입니다. 볼 때마다 시간이 있으면 꼬여 있는 줄을 풀어 놓으리라 마음먹지만 또 여러 날이 그대로 흐릅니다. 이렇게 차일피일 미루다가 사용하기 불편할 정도로 꼬여 있을 때 하필 급한 일이 생기면 '사용했으면 잘 펴놓거나 똑바로 놔둬야지, 도대체 누가 이렇게 만들어놓은 거야?' 하며 신경질을 냅니다. 사용할 때마다 풀어놓았으면 아무런 불편이 없었을 것입니다.

사람들은 마음의 상처나 고통을 가지고 있는 사람에게 '시간이 흐르면 해결된다' 는 말로 위로하곤 합니다. 그러나 담보 같은 곤란한 문제로 이웃에게 사로잡히게 될 때는 이런 말이 아무런 도움이 되지 않습니다. 어렵고 곤란한 문제일수록 문제의 심각성을 정확히 파악해야 합니다. 그리고 자신을 한없이 낮추는 겸손함으로 이웃에게 간청하여 위기를 모면해야 합니다. 꼬인 줄을 날마다 풀어야 하듯이, 위기도 만나는 즉시 올바른 판단력과 분별력으로 그 자리에서 빠져나와야 합니다. 이것이 바로 지혜입니다.

***위기의 순간에 빠져나올 수 있는 판단력과 용기를 주소서.

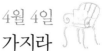

시대를 읽는 눈을 가지라

네 눈을 잠들게 하지 말며 눈꺼풀을 감기게 하지 말고
노루가 사냥꾼의 손에서 벗어나는 것 같이,
새가 그물 치는 자의 손에서 벗어나는 것같이 스스로 구원하라(6:4-5)

영화 〈에너미 앳 더 게이트〉(Enemy at the Gates, 2001년)는 미국과 독일, 프랑스
의 합작으로 제작되었습니다. 이 영화는 제2차 세계대전 중 가장 치열했
던 '스탈린그라드 전투'를 소재로 만들어졌습니다. 스탈린그라드 전투는
6개월 동안 지속되었으며, 독일군 20만 명, 소련군과 소련 국민 200만 명
이 사망할 정도로 치열했습니다. 소련군과 독일군 저격수의 숙명적 대결
을 그리고 있는 이 영화는 아주 긴박한 전투현장을 담고 있습니다. 잠깐
이라도 방심하면, 자신과 동료의 목숨을 잃게 됩니다. 그래서 두 저격수
는 저격 대상이 방심하는 순간을 노립니다. 영화는 '이 순간만큼은 괜찮
을 거야.'라는 안전불감증으로 목숨을 잃는 순간을 생생하게 보여줍니다.

이 세상은 보이지 않는 적들과 치열하게 싸움을 벌이는 전쟁터와 같습니
다. 우리를 위험에 빠뜨리는 문제(적)들은 항상 우리 삶 여기저기에 도사리
고 있습니다. 하지만 "호랑이에게 물려가도 정신만 차리면 산다"는 속담
처럼, 어떤 위험한 상황이나 어려운 문제를 만나도 분별력과 집중력을 잃
지 않으면 위기에서 벗어날 수 있습니다. 또 문제의 심각성을 신속하게
파악하면 해결책도 곧 찾게 될 것입니다.

••• 하나님이 주시는 분별력과 집중력으로 위기에서 벗어나게 하소서.

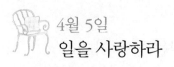

4월 5일
일을 사랑하라

게으른 자여 개미에게 가서 그가 하는 것을 보고 지혜를 얻으라(6:6)

우리는 노동은 죄의 결과라고 생각합니다. 하지만 그렇지 않습니다. 노동은 하나님께로부터 온 선물입니다. 노동은 타락 이전에도 존재했습니다. 하나님이 우리를 만드신 이유 중 하나는 노동이라고 성경은 말합니다. 하지만 죄가 세상에 들어온 이후로 노동은 오염되고 말았습니다. 이제 노동은 유쾌하기보다는 짜증스럽고 고통스러울 때가 많습니다. 하지만 노동은 여전히 우리의 부르심의 한 부분이며 우리가 구속(救贖)해야 할 대상입니다. 어떤 노동이든 거룩한 작업이 될 수 있습니다. 노동이 고통스럽고 지루하며 무의미할 수 있지만 이것은 하나님이 의도하신 바가 아닙니다. 그렇다고 노동을 거부하거나 경멸하는 것도 올바른 방법은 아닙니다. 우리는 그리스도 안에서 새로운 피조물로 살면서 노동하는 삶을 구속하고, 죄와 싸움으로 노동을 하나님이 의도하셨던 바에 더 가깝게 가도록 해야 합니다.

잔머리를 굴리고 게으름을 피우는 것은 지혜로운 행동이 아니라 어리석은 행동입니다. 노동만큼은 부지런한 개미에게 배워야 할 것이 많은 것 같습니다. 우리는 정직하고 부지런하게 하나님이 주신 일을 감당해야 합니다.

❃❃❃하나님이 맡기신 일을 부지런히 감당하게 하소서.

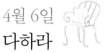

4월 6일

자신의 일에 최선을 다하라

개미는 두령도 없고 감독자도 없고 통치자도 없으되
먹을 것을 여름 동안에 예비하며 추수 때에 양식을 모으느니라(6:7-8)

마틴 루터나 존 칼뱅 같은 종교개혁자들은 모든 직업이 하나님께서 주신 소명의 응답이라고 생각했습니다. 따라서 자신이 맡은 일에 충실한 것이 하나님께 충성하는 것이라고 여겼습니다. 직업에 귀천이 없다고 생각하는 것도 바로 이런 이유 때문입니다. 우리는 보통 일을 하면서 재능을 계발하고 실현해나갑니다. 그러나 제대로 능력을 발휘하려면, 우선 직업과 업무에 대해 이해하고 노하우를 파악해야 합니다. 일을 하는 이유나 직업관에 대해 알지 못하고 그저 일 자체만 하는 것은 의미가 없습니다. 우리는 생계유지를 위한 직업이 아닌 부르심, 즉 하나님이 각자에게 주신 일을 하고 있음을 인식해야 합니다. 그리고 직장에서 무엇을 얻을 것인지에 초점을 두기보다는, 직장에서 무엇을 할 것인지에 초점을 둔 소명의식을 가져야 합니다.

개미는 감독하거나 지시하지 않아도 자신이 맡은 일을 열심히 합니다. 우리도 이것을 배워야겠습니다. 우리 자신이 맡은 일에 최선을 다하는 것이 곧 하나님의 부르심에 응답하며 사는 삶이라는 것을 기억합시다.

✱✱✱맡기신 소명을 깨닫고 성실히 감당하게 하소서.

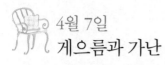

4월 7일
게으름과 가난

게으른 자여 네가 어느 때까지 누워 있겠느냐 네가 어느 때에 잠이 깨어 일어나겠느냐 좀더 자자, 좀더 졸자, 손을 모으고 좀더 누워 있자 하면(6:9-10)

참치는 태어나는 순간부터 헤엄을 친다고 합니다. 헤엄쳐서 물을 빨아들여야만 숨을 쉴 수 있기 때문입니다. 헤엄을 멈추는 순간 참치는 질식해서 죽습니다. 우리 인간도 마찬가지입니다. 하나님은 우리가 이 세상에서 끊임없이 호흡하고 움직이며 살도록 창조하셨습니다. 열정을 가지고 쉬지 않고 노력하는 사람은 이 지구도 좁게 느껴질 것입니다. 하지만 소극적이고 게으른 사람은 이 세상이 너무 넓고 크게만 느껴질 것입니다. 어디서부터 시작해야 할지, 어떻게 살아야 할지 모르고 살기 때문입니다. 이런 사람들은 자신의 가난함을 다른 사람의 탓으로 돌립니다. 하지만 게으르면 가난해지는 것이 이치입니다.

게으른 사람은 자신이 어떤 존재인지 모르고 삽니다. 하나님은 부지런히 일하면서 살도록 우리를 지으셨습니다. 온 세상을 아름답게 창조하시고 일하는 기쁨을 누리셨던 하나님은 우리도 일하는 기쁨을 누리기 원하십니다.

***게으름을 멀리하고 끊임없이 노력하고 도전하게 하소서.

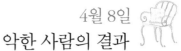

4월 8일
악한 사람의 결과

그러므로 그의 재앙이 갑자기 내려 당장에 멸망하여 살릴 길이 없으리라(6:15)

왕에게 일만 달란트의 빚진 신하가 있었습니다. 그 돈은 평생을 갚아도 못 갚을 큰 돈이었습니다. 왕은 그 신하에게 처자식을 포함하여 모든 소유를 팔아 빚을 갚으라고 명했습니다. 그러자 신하는 왕 앞에 납작 엎드렸습니다. 몸을 판다 해도 절대 갚지 못할 돈이라고 호소하면서, 제발 불쌍히 여겨 빚을 탕감해달라고 간청했습니다. 그를 불쌍히 여긴 왕은 그 많은 빚을 모두 탕감해주었습니다. 은혜를 입고 집으로 돌아가던 신하는 자신에게 백 데나리온, 즉 며칠 품삯에도 못 미치는 빚을 진 동료를 길에서 만났습니다. 그는 동료의 목을 붙잡고 빚을 빨리 갚으라며 으르렁거렸습니다. 동료는 지금은 갚을 능력이 없으니 조금만 참아달라고 간청했습니다. 그러나 신하는 동료를 고소하고 감옥에 가두었습니다. 신하의 악한 행위를 들은 왕은 그를 옥에 가두고 모든 재산을 다 팔아 빚을 갚도록 엄하게 심판했다고 합니다.

이처럼 마음이 간사함과 거짓으로 가득한 사람은 갑자기 다가오는 심판을 견디지 못합니다. 늘 자신만을 위해 살아왔기에 도움을 받을 곳이 아무 데도 없습니다. 이것이 악한 자의 결과입니다. 우리는 고난을 통해서 그 사람의 참 모습을 볼 수 있습니다.

❈❈❈악한 길에 서지 않음으로 심판을 받지 않게 하소서.

111

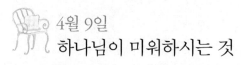

4월 9일
하나님이 미워하시는 것

여호와께서 미워하시는 것 곧 그의 마음에 싫어하시는 것이 예닐곱 가지이니(6:16)

오래 전에 한 사람이 미국 유학을 갔습니다. 어느 날 그는 학교 친구의 권유로 교회를 처음 나가게 되었습니다. 새신자 환영시간이 되자 목사님이 그를 위해 기도했습니다. 우리는 다 죄인이니 죄를 용서해달라는 것과, 이곳에 오게 된 것은 우리의 노력이 아니라 전적으로 하나님의 은혜라는 기도를 드렸습니다. 교회에 처음 간 그는 목사님의 기도에 화가 나고 반감이 생겼습니다. '죄 지은 적이 없는 내가 죄인이라고? 그리고 미국에 온 것이 뭐 신의 은혜라고? 내가 얼마나 많은 밤을 지새우며 노력했는데, 내 노력이 하나도 없다니 말이 되는가?' 그러고는 다시는 교회에 나가지 않았습니다.

예수님은 죄인인 인간을 하나님과 화목하게 하려고 이 땅에 오셨습니다. 죄인의 신분으로는 하나님께 나아갈 수 없습니다. 오늘 말씀은 "교만한 눈과 거짓된 혀와 무죄한 자의 피를 흘리는 손과 악한 계교를 꾀하는 마음과 빨리 악으로 달려가는 발과 거짓을 말하는 망령된 증인과 및 형제 사이를 이간하는 자"(잠 6:17-19) 등을 멀리할 것을 구체적으로 말하고 있습니다. 이는 하나님이 정말로 미워하고 싫어하시는 것들이기 때문입니다.

***하나님이 미워하시는 죄를 과감히 버리게 하소서.

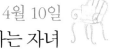

말씀에 순종하는 자녀

내 아들아 네 아비의 명령을 지키며 네 어미의 법을 떠나지 말고
그것을 항상 네 마음에 새기며 네 목에 매라(6:20-21)

우리나라 사람들은 서당이나 학교를 자녀교육의 장소로 여겨왔습니다.
반면 유대인에게는 가정이 자녀교육의 장(場)이었습니다. 유대인 자녀에게
는 선생님이 아니라 부모가 일차적인 스승입니다. 그들은 어려서부터 부
모님 무릎에 앉아 하나님의 말씀인 토라를 읊조립니다. 동시에 부모님이
얼마나 하나님의 말씀을 경외하고 순종하는지도 배웁니다.

"윗물이 맑아야 아랫물이 맑다"는 속담이 있습니다. 부모는 하나님의 말
씀대로 살아가는 모습을 보이고, 자녀들은 부모님의 말씀에 순종하는 삶
을 배워야 합니다. 그것이 자녀로서 도리이며, 이 땅에서 장수하는 복된
길이라고 성경은 약속합니다. 또 자녀들이 궁극적으로 보고 배워야 할 분
은 예수님입니다. 예수님은 아버지 하나님께 죽기까지 순종하셨습니다.
또한 육신의 부모님께도 순종하셨습니다. 순종이야말로 자녀가 걸어야
할 올바른 길입니다.

***하나님과 부모님의 말씀에 순종하는 자녀가 되게 하소서.

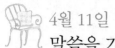

4월 11일
말씀을 기억하고 의지할 때

그것이 네가 다닐 때에 너를 인도하며 네가 잘 때에 너를 보호하며
네가 깰 때에 너와 더불어 말하리니(6:22)

1989년 6월 4일, 중국 베이징에서 전 세계를 놀라게 한 천안문사태가 일어났습니다. 이 사태는 수많은 청년들의 소중한 생명을 앗아갔습니다. 당시 집회의 총 지휘를 맡았던 청년은 도피 중에 한 중년여성의 도움으로 은신처를 찾게 되었습니다. 그리고 그곳에서 처음으로 하나님의 말씀을 접했습니다. 하지만 중국 최고의 명문 베이징대학을 나온 그는 기독교를 단지 수많은 종교의 하나로 생각했습니다. 그래도 특별히 할 일이 없었기에 가끔 성경책을 읽었습니다. 며칠 후 그 집을 떠나게 되었을 때, 주인아주머니는 그에게 어떤 어려움을 만나더라도 하나님 말씀을 기억하고 하나님께 간절히 기도하면 반드시 도와주실 거라고 말했습니다. 그 후로 그는 당국의 감시를 피해 2년 동안 깊은 산골에서 땅굴을 파고 지냈습니다. 먼 훗날, 그 청년은 이렇게 간증했습니다. "온갖 추위와 배고픔과 질병을 만났지만, 내가 살아남을 수 있었던 것은 하나님의 말씀을 기억하고 간절히 기도했기 때문입니다."

살다 보면 누구나 크고 작은 문제를 만나게 됩니다. 어떤 길로 가야 할지 몰라서 망설일 때도 있습니다. 그러나 하나님의 말씀을 기억하고 간절히 기도하면 위기에서 벗어날 수 있습니다. 하나님의 말씀을 따르면, 안전한 보호 가운데 거할 수 있습니다.

***언제나 하나님의 말씀을 기억하고 의지하게 하소서.

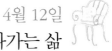

말씀을 따라가는 삶

대저 명령은 등불이요 법은 빛이요 훈계의 책망은 곧 생명의 길이라
이것이 너를 지켜 악한 여인에게, 이방 여인의 혀로
호리는 말에 빠지지 않게 하리라(6:23-24)

시편 119편 105절은 "주의 말씀은 내 발의 등이요 내 길의 빛이니이다"라고 말합니다. 성경은 하나님의 말씀을 '등불'과 '빛'으로 표현합니다. 등불은 우리에게 많은 것을 생각하게 합니다. 우리가 등불을 들고 밤길을 걸을 때 볼 수 있는 시야는 기껏 2~3미터밖에 되지 않습니다. 하지만 등불이 비추는 빛을 따라 걸음을 옮기는 순간 또다시 새로운 길이 보입니다. 등불은 멀리 있는 곳까지 보여주지 않고, 우리가 걸을 수 있는 곳까지만 보여줍니다. 그러나 우리의 걸음을 멈추지만 않는다면, 그 빛은 계속해서 우리의 길을 비추고 인도해줄 것입니다.

말씀을 따라 살아가는 우리의 하루하루가 바로 신앙입니다. 이는 곧 유혹의 길, 죽음의 길에 들어서지 않는 것을 말합니다. 잘못된 걸음을 멈추고 생명의 길로 향할 수 있는 방법은 하나님 말씀밖에 없습니다. 하나님 말씀에 순종하고 그대로 따라 영원한 생명을 누리는 주님의 자녀가 되어야겠습니다.

***날마다 말씀을 따라 살게 하소서.

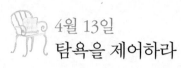

4월 13일
탐욕을 제어하라

네 마음에 그의 아름다움을 탐하지 말며 그 눈꺼풀에 홀리지 말라(6:25)

재물과 여색(女色)은 인간의 탐욕을 불러일으킵니다. 가지지 말아야 할 것을 가지거나, 남의 것에 손을 대는 것은 탐욕 때문입니다. 여호수아는 하나님이 주기로 약속하신 땅을 차지하려고 정복전쟁을 벌였습니다. 이 전쟁을 할 때는 하나님이 정해주신 원칙에 충실해야 했습니다. 그러나 어디서든 항상 규칙을 깨는 사람이 있습니다. 이스라엘 공동체도 아간의 탐욕 때문에 패배했습니다. 그리고 여색을 탐하다 처절한 삶을 맞이한 사람도 많습니다. 야곱의 딸 디나를 강간한 히위족속의 추장 세겜 때문에 그의 종족은 죽임을 당했습니다. 삼손 역시 들릴라의 유혹에 넘어가 처절하게 죽었습니다. 이스라엘의 가장 위대한 왕 다윗도 이 유혹에서 자유롭지 못했습니다.

탐욕은 마음에서 일어납니다. 탐욕을 제어하지 못하는 사람은 결국 생명까지 잃게 됩니다. 그래서 잠언은 무릇 지킬 만한 그 무엇보다 더욱 마음을 지키라고 가르칩니다. 생명의 근원이 마음에서 나기 때문입니다.

***탐욕을 제어할 수 있도록 도와주소서.

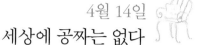

4월 14일
세상에 공짜는 없다

> 도둑이 만일 주릴 때에 배를 채우려고 도둑질하면 사람이
> 그를 멸시하지는 아니하려니와 들키면 칠 배를 갚아야 하리니
> 심지어 자기 집에 있는 것을 다 내주게 되리라(6:30-31)

총명한 왕이 대신들을 소집하여 자손들에게 길이 남길 '고금지혜록'을 만들게 했습니다. 대신들은 오랜 연구 끝에 열두 권의 대작을 완성했습니다. 왕이 너무 두꺼우니 줄이라고 하자, 대신들은 심혈을 기울여 한 권의 책으로 만들었습니다. 그런데도 왕은 너무 길다고 했고, 대신들은 이 책을 한 장으로 줄였습니다. 그래도 왕이 만족하지 않자 한 페이지, 한 단락으로 줄이다가 마지막에는 한 문장으로 완성했다고 합니다. 총명한 왕은 그제야 비로소 만족하면서 "이것은 영원한 지혜의 결정이다. 전국 각지의 사람들이 이 진리를 깨닫게 되면 모든 문제를 해결할 수 있을 것이다."라고 말했습니다. 그 문장이 바로 이것입니다. "세상에 공짜는 없다."

세상에 공짜가 없다는 것을 모르는 사람은 없지만 모두 공짜를 좋아합니다. 감언이설이나 허황된 꿈에 사로잡혀 불로소득을 추구한다면, 돈과 시간과 소중한 인생까지 망칠 수 있습니다. 성경은 우리에게 이마에 땀이 흐를 정도로 열심히 일해야 한다고 가르칩니다. 정직함과 부지런함을 떠나면 거짓과 게으름에 빠지게 됩니다.

***맡은 일을 정직함과 부지런함으로 하게 하소서.

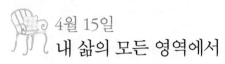

4월 15일
내 삶의 모든 영역에서

이것을 네 손가락에 매며 이것을 네 마음판에 새기라(7:3)

아브라함 카이퍼는 네덜란드의 위대한 수상이었습니다. 그를 반대하는 사람들도 '열 개의 머리와 백 개의 손을 가진 인물'이라고 평가할 정도로 그는 다재다능했습니다. 카이퍼는 기독교에도 큰 영향을 미쳤습니다. 1920년에 그가 생을 마감했을 때 전 세계는 '제2의 칼뱅이 잠들었다'며 그의 타계를 애도했습니다. 그리고 카이퍼는 일생 동안 하나님의 주권과 왕권을 위해 일한 위대한 신학자, 개혁자, 정당의 총재, 국회의원, 수상, 대학자, 교육가, 한평생 필봉을 휘두르던 언론인이었다고 격찬했습니다. 그는 영역주권을 제창한 것으로도 유명합니다. 인간 삶의 어떤 영역이든지 하나님이 주권을 가지고 계시므로 우리는 그리스도의 왕권을 인정해야 한다고 주장했습니다.

우리 삶의 전 영역을 하나님 앞에서 살라고 주장한 카이퍼는 이런 말을 남겼습니다. "이 세상에는 예수님이 내 땅이 아니라고 할 땅은 한 치도 없다." 성경을 끊임없이 배우고 마음에 새겨야 합니다. 이 세상을 창조하시고 역사를 움직이시는 하나님의 말씀이 성경에 모두 기록되어 있기 때문입니다.

✱✱✱삶의 모든 영역에서 하나님의 주권을 인정하게 하소서.

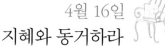

지혜와 동거하라

지혜에게 너는 내 누이라 하며 명철에게 너는 내 친족이라 하라 그리하면 이것이
너를 지켜서 음녀에게, 말로 호리는 이방 여인에게 빠지지 않게 하리라(7:4-5)

3세기 초에 중국에서 일어났던 적벽대전은 가장 유명한 전투입니다. 한나라 왕조가 멸망한 뒤 생겨난 위·오·촉 삼국의 세력 균형은 적벽대전의 결과로 생겨났습니다. 위나라의 조조가 양자강을 따라 20만 대군을 이끌고 출전했으나, 오와 촉의 연합군에게 수치스러운 패배를 당해 28명의 생존자만 이끌고 퇴각한 전쟁이 바로 적벽대전입니다. 중국 역사상 가장 뛰어난 지략가 제갈량이 후대에까지 이름을 빛내게 된 것도 바로 이 전투입니다. 촉나라의 유비가 수많은 위기를 넘길 수 있었던 데는 제갈량의 공이 컸습니다. 유비가 제갈량을 친구로 삼아 그의 권면과 전략을 겸허하게 받아들임으로 적은 병사로 많은 대적을 물리칠 수 있었습니다.

누구와 친구로 지내고, 누구와 사느냐가 매우 중요합니다. 지혜로운 여인과 사는 남편은 그 아내로 인해 영광을 받게 되고, 자상하고 사랑이 많으며 명철한 남편과 사는 여인은 그 남편으로 인해 존귀해집니다. 사람은 이처럼 환경의 지배를 받습니다. 그러므로 지혜와 동거하고, 명철을 친구로 삼으며 살아야 합니다.

●●●늘 지혜와 명철을 추구하게 하소서.

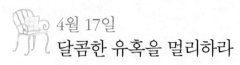

4월 17일
달콤한 유혹을 멀리하라

여러 가지 고운 말로 유혹하며 입술의 호리는 말로 꾀므로(7:21)

날이 저무는 황혼녘, 솔로몬 왕은 왕궁에서 우연히 창밖을 내다보게 되었습니다. 한 젊은이가 길모퉁이를 지나 창녀의 집 쪽으로 걷고 있는 것이 보였습니다. 그때 창녀처럼 꾸민 여인이 젊은이를 유혹하려고 다가갔습니다. 그 여인은 젊은이를 붙잡고 입을 맞추며 부끄러움 없이 말했습니다. "오늘 나는 화목제를 드려서, 서원한 것을 실행하였습니다. 그래서 나는 당신을 맞으러 나왔고, 당신을 애타게 찾다가 이렇게 만나게 되었습니다. 내 침대에는 이집트에서 만든 화려한 이불이 깔려 있고 그 위에는 몰약, 침향, 계피향을 뿌려 놓았습니다. 들어가요. 아침까지 마음껏 사랑하며 즐겨요. 남편은 먼 여행을 떠나고 집에 없답니다. 지갑에 돈을 잔뜩 채워서 떠났으니 보름이나 되어야 돌아올 거예요." 그녀는 달콤한 말로 젊은이를 유혹했습니다.

솔로몬은 젊은이가 여인을 선뜻 따라가는 것이, 마치 도살장으로 끌려가는 황소와 같고, 올무에 걸려든 숫사슴과 같다고 말합니다. 또 "미련한 젊은이들 가운데서, 한 정신 나간 젊은이를 보았다"고도 말합니다. 유혹은 항상 달콤하게 다가옵니다. 그러므로 우리는 무엇이 옳고 그른지를 분별할 수 있는 지혜를 가져야 합니다.

***달콤한 유혹에 넘어가지 않도록 도와주소서.

4월 18일

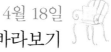

하늘 바라보기

이제 아들들아 내 말을 듣고 내 입의 말에 주의하라
네 마음이 음녀의 길로 치우치지 말며 그 길에 미혹되지 말지어다(7:24-25)

인간이 역사를 통해 뭔가를 배울 수 있을지는 모르겠으나, 역사로부터 교훈을 얻고 변하지는 못하는 것 같습니다. 뻔히 알면서도 반복해서 같은 죄를 짓는 것이 우리 인간이기 때문입니다. 그러나 이런 암울한 역사 가운데서도 우리에게 위안을 주는 두 인물이 있습니다. 바로 요셉과 다니엘입니다. 그중에서도 요셉의 이야기는 "무릇 그리스도 예수 안에서 경건하게 살고자 하는 자는 박해를 받으리라"(딤후 3:12)는 말씀을 생각나게 합니다. 노예로 팔려갔다가 그 주인의 집을 관리하는 집사가 되지만 안주인의 유혹을 물리친 대가로 감옥살이를 하게 됩니다.

신앙의 길을 걷는다고 결코 만사형통하지는 않습니다. 말씀대로 살고 유혹을 물리쳤다고 해서 당장 어떤 면류관을 받거나 더 좋은 성공이 보장되지는 않습니다. 오히려 바르게 살고자 할 때 찾아오는 고통이 더 큽니다. 우리가 이 세상이 아닌 하나님의 나라를 바라보아야만 하는 이유가 여기에 있습니다.

***이 땅이 아닌 하늘나라를 바라보게 하소서.

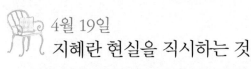

4월 19일
지혜란 현실을 직시하는 것

지혜가 부르지 아니하느냐 명철이 소리를 높이지 아니하느냐 그가 길 가의 높은 곳
과 네거리에 서며 성문 곁과 문 어귀와 여러 출입하는 문에서 불러 이르되(8:1-3)

구약에 나오는 예레미야는 눈물의 선지자로 잘 알려져 있습니다. 그는 이
스라엘 백성에게 진정한 민족주의가 무엇인지 삶으로 보여주었습니다.
자기 민족이 우월하다고 맹목적으로 예찬하거나 낙관하는 것이 민족주의
가 아닙니다. 오히려 민족이 처한 현실을 직시하는 것입니다. 그는 민족
이 안고 있는 심각한 병이 무엇이며, 그 병으로 인해 다가올 고통이 무엇
인지를 정확히 알았습니다. 예레미야는 밤낮으로, 때와 장소를 가리지 않
고 이스라엘의 죄와 악행에 대한 하나님의 심판 메시지를 전했습니다.

오늘을 살아가는 우리도 예레미야에게서 민족주의를 배워야 합니다. 무
조건 우리의 것이 좋고 우월하다고 여기는 것이 민족을 사랑하는 것이 아
닙니다. 현실을 바르게 인식하며 잘못된 것은 잘못되었다 하고, 옳은 것
은 옳다고 하는 것이 진정으로 민족을 사랑하는 것입니다. 이것을 교훈
삼을 때 우리 민족은 앞으로 나아갈 수 있습니다.

•••현실을 바르게 볼 수 있는 안목을 주소서.

삶의 우선순위

어리석은 자들아 너희는 명철할지니라
미련한 자들아 너희는 마음이 밝을지니라(8:5)

하루는 제자들과 예루살렘을 향해 가시던 예수님이 마르다와 마리아의 집에 머무르셨습니다. 언니 마르다는 귀한 손님을 맞을 준비를 하느라 부엌에서 바쁘게 움직였습니다. 이와는 대조적으로 동생 마리아는 예수님의 발아래 앉아서 열심히 말씀을 듣고 있었습니다. 일손이 딸렸던 언니는 동생이 얄밉기만 했습니다. 몇 번이고 도와달라고 불렀지만 마리아는 들은 척도 하지 않았습니다. 오죽했으면 예수님에게 제발 동생이 자기를 돕게 해달라는 부탁까지 드렸을까요. 그런데 예수님은 오히려 마르다를 훈계하시며, 마리아가 더 현명한 선택을 했다는 이해하기 힘든 말씀을 하십니다.

마르다 같은 사람의 헌신과 봉사가 없으면 교회는 활기가 없습니다. 맛있는 음식으로 사람을 대접하고, 분위기를 살리는 일은 모두 마르다 같은 사람들의 몫입니다. 그런데 예수님은 왜 마리아를 칭찬하셨을까요? 예수님은 삶의 우선순위에 대해 가르치신 것입니다. 생명의 주님이신 예수님이 찾아오시면, 우리는 하던 일을 잠시 멈추고 그분의 무릎 앞에 앉아야 합니다. 그리고 그분의 음성을 듣는 것에서부터 시작해야 합니다.

✳✳✳삶의 우선순위를 바르게 알고 우선순위에 맞게 살도록 하소서.

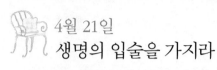

생명의 입술을 가지라

너희는 들을지어다 내가 가장 선한 것을 말하리라 내 입술을 열어 정직을 내리라
내 입은 진리를 말하며 내 입술은 악을 미워하느니라(8:6-7)

심장학의 세계적 권위자인 스미스 교수는 어느 날 갑자기 심장마비로 쓰
러져 신비한 체험을 하게 됩니다. 사람들이 그를 싣고 응급실로 데려가는
모습과 침대에 누워 응급조치를 해도 소생하지 않는 자신의 모습을 마치
다른 사람 보듯이 훤히 보았다고 합니다. 의사들이 하얀 시트로 그를 덮
는 모습, 즉 그가 죽은 모습이 보였습니다. 그는 어디론가 빨려가듯 가고
있었고, 마침내 심판대에 도착했습니다. 거기서 자신이 쏟아냈던 말로 심
판을 받고 있었습니다. 무심코 한 말이 얼마나 많은 사람을 아프게 하고,
따뜻한 말 한 마디가 타인에게 얼마나 큰 힘이 되는지를 깨달았습니다.
잠시 후 어디선가 "다시 한 번 기회를 줄 테니 새롭게 살아보아라." 하는
목소리가 들려왔습니다. 그 순간 그의 의식이 돌아온 것입니다. 다시 살
아난 그는 근무하던 병원을 7년 동안 휴직하고 전 세계를 다니며, 우리가
하는 말이 하나님 앞에서 얼마나 중요한지를 전했다고 합니다.

하나님의 사람은 하나님을 닮아갑니다. 그분의 성품과 언어를 닮아갑니
다. 하나님의 입술에서는 진리와 정직만이 나옵니다. 한 샘에서 쓴 물과
단 물이 동시에 나올 수 없듯이, 우리의 입술로 찬송할 것인지 저주할 것
인지 선택해야 합니다. 우리의 입술도 하나님의 생명의 입술로 변해야 합
니다.

***악한 말은 버리고 선한 말만 하게 하소서.

온전한 사랑과 온전한 미움

여호와를 경외하는 것은 악을 미워하는 것이라
나는 교만과 거만과 악한 행실과 패역한 입을 미워하느니라(8:13)

기독교는 언제 시작되었을까요? 각각의 기준과 관점에 따라 조금씩 다르게 대답할 수 있을 것입니다. 교회라는 이름으로만 본다면 예수님이 승천하신 이후라고 할 수도 있고, 하나님이 아브라함에게 찾아오셔서 복의 근원이 될 것이라는 사명을 주신 때부터라고도 할 수 있습니다. 좀 더 올라가, 인류의 조상인 아담과 그 가정이 바로 교회의 시작이라고 해도 틀렸다고 할 수는 없습니다. 그 시작이 언제이든, 교회가 이 땅에 존재하기 시작한 순간부터 기독교는 세상으로부터 끊임없는 도전과 위협을 받아왔습니다. 그 위협은 전쟁, 문화, 사상으로 다양하게 다가옵니다. 그중에서도 특히 기독교의 정체성을 뿌리째 흔들어 놓은 것은 소위 '종교다원주의'입니다. 이는 어떠한 종교든지 궁극적으로는 다 같다는 사상입니다. 그들은 '평화주의'라는 그럴듯한 구호 아래, 각자의 종교를 존중하고 화합해야 한다고 역설합니다.

평화를 위해 잘못된 것, 악한 것까지도 포용하고 넘어간다면 그것은 진정한 평화가 아닙니다. 기독교의 영성이란 선한 것은 온전히 사랑하고, 악한 것은 온전히 미워하는 것입니다. 선과 악은 공존할 수 없습니다. 하나님을 경외하고 사랑하는 것은 곧 악을 미워하고 멀리하는 것임을 기억해야 합니다.

••• 하나님을 경외하고 사랑하며 악을 미워하는 온전함을 주소서.

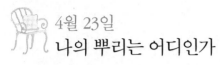

4월 23일
나의 뿌리는 어디인가

여호와께서 그 조화의 시작 곧 태초에 일하시기 전에 나를 가지셨으며 만세 전부터, 태초부터, 땅이 생기기 전부터 내가 세움을 받았나니(8:22-23)

알렉스 헤일리가 지은 책 「뿌리」(Roots)는 미국 문화에 깊은 영향을 주었습니다. 이 책은 18세기 어느 아프리카 마을부터 시작해 미국의 노예생활을 거쳐 지금에 이르기까지 조상을 추적하고 있습니다. 헤일리는 「뿌리」를 통해 인간의 정체성을 탁월하게 탐구했습니다. 그는 현재의 우리를 알기 위해서는 과거 조상들의 전승에 의지해야 한다고 말합니다. 자신의 뿌리에 관심을 가진 수많은 사람들은 '나는 누구인가?' 라는 질문에 몰두합니다. 누가, 혹은 무엇이 나를 정의하는가? 나는 나를 어떻게 알 수 있는가? 나의 가장 깊은 뿌리까지 내려간다면 거기에는 무엇이 있는가? 이 같은 질문에 대해 현대 문화는 다양한 답을 제공하고 있습니다. 사람들은 성, 인종, 계급, 종교, 가족, 직업, 교육, 심지어 소속되어 있는 단체 등으로 자신을 정의하려고 합니다. '나는 노조 위원이다.' '나는 몰몬교도다.' 라는 식으로 말입니다.

우리는 이런 식으로 자신을 보고, 자신을 정의하려는 유혹을 받으며 살고 있습니다. 그러나 모든 인간은 '나는 누구인가?' 라는 질문에 대해 '나는 하나님의 피조물이다. 그러나 타락한 존재로서 그분의 구원과 보호가 필요한 피조물이다.' 라고 고백할 수 있어야 합니다. 이러한 인식의 뿌리가 있어야만 예수님을 주님으로 모시고 따를 수 있기 때문입니다.

***제 생명의 근원이 하나님이심을 날마다 기억하게 하소서.

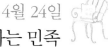

배움을 이어가는 민족

아들들아 이제 내게 들으라 내 도를 지키는 자가 복이 있느니라
훈계를 들어서 지혜를 얻으라 그것을 버리지 말라(8:32-33)

오랜 세월 동안 유대인은 칼이나 창을 갖지 않았습니다. 물론 습격으로부터 마을을 보호하기 위해 높은 벽을 쌓기는 했습니다. 그러나 나라가 없는 유대인은 지켜야 할 땅이나 군대가 없었기 때문에 별다른 무기가 필요하지 않았습니다. 유대인이 자신들의 문화를 지키기 위해 사용했던 무기는 오직 배움뿐이었습니다. 아이들에게 성경을 가르침으로써 유대인으로 살아남게 했던 것입니다. 그래서 중세부터 유럽에서는 교육받지 않는 유대인을 찾기 어려웠다고 합니다. 그러나 이러한 배움의 전통은 자신의 민족을 지키기 위해서 비롯된 것만은 아닙니다. 유대민족은 예전부터 학문을 가장 숭고한 것이라 여겼습니다. 랍비가 유대 사회에서 가장 존경받는 것도 그러한 이유 때문입니다.

우리 사회에서 배움은 성공을 위한 수단에 불과할 때가 많습니다. 명문대학을 물질적인 부나 명예와 같은 성공을 보장해주는 통로라고 생각합니다. 그래서 위장전입을 해서라도 좋은 학교로 가려고 애를 씁니다. 그러나 유대인의 배움에 대한 자세는 우리와 다릅니다. 그들이 최선을 다해 배우는 이유는 하나님이 주신 두뇌를 최대한 사용하여 능력을 발휘해야 한다고 믿기 때문입니다. 그것이 참된 신앙이요 지혜인 것입니다.

***지혜를 배우고 지혜를 가르치는 민족이 되게 하소서.

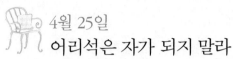

4월 25일
어리석은 자가 되지 말라

어리석은 자는 이리로 돌이키라 또 지혜 없는 자에게 이르기를 너는 와서 내 식물을 먹으며 내 혼합한 포도주를 마시고 어리석음을 버리고 생명을 얻으라 명철의 길을 행하라 하느니라(9:4-6)

예레미야는 백성의 고통스러운 앞날을 생각하며 피눈물을 흘렸습니다. 그의 눈물은 연약함의 증거가 아니라, 자기 민족을 끔찍하게 사랑하셨던 하나님의 애정 표현이었습니다. 예레미야가 백성을 생각할 때마다 슬프게 탄식했던 것은 그들의 무지함 때문이었습니다. 백성들은 자만과 무지함으로 곧 닥쳐올 두려운 심판을 알지 못했습니다. 게다가 예레미야를 미친 사람 취급하며, 그의 메시지를 심각하게 생각하지 않았습니다. 당시 예루살렘에 모여 살던 이스라엘 백성의 삶은 거짓 선지자와 신학자들의 잘못된 메시지, 무엇이든 빌면 복 받을 것이라는 기복신앙 등으로 가득 채워져 있었습니다. 그래서 대적들에게 포위당하는 위기의 순간에도 하나님이 무조건 보호해주신다는 잘못된 가르침을 믿었던 것입니다. 기도는 하지 않고, 오히려 진수성찬과 포도주로 사치를 즐기면서 말입니다.

무지함과 어리석음만큼 위험한 병은 없다고 합니다. 이스라엘 백성은 무지함과 어리석음으로 파멸의 길을 초래했습니다. 그러므로 우리는 어리석음을 과감히 버리고 지혜를 구해야 합니다. 지혜의 말씀을 구하는 것이야말로 생명을 얻는 길이요, 명철의 길을 행하는 것입니다.

•••자신의 어리석음을 깨닫고 그 자리에서 돌이킬 수 있는 용기를 주소서.

사람 보는 눈

거만한 자를 징계하는 자는 도리어 능욕을 받고
악인을 책망하는 자는 도리어 흠이 잡히느니라(9:7)

어느 중국 교회의 원로 목사님 이야기입니다. 그분이 스물다섯 살이던 1956년경의 일입니다. 그분이 수도 베이징에 있는 연경신학교를 졸업하고 고향으로 돌아온 이듬해였습니다. 갑자기 그 지역을 책임지고 있는 한 정부책임자가 각계각층의 종교지도자들을 한자리에 모아놓고, 과거에 공산당이 잘못한 점도 있으니 불만이 있으면 허심탄회하게 말해보라고 했습니다. 어떤 의견이든 받아들일 준비가 되어 있다면서 말입니다. 당시 혈기왕성했던 이 젊은 전도사는 수년 전 공산당원들이 교회의 전도사, 목사, 집사들을 끌고 가서 죽였던 이야기를 꺼냈습니다. 그 다음날 그 젊은 전도사는 강제노역현장에 끌려가서 20년이나 감옥살이를 했다고 합니다.

"열길 물속은 알아도 한 길 사람 속은 모른다"는 말이 있습니다. 우리는 서로 마음을 알지 못한 채 함께 살아가고 있습니다. 그래서 우리에게 더욱 분별력이 요구됩니다. "거룩한 것을 개에게 주지 말며 너희 진주를 돼지 앞에 던지지 말라 그들이 그것을 발로 밟고 돌이켜 너희를 찢어 상하게 할까 염려하라"(마 7:6)는 예수님의 말씀을 다시 한 번 기억해야 합니다.

***제 눈을 밝혀 주사 지혜로 잘 분별하게 하소서.

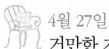

4월 27일
거만한 자와 지혜로운 자

거만한 자를 책망하지 말라 그가 너를 미워할까 두려우니라 지혜 있는 자를 책망하라 그가 너를 사랑하리라(9:8)

거만한 자와 지혜로운 자의 차이점은 무엇일까요? 거만한 자는 입이 발달해 있고 지혜로운 자는 귀가 발달해 있습니다. 거만한 자는 타인의 말을 귀담아 들을 줄 모릅니다. 그래서 자신의 주장만 펼치고 자신이 하고 싶은 말만 합니다. 또 듣고 싶은 말만 골라 듣기를 좋아합니다. 반대로 지혜로운 자는 꼭 필요한 말 외에는 최대한 말을 적게 하며, 타인의 말에 귀를 기울입니다. 그래서 자신이 말하기보다는 타인의 말을 들어주고, 자신이 듣고 싶은 말보다는 꼭 필요한 말을 듣기 원합니다. 또 자신에게 유익이 되는 가르침이라면, 그것이 비록 쓴 충고라 해도 달게 듣습니다.

좋은 인간관계를 만드는 것은 사회생활에서 매우 중요한 요소입니다. 그리스도인은 좋은 성품으로 사람들에게 긍정적인 영향을 미치는 사람이 되어야 합니다. 그러려면 타인의 책망도 달게 받아들일 줄 알아야 합니다. 그런 사람이야말로 입에는 쓰지만 몸에 좋은 양약을 먹을 줄 아는 지혜로운 사람입니다.

***책망을 받아들일 줄 아는 지혜로운 사람이 되게 하소서.

4월 28일

성경이 관심 갖는 사람

지혜 있는 자에게 교훈을 더하라 그가 더욱 지혜로워질 것이요
의로운 사람을 가르치라 그의 학식이 더하리라(9:9)

"건강한 사회에서는 발붙일 곳이 없어야 하는 것들이지만, 그래서 병든
사회의 특징이어야만 하는 것들이지만, 불행하게도 대한민국에서 천혜의
선물로 알려진 '학연'과 '지연'과 '혈연'이라는 삼거지악(三去之惡)은 지금
도 버젓이 위세를 떨칩니다. 정계나 학계나 교계나 형편은 똑같습니다. 소
위 '인맥'이라 부르는 것에 철저히 함몰된 이 사회에서 한 젊은이는 어떤
존재로 비춰질까? 이 사회는 그의 담대한 희망이 만개할 토양을 제공하고
있는가? 아쉽게도 현재로서 대답은 '아니오!'일 것입니다. 미국은 그들의
44대 대통령으로 버락 오바마를 선택했습니다. 그 검은 피부 색깔의 젊은
지도자를 그들의 대통령으로 선택한 미국 사회가 부럽기도 하고 존경스러
운 이유가 여기에 있습니다. 그들은 오바마의 꿈이 현실화될 수 있는 토양
을 제공했습니다. 전체 인구의 겨우 13% 정도밖에 안 되는 마이너리티(흑
인) 가운데서 흑인 대통령을 뽑은 그 나라가 오늘따라 부러운 이유가 여기
에 있는 것입니다."(류호준 교수의 「오바마 이야기」 중에서)

잠언은 '지식 있는 자'에게 교훈을 주라고 하지 않습니다. 성경이 관심을
보이는 사람은 지식인이 아닙니다. 오히려 '지혜 있는 자'와 '의로운 자'
에게 관심을 가집니다. 이들은 겸손과 온유로 항상 옳은 가르침을 받을
준비가 된 사람들이기 때문입니다.

***제 연약함을 발견하고 항상 받아들일 수 있는 마음을 주소서.

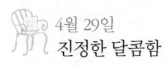

4월 29일
진정한 달콤함

도둑질한 물이 달고 몰래 먹는 떡이 맛이 있다 하는도다(9:17)

군대에서 있었던 일입니다. 어느 주일 야심한 시각, 이곳 저곳 순찰을 돌다가 화장실까지 이르게 되었습니다. 그런데 갑자기 '부스럭!' 하는 소리가 들렸습니다. 순간 머리가 쭈뼛 섰습니다. 그러나 숨을 죽이고 잠시 기다렸습니다. 다시 소리가 났습니다. '부스럭 부스럭!' 마음을 강하게 먹고 화장실 문을 확 열어젖혔습니다. 그런데 이게 웬일입니까? 전입온 지 얼마 안 되는 덩치가 산만한 이등병이 화장실에 쭈그리고 앉아 한 입 가득 팥빵을 물고 있는 것이었습니다. 낮에 부모님이 면회 오셨는데, 그때 사주신 빵을 가지고 있다가 늦은 밤 아무도 몰래 화장실에 앉아 맛있게 먹고 있었던 것입니다.

인간의 어리석음은 인간의 기본적 욕망에 호소하며 은밀한 행동을 부추깁니다. 남 몰래 저지르는 악행 속에서 묘한 쾌감을 맛보기도 합니다. 나아가 다른 사람들을 끌어들입니다. 그러나 이러한 초대가 일시적인 만족을 제공할지는 모르나 그 결과는 죽음입니다. 어리석은 사람들의 마음에는 하나님께 받는 위로와 기쁨과 만족이 없습니다. 그래서 그들은 세상의 허탈한 일에 자기 몸을 던지면서 하나님께서 주신 그 축복과 기쁨을 대신하려고 합니다. 그러나 하나님을 떠난 우리의 삶은 황폐하고 잔악할 뿐입니다.

❋❋❋세상적인 재미가 아니라 하나님으로 인한 기쁨을 알게 하소서.

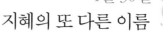
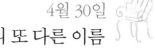

지혜의 또 다른 이름

명철한 자의 입술에는 지혜가 있어도
지혜 없는 자의 등을 위하여는 채찍이 있느니라(10:13)

「손자병법」에서 손무는 전쟁에서 승리하는 방법에 대해 이같이 말했습니다. "전쟁을 잘하는 자는 패하지 않을 곳에 진을 치며, 적을 패배시킬 기회를 놓치지 않는다." 이는 전쟁을 잘하는 사람은 먼저 유리한 고지를 점령한 후에 전쟁을 한다는 뜻입니다. 그렇게 해야 주변의 상황에서 도움을 받을 수 있고, 적을 격파할 기회도 확보해 전쟁에서 승리할 수 있습니다. 성공적인 삶을 살기 위한 지혜도 이와 같습니다. 명철한 자의 입술에 지혜가 있다는 것은, 지나친 욕심이나 자존심 때문에 승산이 없는 일을 억지로 추진하지 않는다는 것입니다. 물론 지혜로운 입술과 아첨하는 입술은 다릅니다. 지혜는 하나님께 속한 것이기에 신실함과 성실함, 순수함, 자비 등을 떠나서는 생각할 수 없습니다. 성실함이나 자비가 없는 지혜는 거짓과 간사함밖에 되지 않습니다.

무슨 일이든 저절로 이루어지는 것은 없습니다. 지혜 역시 마찬가지입니다. 열정을 다해 노력함으로 배워야 합니다. 하나님을 끊임없이 생각하고, 예수님을 날마다 배워가며, 성령님과 꾸준히 교제하는 삶 자체가 지혜입니다.

✱✱✱지혜를 배워가며 신실하고 성실하게 살게 하소서.

지혜로 여는 매일 묵상 5월

"지혜로운 자와 동행하면 지혜를 얻고
미련한 자와 사귀면 해를 받느니라"

(잠언 13:20)

Proverbs

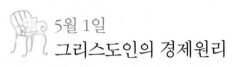

5월 1일
그리스도인의 경제원리

의인의 수고는 생명에 이르고 악인의 소득은 죄에 이르느니라(10:16)

미국의 서브프라임 모기지(비우량 주택담보대출)로 인한 금융위기는 곧 세계적인 경제위기를 불러왔습니다. 이런 금융위기의 밑바탕에는 인간의 욕심이 깔려 있었습니다. 인간의 욕심은 상호 간의 '신뢰'를 짓밟아 끔찍한 결과를 일으킵니다. 이러한 예는 가룟 유다에서도 찾아볼 수 있습니다. 완벽한 인간으로 이 땅에 오신 예수님은 사람을 외모로 판단하지 않으셨습니다. 그분은 가룟 유다 역시 다른 제자들과 똑같이 사랑하셨습니다. 유다는 현실적이고 재정 관리를 잘했던 사람인 것 같습니다. 세무서 직원이었던 마태를 제치고 살림을 맡았던 것을 보면. 그러나 유다는 자기 욕심 때문에 이러한 신뢰를 깨뜨렸습니다. 수단과 방법을 가리지 않고 욕심을 채우려 했던 마음이 결국 파멸을 초래한 것입니다.

인간의 욕심은 무한한 반면 이 세상의 자원은 한정되어 있습니다. 돈을 버는 것도 중요하지만 그 과정 역시 매우 중요합니다. 돈을 벌고 쓰는 것을 보면 그 사람의 신앙을 알 수 있습니다. 재물이 있는 곳에 우리의 마음이 있기 때문입니다.

•••올바른 경제관을 가지고 살아가게 하소서.

5월 2일

아름다운 입술

말이 많으면 허물을 면하기 어려우나
그 입술을 제어하는 자는 지혜가 있느니라(10:19)

"아름다운 입술을 가지고 싶으면 친절한 말을 하라. 사랑스런 눈을 갖고 싶으면 사람들에게서 좋은 점을 봐라. 날씬한 몸매를 갖고 싶으면 음식을 배고픈 사람과 나누어라. 아름다운 머리카락을 갖고 싶으면 하루에 한 번 어린이가 손가락으로 네 머리를 쓰다듬게 하라. 사람들은 상처와 질병에서 회복되어야 하며, 낡은 것에서부터 새로워져야 하고, 무지함에서부터 교화되어야 하며, 고통에서 구원받고 또 구원받아야 한다. 결코 누구도 버려서는 안 된다. 기억하라. 만약 도움의 손길이 필요하면, 네 팔 끝에 있는 손을 이용하면 된다. 네가 더 나이가 들면 손이 두 개라는 걸 발견하게 된다. 한 손은 너 자신을 돕는 손이고, 다른 한 손은 다른 사람을 돕는 손이다."

세계적인 영화배우이자 행동하는 자선사업가로 살다간 오드리 햅번이 자녀에게 남긴 마지막 유언입니다. 입술을 제어하라는 것은 때와 장소에 따라 해야 할 말과 하지 말아야 할 말을 구별하라는 뜻입니다. 입술을 어떻게 제어하는지에 따라 사람은 높아지기도 하고 낮아지기도 합니다. 그러므로 말을 할 때는 항상 신중해야 합니다.

***입술과 혀를 다스릴 수 있도록 도우소서.

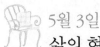

5월 3일
삶의 현장에서 이뤄지는 신앙의 연단

속이는 저울은 여호와께서 미워하시나 공평한 추는 그가 기뻐하시느니라(11:1)

고기나 과일, 쌀, 금 등 물건을 팔 때 저울을 사용합니다. 서양 문명의 원류인 고대 그리스 문화에서는, 상거래에서 이익을 남기는 데는 반드시 악한 생각이 작용한다고 믿었습니다. 기독교 신앙이 소아시아와 유럽에 전파된 뒤, 기독교는 줄곧 서양 문화 속에서 성장해 왔습니다. 따라서 그리스 문화 속에서 자라난 기독교가 속임수 같은 악한 생각이 작용하고 있는 상거래에서 경건한 신앙을 나타내기는 어려울 거라고 생각했습니다.

제가 아는 분 가운데 중소기업을 성공적으로 이끌어가고 있는 분이 있습니다. 언젠가 그분이 이런 말씀을 하셨습니다. "기독교인이 신앙생활을 하면서 사업하는 것은 불가능합니다." 사업하는 데는 비도덕적인 일도 동원된다는 이야기지요.

그러나 참다운 신앙은 교회보다 상거래가 이루어지는 삶의 현장에서 나타납니다. 성경에 나오는 위대한 인물들은 삶의 현장에서 하나님의 뜻을 따라 살았습니다. 하나님은 당신의 자녀들이 무장하지 않은 채로 보급품도 없이 전쟁터에 나가도록 내버려두지 않습니다. 성령으로 항상 함께하시며, 친히 체휼하신 사랑으로 격려하시고, 영원한 소망으로 인도하십니다. 그래서 사업과 상거래 현장에서 정확한 저울추로 이웃을 대하도록 하십니다.

***남을 속이지 않고 하나님이 기뻐하시는 삶을 살도록 도와주소서.

참된 지혜는 겸손이다

교만이 오면 욕도 오거니와 겸손한 자에게는 지혜가 있느니라(11:2)

잠언은 죄가 판치는 세상에서 하나님의 백성들이 그분의 자녀다운 품위를 지키며 살아갈 수 있는 지침을 담고 있습니다. 죄악 속에서 태어나 죄악 가운데 살다가 죄악으로 멸망하는 인류의 최대 문제는 바로 교만입니다. 창세기 3장 이후의 내용을 보면, 인류의 타락은 하나님처럼 되고 싶은 교만에서 시작되었습니다. 인류를 타락시킨 교만은 그 후손까지 괴롭히고 있습니다.

교만은 하나님을 두려워하지 않고 자기 자신을 스스로 높이 평가하는 행위입니다. 하나님의 자녀가 된 후에도 죄인이었을 때의 습관을 버리지 못하면 뿌리 깊은 죄의 영향을 다시 받기 쉽습니다.

교만은 죄로 눈이 어두워져서 사실을 사실로 보지 못하는 무지한 마음입니다. 오늘 본문은 "교만이 오면 욕도 오거니와"라고 말하고 있습니다. 교만은 수치를 동반합니다. 사실을 사실로 보지 못하고 스스로 높아져 있다가, 사실이 만천하에 공개되면 수치스럽기 때문입니다. 그러나 자신을 낮추는 사람은 자신의 모습을 있는 그대로 봅니다. 거짓이 난무하는 세상에서 자신의 모습을 제대로 보는 능력은 지혜입니다.

***하나님의 지혜를 충만히 부어주셔서 겸손으로 교만을 이기게 하소서.

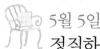

5월 5일
정직하고 성실한 삶의 원동력

정직한 자의 성실은 자기를 인도하거니와 사악한 자의 패역은 자기를 망하게 하느니라(11:3)

정직과 성실은 신자나 비신자가 모두 추구하는 것입니다. 사람의 양심은 인간성을 지키는 최후의 보루 역할을 합니다. 뉴스에서 폭력 조직을 검거하는 장면을 본 적이 있습니다. 그들 중에는 '착하게 살자'라는 글귀를 몸에 새긴 사람도 있었습니다.

세상의 모든 사람은 정직과 성실을 원합니다. 그러나 자꾸만 원하지 않는 것을 하게 됩니다. 즉, 아는 것과 실제 생활은 다르다는 것입니다. 사도 바울도 "내가 행하는 것을 내가 알지 못하노니 곧 내가 원하는 것은 행하지 아니하고 도리어 미워하는 것을 행함이라"(롬 7:15)고 탄식합니다.

우리가 하나님을 의지할 때, 정직과 성실을 추구하며 바르게 사는 힘을 얻게 됩니다. 정직과 성실은 하나님의 성품입니다. 하나님을 바라보며 하나님만 찾는 사람은 하나님을 닮아가게 됩니다.

머리로 아는 것이 생활화되는 비결은 하나님을 바라고 추구하는 경건한 삶에 있습니다. 하나님을 바라보지 않는 사람은 사단을 좇아 속임수를 쓰며 살아갑니다. 그러면 잠깐은 잘되는 것 같지만 결국에는 멸망하고 맙니다. 우리 모두 하나님을 경외하며 정직하고 성실하게 살아야 합니다.

***성령이 함께하셔서 경건을 추구하며 정직과 성실을 실천하게 하소서.

사람을 아끼는 마음

재물은 진노하시는 날에 무익하나 공의는 죽음에서 건지느니라(11:4)

대부분의 사람들은 미래가 불확실하다고 생각합니다. 불확실한 미래는 사람을 불안하게 합니다. 미래가 불안한 이유는 사람들이 죄로 인해 하나님을 떠났기 때문입니다. 집을 떠나 외지에서 오래 생활한 사람들은 집 떠난 고생이 어떤 것인지 잘 압니다. 하나님을 떠난 고생은 더 말할 것이 없습니다. 날마다 불안하고 걱정거리만 있을 뿐입니다. 그러면 사람들은 불안한 마음을 떨쳐버리려고 자신을 지켜줄 뭔가를 찾아 헤맵니다.

많은 사람들은 재물이 자신을 지켜줄 거라 믿습니다. 그러나 재물은 생활의 불편을 덜어줄 뿐 미래를 지켜주지는 못합니다. 오히려 재물을 관리하느라 더 불안한 생활을 하게 됩니다. 더욱이 심판의 날에 재물은 아무 도움이 되지 않습니다. 사람들이 재물을 의지하는 이유는 하나님의 심판이 있음을 믿지 않기 때문입니다.

진리를 아는 사람은 자신이 소유한 참된 진리를 나누는 것으로 다른 사람을 아껴야 합니다. 다른 사람을 아끼는 마음에서 나오는 참된 진리는 그 사람을 심판에서 건져냅니다. 죽을 사람을 건져내는 것입니다. 우리는 하나님의 심판을 늘 기억하며, 진리를 알지 못하는 사람에게 복음을 전해야겠습니다.

***참되고 영원한 것을 바르게 볼 수 있도록 분별력을 주소서.

141

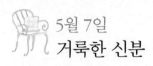

5월 7일
거룩한 신분

정직한 자의 공의는 자기를 건지려니와 사악한 자는 자기의 악에 잡히리라(11:6)

예수님은 우리로 하여금 하나님 앞에서 거룩하고 흠이 없게 하려고 십자
가를 지셨습니다(엡 1:4). 사람이 하나님 앞에서 흠 없게 되는 것은 옳은 행
실로 인한 것이 아닙니다. 오직 예수 그리스도의 십자가 공로로 인한 것
입니다. 영국의 왕실은 왕자들에게 영국의 왕자라는 신분을 절대로 잊어
서는 안 된다고 교육합니다. 자신의 신분을 알고 있으면 그에 맞는 행동
을 하기 때문입니다.

우리도 하나님의 자녀로서 책임감을 느끼고 행동해야 합니다. 그러나 부
담을 가질 필요는 없습니다. 하나님의 자녀들에게 부여된 의로움이 삶의
현장에서 옳은 행동으로 이끌어가니까요.
하나님이 주시는 의로움이 없다면, 자신의 행동을 하나님의 의로운 수준
까지 이르게 할 방법이 없습니다. 자신의 악과 욕심에 사로잡혀 쓰러지고
넘어지며 살아갈 수밖에 없지요. 우리는 우리의 길을 곧게 하며, 우리를
살리는 하나님의 공의를 따라가야 합니다.

***의로운 신분에 어울리는 삶을 살게 하소서.

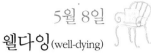

5월 8일

웰다잉 (well-dying)

악인은 죽을 때에 그 소망이 끊어지나니 불의의 소망이 없어지느니라(11:7)

한국 전쟁 직후, 우리나라는 먹고사는 것을 해결하는 것이 삶의 전부였습니다. 그러나 눈부신 경제 발전을 거듭하면서 먹고사는 것보다 웰빙(well-being)을 추구하게 되었습니다. 웰빙은 "어떻게 하면 잘 살 수 있을까?" 하는 문제입니다. 그러나 기독교 신앙은 "어떻게 하면 잘 살 수 있을까?"보다는 "어떻게 하면 잘 죽을 수 있을까?"를 추구해야 합니다. 사람은 본래 살기 위해 몸부림칩니다. 그리고 더 잘 살기 위해 노력합니다. 살기 위해 노력하고 죽기를 두려워하는 것이 인간입니다.

기독교 신앙에는 얼핏 보면 모순이라고 생각되는 점들이 있습니다. 삶과 죽음에 대한 가르침이 그렇습니다. 잘 살기를 추구하다보면 죽을 때 죽기가 싫어집니다. 이 세상을 좀 더 누리고 싶은 아쉬움이 남아서 죽음을 거부하며 살려고 애를 씁니다. 그러나 시간은 더 이상 주어지지 않습니다. 기독교 신앙은 잘 죽는 것을 추구하는 것입니다. 영원한 가치를 추구하며 천국을 소망하는 사람에게 죽음의 순간은 아쉬움의 순간이 아니라 새로운 세계를 바라보는 소망의 순간입니다. 가치 있는 죽음을 바라보며 잘 죽기를 준비한다면 잘 살 수 있는 참다운 웰빙의 지혜가 생길 것입니다.

°°°예수님의 죽음과 부활에 참여하는 하루가 되게 하소서.

143

5월 9일
세상의 문화를 바꾸는 그리스도인

성읍은 정직한 자의 축복으로 인하여 진흥하고 악한 자의 입으로 말미암아 무너지느니라(11:11)

캐나다에서 유학할 때 느꼈던 것 중 하나가 사람들이 매우 정직하다는 것이었습니다. 한번은 친구들과 캠퍼스 안에 있는 '아시아 정원'을 구경하러 갔습니다. 입장권을 사러 매표소에 갔는데, 학생증이 있으면 많이 할인된다는 사실을 알았습니다. 그런데 그날따라 학생증을 집에 놓고 왔습니다. 할 수 없이 일반 입장권을 사려다가 혹시나 싶어 학생증을 가져오지 않았다고 말해 보았습니다. 그랬더니 다음에는 꼭 가져오라며 학생 입장권을 주었습니다. 순간 저는 '아! 이 사람들은 사람의 말을 믿는구나!' 하고 놀랐습니다. 그리고 '나를 믿어주는 사람들과 같이 살려면 내가 얼마나 더 정직해야 할까?' 하며 깊은 책임감을 느꼈습니다.

정직과 신뢰가 바탕이 된 사회는 정치, 경제, 문화, 예술 등 모든 분야에서 선진국의 꽃을 피웁니다. 우리가 부러워하는 선진국은 그냥 된 것이 아닙니다. 한 사람 한 사람이 높은 도덕성을 추구하며 언행에 책임감을 가짐으로 얻은 것입니다.

그리스도인들은 세상의 소금과 빛입니다. 거짓이 횡행하는 사회에서 정직과 신뢰를 회복하는 것은 그리스도인들의 몫입니다. 바보같이 정직하고 바보같이 믿어주는 바보운동이 그리스도인들을 통해 일어날 때, 우리나라는 경제뿐 아니라 모든 면에서 발전하는 성숙한 선진국이 될 것입니다.

••• 주님을 따르는 바보가 되어 소금과 빛의 사명을 감당하게 하소서.

하나님을 닮은 사람들

유덕한 여자는 존영을 얻고 근면한 남자는 재물을 얻느니라(11:16)

동네 사람은 물론 옆 동네 사람들까지도 알고 지내던 어린 시절이 그리울 때가 있습니다. 제 어머니는 성품이 온화해 많은 사람들에게 칭찬받는 분이었습니다. 교육을 많이 받지도 못하셨고 생활도 풍족한 편은 아니었습니다. 그런데도 시장에서 장사하는 분들이나 친구들의 어머니, 이웃 아주머니들은 어머니의 친절한 성품을 높이 평가하셨습니다.

얼마 전 고등학교 졸업 30주년 기념 동창회에 갔다가 담임선생님을 30년 만에 만났습니다. 그날 선생님은 우리 어머니를 회상하시면서, 성품이 고상하고 친절하셨다고 했습니다. 학벌, 재력, 집안 배경 어느 것 하나 내놓을 것 없었지만, 주위의 칭찬을 듣는 어머니가 어떤 분이었는지 다시 생각하게 됩니다. 그것은 하나님을 닮은 성품 때문이었습니다.

하나님의 사랑은 친절, 배려 그리고 관심입니다. 하나님을 닮은 사람들은 존영(존귀)을 얻기 마련입니다. 하나님을 닮아가는 사람들은 영원한 가치를 지닌 존귀한 칭찬을 듣지만, 죄악 된 세상을 닮아가는 사람들은 영원한 가치가 없는 세속적 이익만을 얻습니다.

*** 하나님이 베푸신 친절한 사랑을 배워 존귀한 삶을 살게 하소서.

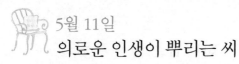

5월 11일
의로운 인생이 뿌리는 씨

악인의 삯은 허무하되 공의를 뿌린 자의 상은 확실하니라(11:18)

크지는 않지만 성실하게 목회하는 한 목사님의 부친 이야기는 늘 제 삶을 돌아보게 합니다. 이 목사님은 부친이 돌아가신 후에야 그분이 어떤 삶을 사셨는지 알게 되었다고 합니다. 부친의 빈소를 찾는 발길이 끊이지 않았는데, 고인을 아는 사람들이 인사차 조문하러 오는 것이 아니라 고인을 진실로 흠모하는 사람들의 발길이었다고 합니다.

고인 덕분에 장학금으로 공부할 수 있었던 사람들, 극도의 가난에서 벗어나 자립할 수 있었던 사람들, 삶의 기로에서 고인의 격려를 통해 용기를 얻었던 사람들 등 주위 사람들에 대한 부친의 영향력은 아들 목사님이 상상하는 것 이상이었다고 합니다. 그리고 자신이 목사지만 장로님이었던 아버지만큼 사람들에게 영향력을 주기는 어려울 것 같다고 고백했습니다. 성실하고 소박하게 사람들을 사랑했던 목사님의 아버지는 주변에 큰 힘이 되었던 것입니다.

많은 사람들이 신앙을 통해 뭔가를 이루려고 합니다. 그러나 날마다 의를 뿌리는 삶이 참다운 신앙생활입니다. 성공을 최고의 가치로 추구하는 현대 사회에서 남을 위해 산다는 것은 쉬운 일이 아닙니다. 그러나 일상에서 의를 뿌린 자가 상을 받는 것은 확실합니다.

***진리를 아는 힘으로 세상의 가치와 싸워 이기게 하소서.

구제는 하나님의 마음

구제를 좋아하는 자는 풍족하여질 것이요
남을 윤택하게 하는 자는 자기도 윤택하여지리라(11:25)

지금도 제 마음에 도전을 주는 한 분이 있습니다. 이분은 제게 치료받으러 오는 분이었습니다. 그런데 치료 스케줄을 정할 때마다 월요일은 곤란하다는 것이었습니다. 이유를 물으니 월요일에는 고아원 봉사를 간다고 했습니다. 늘 기사가 운전하는 고급 승용차를 타고 다니는 부잣집 사모님이 월요일마다 고아원에 가서 아이들 뒤치다꺼리를 한다는 것이었습니다. 저는 크게 감동해서 "아주 훌륭한 일을 하시는군요." 하고 말했습니다. 그분은 "저희 아이들은 이제 다 컸잖아요." 하며 지금 하는 일이 아주 당연한 일인 것처럼 말했습니다. 저는 그분의 말에서 신앙을 읽을 수 있었습니다. 그 일을 억지로 하는 것이 아니라 좋아서 하는 것임이 분명했습니다.

구제는 하나님의 성품에서 나오는 것입니다. 하나님의 성품을 닮은 사람은 구제를 좋아합니다. 죄악으로 물든 이 세상은 자신의 이익만을 추구하는 이기주의로 가득 차 있습니다. 죄악의 성품을 벗지 않고 구제한다는 것은 억지스러운 구제입니다. 하나님이 원하시는 것은 성품이 변화되어 기쁜 마음으로 다른 사람을 구제하는 것입니다. 이러한 사람은 나눠줄 것이 점점 더 많아질 거라고 하나님이 약속하셨습니다.

***하나님을 닮아 즐거운 마음으로 다른 사람을 위해 살게 하소서.

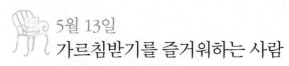

5월 13일
가르침받기를 즐거워하는 사람

훈계를 좋아하는 자는 지식을 좋아하거니와
징계를 싫어하는 자는 짐승과 같으니라(12:1)

기업에서 인재를 기를 때 요구하는 덕목 중에는 창의적 사고, 주인의식, 팀 중심주의, 배려하는 자세 등이 있습니다. 이윤 추구를 목적으로 하는 기업에서조차 배우려는 자세를 갖춘 사람을 찾고 있습니다. 최고의 생산성을 갖추려면 늘 겸손하고 배우는 자세가 필요하기 때문입니다. 혼자서 일하는 것이 아니라 여러 사람이 조직을 이루어 일하는 기업에서 배우려는 자세를 갖춘 사람은 조직에 기여하는 바가 크다고 확신하는 것입니다.

세상에서도 이러한 사람을 찾고 있는데, 하나님 나라를 세울 인재에게는 얼마나 더 배우는 자세가 필요하겠습니까? 이러한 자세를 지닌 사람은 자신이 속한 기업뿐 아니라 이웃, 사회, 국가, 국제 사회에 소금과 빛의 역할을 다합니다. 이러한 사람이 바로 죄악으로 얼룩진 세상을 하나님 나라로 만드는 데 기여할 사람입니다. 반대로 배우기를 즐겨하지 않는 사람은 이웃과 사회에 기여하기보다는 자신의 배만 채우는 데 급급합니다. 자신의 이익에만 관심 있는 사람을 성경에서는 짐승과 같다고 합니다. 우리는 하나님이 가르치실 때 잘 배우는 사람이 되어야겠습니다.

°°°가르침받기를 좋아하는 겸손한 마음을 주소서.

뿌리 깊은 삶의 기반

사람이 악으로서 굳게 서지 못하거니와
의인의 뿌리는 움직이지 아니하느니라(12:3)

30여 년 전 여의도는 모래벌판이었습니다. 당시 서울시는 여의도를 뉴욕의 맨해튼처럼 상업과 문화의 중심지로 개발하겠다고 발표했습니다. 그 발표 이후, 여의도는 한동안 공사하는 소음으로 가득했습니다. 공사장에서 가장 시끄러운 소리는 건물의 기초가 되는 기둥을 땅 속에 박을 때 납니다. 모래땅에 고층 건물을 지으려면 기둥을 땅 속에 깊이 박아야 합니다. 깊고 튼튼한 기둥을 가진 건물은 유럽의 거대한 성당이나 뉴욕의 엠파이어스테이트빌딩처럼 오랜 세월을 끄떡없이 견뎌냅니다.

사람들의 인생은 집을 짓는 것과 같습니다. 예수님도 인생을 반석 위의 집과 모래 위의 집으로 비유하셨습니다. 하나밖에 없는 인생을 의미 있고 후회 없이 살려면 기초를 든든하게 세워 집을 지어야 합니다. 크고 단단한 반석이신 예수 그리스도만이 우리 인생의 참된 뿌리입니다.
하나님의 뜻을 기반으로 하지 않는 것은 오래가지 못합니다. 하나님의 깊은 뜻을 의지하는 사람은 세상 풍파가 아무리 거세더라도 흔들리지 않고 인생의 참된 결말을 보게 됩니다.

***인생의 집을 굳건히 짓도록 든든한 기초를 세워주소서.

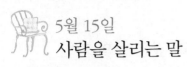

5월 15일
사람을 살리는 말

악인의 말은 사람을 엿보아 피를 흘리자 하는 것이거니와 정직한 자의 입은 사람을 구원하느니라(12:6)

사람들은 부모형제, 선생님, 선후배 같은 가까운 사람들에게 말로 상처받기 쉽습니다. 얼마 전에는 키가 작다는 말을 직장에서 자주 들었던 한 회사원이 자살했고, 친구와 비교하는 말을 부모에게서 자주 들었던 중학생도 자살했습니다. 상처를 주는 사람은 자신이 준 상처를 기억하지 못하지만, 상처를 받는 사람은 아이큐 200이 넘는 기억력으로 그 상처를 기억해 냅니다.

반면 격려와 위로의 말은 사람의 인생을 바꾸어놓기도 합니다. 헬렌 켈러는 가정교사의 끊임없는 격려로 시각 장애를 극복하고 위대한 인물이 되었습니다.

말(언어)은 하나님이 사람에게 주신 큰 축복입니다. 하나님은 말씀으로 만물을 지으시고 관리하십니다. 마찬가지로 인간의 말에도 하나님을 닮아 힘이 있습니다. 하나님이 주신 언어의 축복을 하나님의 뜻대로 관리하고 사용하는 사람은 하나님의 구원 사역에 참여하는 사람입니다. 자신의 말이 사람을 구원할 수도 있다는 사실은 매우 놀라운 것입니다.

•••하나님의 축복인 언어를 주님이 기뻐하시는 일에 사용하도록 인도하소서.

영원한 가치를 지닌 삶

악인은 엎드러져서 소멸되려니와 의인의 집은 서 있으리라(12:7)

우리나라 속담에 "호랑이는 죽어서 가죽을 남기고 사람은 죽어서 이름을 남긴다"는 말이 있습니다. 이 속담을 얼핏 보면 사람에게는 명예가 중요한 것처럼 보입니다. 그러나 이것은 하나님이 지으신 사람이 동물과 구별되는 점을 지혜롭게 말한 것입니다. 하나님은 인간에게 동물에게는 없는 영원한 삶을 주셨습니다. 이것을 세상 이치를 통해 알게 하신 것입니다. 인생은 살아 있을 때가 전부라고 아무리 우겨도, 사람은 죽은 후에 기억되고 평가받습니다.

세상을 살아가면서 사람들은 무수히 많은 결정을 합니다. 쉽게 결정할 수 있는 일에서부터 결정하기 어려운 일까지 정말 많은 일들을 만납니다. 때로는 유혹을 이기지 못하고 잘못 선택하여 후회할 때도 있습니다. 그러나 하나님 편에 서서 결정하는 사람은 인생의 집을 든든하게 짓습니다. 바울, 어거스틴, 어거스틴의 어머니, 그리고 구름같이 많은 무명의 신앙 선진들은 수백 년 수천 년이 지나도 끄떡없이 서 있는 집으로 기억됩니다. 하나님이 영원히 가치 있는 삶을 살도록 인간을 지으셨기 때문입니다.

°°°매 순간 하나님 편에서 모든 일을 결정하며 살게 하소서.

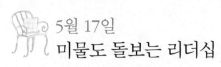

5월 17일
미물도 돌보는 리더십

의인은 자기의 가축의 생명을 돌보나 악인의 긍휼은 잔인이니라(12:10)

'부잣집 맏며느리감'이라는 말을 자주 씁니다. 덕스럽고 사람을 잘 챙기며 인내할 줄 아는 사람에게 주로 쓰는 말입니다. 부잣집에서는 밥상을 물릴 때 음식을 다 먹지 않고 남겨서 내보내도록 가르친다고 합니다. 이것은 종들과 가축에게 먹을 것이 돌아가도록 배려한 것입니다. 이러한 가르침을 현대 생활에 그대로 적용하기는 어렵습니다. 우리 조상들의 리더십에는 아랫사람을 배려하고 심지어 집에서 기르는 가축에게까지 관심을 가져야 한다는 생각이 포함되어 있습니다.

하나님은 인간을 만드실 때 땅을 정복하고 다스리라(경영하고 관리하라)(창 1:28)고 명령하셨습니다. 마태복음 28장 18-20절의 지상명령이 중요한 만큼, 창세기 1장 28절의 문화명령도 중요합니다. 한 사람의 영혼을 소중하게 여기듯, 하나님이 만드신 땅도 소중하게 여기면서 경영하고 관리할 책임이 우리에게 있습니다. 빈곤 퇴치, 에이즈, 환경 문제, 동물보호 문제, 가정과 직장과 학교에서 아랫사람을 배려하는 일 등은 의인이 힘써서 노력해야 할 일입니다.

●●●하나님 자녀의 기품으로 피조물을 돌보는 의인이 되게 하소서.

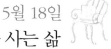

분수를 따라 사는 삶

자기의 토지를 경작하는 자는 먹을 것이 많거니와
방탕한 것을 따르는 자는 지혜가 없느니라(12:11)

구약 시대에 토지는 경제생활의 기반이 되는 자원이었습니다. 토지를 잘 경작하는 생활은 성실하고, 가진 것에 감사하며, 땅을 주신 하나님께 감사하는 것입니다. 부지런하고, 열매를 주시는 하나님을 기다리며, 겨울에 농사를 쉬면서 안식을 배우는 것입니다. 사치하지 않고, 매일의 평범한 삶을 기뻐하는 것입니다. 이러한 사람은 부족하지 않아서 이웃과 가난한 사람들에게 나누어줄 만큼 넉넉하게 삽니다.

반면 방탕한 것을 따르는 생활은 다른 사람에게 신뢰를 주지 못합니다. 이렇게 생활하는 사람은 성실하기보다는 한탕주의에 젖어 허황된 생각을 하고 감사할 줄 모릅니다. 또 하나님을 경외하지 않고, 때와 열매를 기다리는 인내와 믿음도 없습니다. 부지런하지도 않고 돈벼락 맞을 꿈만 꿉니다. 이런 사람은 마음에 안식이 없고 늘 불안합니다. 그리고 삶에 대한 기쁨도 다른 사람에 대한 관심과 배려도 없습니다.

현대 생활은 토지보다 지식, 자본, 인맥 등이 더 큰 비중을 차지합니다. 토지를 경작하듯 지식과 자본, 다른 사람과의 관계를 잘 경작하는 사람은 하나님을 닮은 넉넉한 마음을 갖게 됩니다. 그리고 다른 사람들에게 하나님의 사랑을 나누어 주게 됩니다.

°°°작은 것에 충성하는 성실함을 배우게 하소서.

5월 19일
사람들에게 인정받는 의인의 생활

악인은 입술의 허물로 말미암아 그물에 걸려도
의인은 환난에서 벗어나느니라(12:13)

사업을 하던 친구가 갑자기 불어 닥친 외환위기 때문에 어려움에 처하고
말았습니다. 자금은 회전이 안 되고, 이자는 올라가고, 부동산은 묶이고,
이처럼 어려운 때는 없었습니다. 그래도 이 친구는 다른 사람에게 피해를
주지 않으려고 전 재산을 털어 부채를 갚았습니다. 그러고는 아내와 어린
자녀를 데리고 조그마한 어촌에서 한 달 생활비 10~20만 원으로 겨우 연
명해갔습니다.

그런데 그의 정직하고 의로운 마음을 아는 친구들이 찾아와 사업 자금을
빌려주며 절대 그대로 주저앉지 말라고 격려해주었습니다. 그때부터 그
친구의 재산은 돈이 아니라 그를 믿어주는 사람들이었습니다. 그 친구는
다시 일어나 새 출발을 했습니다. 그리고 지금은 사업을 아주 잘 꾸려나
가고 있습니다.

인생에서 가장 귀한 재산은 사람입니다. 예수 그리스도를 따르는 참된 신
앙의 사람은 다른 사람들에게 칭찬을 받습니다. 존귀하신 하나님을 가까
이하면 우리도 그분의 존귀하신 모습을 닮아가게 되니까요. 하나님 앞에
서 바른 사람은 사람들에게도 인정받습니다. 그리고 환난을 만나도 하나
님이 예비하신 돕는 사람을 통해 다시 일어납니다.

•••하나님의 의로움을 닮아 참된 의인이 되게 하소서.

성령의 사람

미련한 자는 당장 분노를 나타내거니와 슬기로운 자는 수욕을 참느니라(12:16)

'세치 혀가 문제'라는 말이 있습니다. 우리는 참으면 좋았을 텐데 그 순간을 넘기지 못하고 생각나는 대로 말해놓고 후회하곤 합니다. 특히 분노의 순간에 내뱉는 말은 상대방에게 씻을 수 없는 깊은 상처를 남깁니다.

우리는 이 문제를 성격 탓으로 돌리기도 합니다. 그러나 이것은 성격을 탓할 일만은 아닙니다. 분노는 화나는 순간에 만들어지기보다는 평소에 쌓여 있던 것들이 표출되는 것이니까요.

성령의 지배를 받는 사람들에게서는 오래 참고, 이해하고, 덮어주고 사랑하는 모습을 보게 됩니다. 사도 바울도 "오직 성령의 열매는 사랑과 희락과 화평과 오래 참음과 자비와 양선과 충성과 온유와 절제"(갈 5:22-23)라고 했습니다. 성령 안에서 사는 사람들은 급하거나 분노하지 않습니다. 그리고 성격인 줄 알았던 부분까지 성령의 다스림을 받게 됩니다.

일이 잘 안 풀리고 화나는 일만 가득하다 해도 성령을 의지하여 감사하는 마음을 잃지 마십시오. 다른 사람을 끊임없이 용서하면서 분노가 쌓이지 않게 하십시오. 그런 사람은 참기 어려운 일을 만나도 터져 나올 분노가 없습니다. 성령의 사람이기 때문입니다.

***받은 상처보다는 받은 은혜를 기억하는 사람이 되게 하소서.

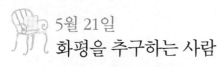

5월 21일
화평을 추구하는 사람

악을 꾀하는 자의 마음에는 속임이 있고
화평을 의논하는 자에게는 희락이 있느니라(12:20)

화평은 고향이 주는 편안함 같은 것입니다. 우리는 힘들고 어려운 일을
만날 때마다 어머니의 품 같은 고향을 떠올리며 위안을 받습니다. 식량난
에 허덕이는 북한의 한 도시를 방문한 중국의 조선족 교회 지도자가 직접
보고 들려준 이야기가 생각납니다. 부모를 잃고 거리를 헤매는 열 살 안
팎의 갈 곳 없는 꽃제비들이 추운 날 땅거미가 질 무렵이면 역 광장에 모
여 허기진 배를 움켜쥐고는 "엄마, 엄마!" 하고 흐느껴 운다고 합니다. 평
화를 갈구하는 절규는 어머니에 대한 그리움과 같습니다.

하나님은 혼돈과 흑암 속에서 우주 만물을 만드셨습니다(창 1장). 그리고 평
화로운 질서도 만드셨습니다. 하나님이 창조하신 에덴동산은 우리의 고
향입니다. 그러나 인류가 하나님을 저버리고 범죄한 이후, 평화로운 세상
은 거칠고 혹독한 세상으로 바뀌었습니다. 우리는 세상에 적응해서 살아
가지만, 다른 한편으로는 에덴동산의 평화로운 삶을 그리워합니다. 하나
님은 우리를 부르셔서 이 땅에서 하나님의 참된 평화를 추구하게 하시고
그분의 뜻을 이루게 하십니다.

●●● 하나님의 평화를 구하고 누리는 희락의 삶을 허락하소서.

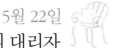

지혜로운 하나님의 대리자

부지런한 자의 손은 사람을 다스리게 되어도 게으른 자는 부림을 받느니라(12:24)

하나님은 세상을 공평하게 만드셨습니다. 그런데 이 세상에는 영향을 주는 자와 영향을 받는 자, 다스리는 자와 다스림을 받는 자, 가르치는 자와 가르침을 받는 자, 돕는 자와 도움을 받는 자가 있습니다. 세상에 죄가 들어오기 전에는 평화와 평등의 질서가 있었지만, 죄가 들어온 후에는 지배와 피지배의 질서가 세상을 지배하게 되었습니다. 남편과 아내는 사랑과 존경으로 결합하는 관계였지만, 인류가 범죄한 후에는 강한 남성이 약한 여성을 지배하게 되었습니다. 죄가 세상에 들어온 후에는 인간관계에 변화가 생겨 힘 있는 자가 힘없는 자를 지배하고, 귀족이 종을 부리는 세상이 되었습니다.

하나님은 세상을 창조하실 때 인간에게 이 땅을 다스릴 권세를 주셨습니다. 그래서 근면하고 부지런한 사람은 다른 사람을 부리는 위치에 서게 됩니다. 이 땅을 다스리는 권세를 자연스럽게 부여받는 것이지요. 근면하고 부지런한 모습은 세상을 지으시고 다스리는 하나님을 닮은 모습입니다. 우리는 이 권세를 하나님의 뜻에 맞게 사용해야 합니다.

•••하나님의 부지런함과 세상을 다스리는 하나님의 지혜를 배우게 하소서.

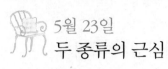

5월 23일
두 종류의 근심

근심이 사람의 마음에 있으면 그것으로 번뇌하게 되나 선한 말은 그것을 즐겁게 하느니라(12:25)

이 세상에는 두 종류의 근심이 있습니다. 하나는 불확실한 미래와 다른 사람에 대한 두려움, 그리고 자신에 대한 불만족 등입니다. 이런 걱정거리가 생기면 잠을 깊이 잘 수 없고 사람을 만나기가 싫어집니다. 심한 열등감으로 정서가 불안해지기도 합니다. 이런 근심은 사람을 괴롭혀서 뼛속까지 상하게 합니다.

또 하나의 근심은 어떻게 하면 하나님의 뜻을 이룰까 하는 것입니다. 이러한 근심은 성경에서 권장하고 있습니다. 사도 바울은 "하나님의 뜻대로 하는 근심은 후회할 것이 없는 구원에 이르게 하는 회개를 이루는 것이요 세상 근심은 사망을 이루는 것이니라"(고후 7:10)라고 말합니다. 하나님의 뜻대로 하는 근심은 즐거움을 가져다줍니다.

저는 사춘기 시절에 뼈가 상할 정도로 번뇌한 적이 있었습니다. 180센티미터가 넘는 키에 몸무게가 60킬로그램 아래로 떨어졌습니다. 잠을 자도 잔 것 같지 않았습니다. 그러다 하나님을 믿고 예수 그리스도를 삶의 중심으로 모셨습니다. 그리고 제 모든 삶을 다스려달라고 기도하면서 참된 평안을 얻게 되었습니다. 지금은 이전에 몰랐던 삶의 기쁨과 즐거움을 맛보며 살아가고 있습니다.

●●● 세상 근심은 버리고 하나님의 뜻을 이루기 위한 근심을 하게 하소서.

인생을 잘 사는 비결

지혜로운 아들은 아비의 훈계를 들으나
거만한 자는 꾸지람을 즐겨 듣지 아니하느니라(13:1)

우리 주위에는 남달리 자존심이 강하고 독립심이 강한 사람들이 있습니다. 스스로 똑똑하다고 생각하기 때문에 좀처럼 다른 사람들의 말을 귀담아 듣지 않습니다. 경쟁이 심한 세상을 살다보니, 그렇지 않은 사람도 남의 말을 잘 듣지 않게 됩니다. 얼핏 보면 이런 사람이 강해 보이고, 경쟁력이 있어 보이고, 성공하는 것처럼 보입니다. 그러나 40~50대에 이르면 친구나 따르는 사람도 없고, 심지어 부부관계도 어려워집니다. 그렇게 어느 날 갑자기 혼자가 되고 맙니다. 이런 사람을 가리켜 '헛똑똑이'라고 합니다.

하나님은 이런 사람들에게 희망을 하나 주셨습니다. 바로 부모님의 훈계를 통해 변화되는 것입니다. 고집과 교만을 꺾고 부모님께 가르침을 받을 때 보람되고 풍성한 삶을 살 수 있습니다. 인생을 살아가는 데 필요한 것은 지식보다 지혜입니다. 이러한 지혜는 하나님을 경외하는 마음에서 얻게 됩니다. 하나님 앞에서 자신을 낮추는 겸손과 하나님이 주신 부모님의 권위를 존중하는 태도에서 지혜로운 삶을 배우게 됩니다.

***어리석은 교만을 버리고 훈계를 즐거워하는 지혜를 배우게 하소서.

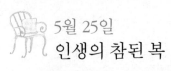
5월 25일
인생의 참된 복

사람은 입의 열매로 인하여 복록을 누리거니와 마음이 궤사한 자는 강포를 당하느니라(13:2)

예수님이 승천하신 후, 역사에 가장 큰 영향을 준 사람은 사도 바울이었습니다. 사도 바울이 쓴 편지는 권위 있는 하나님 말씀으로 인정되어 그 시대의 사람들에게 지대한 영향을 주었습니다. 사도 바울은 로마서에서, 우리의 인생은 회칠한 무덤 같아서 겉으로는 그럴 듯해 보이지만 입만 열면 시체가 썩는 냄새가 나는 것같이 더러운 것만 나온다고 했습니다. 예수님도 "입으로 들어가는 것이 사람을 더럽게 하는 것이 아니라 입에서 나오는 그것이 사람을 더럽게 하는 것이니라"(마 15:11) 하고 말씀하셨습니다. 우리의 입은 하나님의 다스림을 받아야 합니다. 하나님의 다스림이 없으면 입에서 나오는 모든 것이 더러울 뿐입니다.

교회 수련회에서 다른 사람을 칭찬하는 게임을 한 적이 있습니다. 노래에 맞추어 춤을 추다가 음악이 그치면 둘씩 짝을 짓고 상대방에 대한 칭찬을 종이에 써넣는 게임이었습니다. 그 게임을 통해 저 자신이 다른 사람을 칭찬하기보다는 흉보고 비판하기를 더 좋아한다는 것을 깨닫고는 놀랐습니다.
하나님의 다스림 가운데 다른 사람을 좋은 말로 격려하며 살아온 사람은 주변의 존경을 받으며 행복하게 살게 됩니다.

●●●입술을 다스려주셔서 인생의 참된 복을 거두며 살게 하소서.

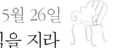

5월 26일
자신의 말에 책임을 지라

입을 지키는 자는 자기의 생명을 보전하나
입술을 크게 벌리는 자에게는 멸망이 오느니라(13:3)

외국에서 제자훈련 프로그램에 참가했을 때의 일입니다. 십여 개 나라에서 온 사람들이 한 팀을 이루어 단기선교 여행을 가게 되었습니다. 영어도 잘하고 리더십도 있는 영국의 한 자매가 팀장을 맡게 되었습니다. 영국의 긴 기독교 역사, 찬란한 문화, 뛰어난 국가 경쟁력 등으로 자신감 넘치는 삶을 살아온 자매는 여러 나라에서 온 팀원들에게 규칙을 엄격히 지킬 것을 요구했습니다. 그런데 9주의 기간 중 절반을 넘어서자, 자매는 팀원들에게 요구했던 규칙은 자신도 지키기 어렵다는 것을 알았습니다. 결국 자신이 교만했던 것을 회개하고 팀원들에게 용서를 구했습니다.

우리는 자신도 지키지 못하는 것을 요구하는 리더들을 가끔 만납니다. 이러한 지도자들은 위선자로 낙인찍히고 인격적으로 존경받지 못합니다. 가장 가까운 사람들에게 존경받지 못하는 인생은 실패한 것과 다름없습니다.
예수님도 "너희가 비판하는 그 비판으로 너희가 비판을 받을 것이요 너희가 헤아리는 그 헤아림으로 너희가 헤아림을 받을 것이니라"(마 7:2)고 말씀하셨습니다. 자신도 행할 수 없는 것을 다른 사람에게 요구하는 어리석음은 자신과 상대방을 멸망하게 만듭니다.

°°°다른 사람의 변화를 기대하기보다 제가 먼저 변하게 도와주소서.

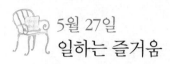

5월 27일
일하는 즐거움

게으른 자는 마음으로 원하여도 얻지 못하나 부지런한 자의 마음은 풍족함을 얻느니라(13:4)

미국 프로미식축구(NFL) 선수로 MVP상을 받았던 하인스 워드의 어머니는 한국인 특유의 근면과 성실함으로 넉넉지 못한 환경에서도 아들을 훌륭하게 키워냈습니다. 이 어머니는 아들이 성공하여 큰돈을 벌었는데도 하던 일을 계속하고 있습니다. 학교를 청소하고 관리하는 허드렛일을 말입니다. 이 어머니에게 일은 돈을 벌기 위한 수단만은 아니었습니다. 일에는 돈으로 따질 수 없는 귀한 의미가 있다는 것을 이 어머니는 알고 있었습니다.

성경공부를 하다 새롭게 알게 된 사실이 있습니다. 하나님은 우주만물을 창조하신 후 그냥 방관하거나 놀지 않으셨다는 것입니다. 계속 일하셨습니다. 하나님을 주어로 하는 동사 몇 개를 살펴보면 기르다, 인도하다, 가르치다, 만들다, 모으다, 중재하다, 돕다, 고치다, 먹이다, 귀 기울이다, 위로하다 등 매우 다양합니다. 하나님이 직접 그런 일을 하시는 것입니다.

하나님은 어제, 오늘 그리고 내일도 일하시는 분입니다. 일하시는 하나님과 함께하는 사람은 하나님을 닮아 일하는 것이 당연합니다. 반대로 게으른 사람은 하나님의 관심과 사랑에서 멀어져갑니다. 게으른 사람은 하나님이 만들고 관리하는 세상과 반대로 살아갑니다. 이러한 사람은 일하는 기쁨도 모르고 삶에서 만족을 얻지도 못합니다.

***일하는 즐거움으로 가득 차게 도와주소서.

거짓 없는 삶

의인은 거짓말을 미워하나 악인은 행위가
흉악하여 부끄러운 데에 이르느니라(13:5)

한국방송공사에서 지금은 노인이 된 한국전 참전용사들을 초청해 성대한 행사를 치른 적이 있습니다. 이 노병들 중에는 당시의 하우스보이(연합군의 시중을 들며 군부대에서 먹을 것과 자는 것을 해결하던 소년)를 만나고 싶어하는 사람이 있었습니다. 그 하우스보이는 미군 하사였던 자신을 위해 목숨까지도 버릴 만큼 충성스러운 소년이었다고 했습니다.

이 미군 참전용사는 방송국의 도움으로 전국을 수소문해 경상남도의 한 작은 도시에서 살고 있는 당시의 소년, 하우스보이를 다시 만날 수 있었습니다. 그러나 그 만남은 기대한 것만큼 감격적이지 못했습니다. 70대의 노인이 된 하우스보이는 이 참전용사를 그리 반가워하지 않았습니다. 왜냐하면 한국전쟁 당시 먹고 살기 위해 자신이 고아라고 속였기 때문입니다. 그렇게 동정을 받아야 미군부대에서 일할 수 있었으니까요.

하나님은 다른 사람을 해롭게 하는 큰 거짓말을 미워하십니다. 그러면 다른 사람에게 해는 주지 않으면서 자신에게 이로운 작은 거짓말은 어떨까요? 이러한 작은 거짓말도 큰 거짓말 못지않게 떳떳하지 못합니다. 하나님의 자녀인 우리에게는 거짓 없이 떳떳하게 살 수 있는 길이 열려 있습니다.

❊❊❊작은 일에도 거짓 없이 말하고 행하게 도와주소서.

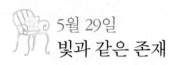

5월 29일
빛과 같은 존재

의인의 빛은 환하게 빛나고 악인의 등불은 꺼지느니라(13:9)

군사독재 정권이 온 나라를 장악하고 맹위를 떨치던 시절, 대낮에도 등불을 들고 다니던 한 국회의원이 있었습니다. 미래가 보이지 않는 암흑 같은 세상에서 한 발이라도 내딛으려면 빛이 필요하다는 일종의 시위였습니다.

빛은 사람을 인도합니다. 빛과 같은 의인의 삶은 다른 사람들을 인도합니다. 언제나 삶의 지표가 되어주신 부모님, 신앙과 삶의 모범을 보여주신 목사님, 목숨 바쳐 복음을 전한 선교사님, 신학 공부할 때 지도해주신 교수님들의 삶과 학문의 신실성은 제 삶을 이끌어주는 빛과 같았습니다. 이런 분들의 삶은 일상에서 어떤 것을 선택하며 살지를 고민할 때마다 제 마음속에 떠올라 옳은 길을 가게 합니다.

신문이나 뉴스에서 낙심되는 소식을 자주 접하게 됩니다. "이런 세상에서 나는 어떻게 살지?" "우리 아이들은 어떻게 살아나가지?" 날마다 하루에도 몇 번씩 되묻곤 합니다.

배운 것이 많든 적든, 가진 것이 많든 적든, 예수 그리스도를 닮아 다른 사람들의 삶까지도 인도하는 빛과 같은 사람이 되었으면 좋겠습니다. 우리가 환하게 빛나며 살아가기를 하나님도 바라고 계십니다.

°°°오늘도 그리스도를 닮게 하소서.

손으로 수고하는 즐거움

망령되이 얻은 재물은 줄어가고 손으로 모은 것은 늘어가느니라(13:11)

언제부터인가 우리나라에서 대박의 꿈이 사람들을 사로잡기 시작했습니다. 신문과 방송, 그리고 사람들의 대화에서도 "어느 연예인은 한 번 출연하는 데 몇 억을 받는대." "누구는 건물을 구입하고 나서 시세차액을 수십억 남겼대." "아무개는 증권투자로 며칠 만에 몇 억을 벌었대." 등의 이야기가 오갑니다. 이것은 많은 사람들이 이러한 횡재를 부러워하기 때문입니다. 기독교인들도 예외는 아닙니다. 이런 말을 하고 나면 씁쓸한 느낌만 듭니다. 부동산 값이 너무 치솟아 월급을 꼬박꼬박 모아도 작은 집 하나 사기가 어려운 실정입니다. 그런 상황에서 허황된 대박의 꿈은 사람들을 더욱 황폐하게 만듭니다.

어르신들은 쉽게 번 돈은 쉽게 없어진다고 말씀하십니다. 말년에 궁핍하게 사는 사람들 중에는 젊어서 돈을 잘 벌 때 흥청망청 쓰고 모으지 않은 것을 후회하는 사람들이 있습니다. 이런 사람들 대부분은 쉽게 돈을 번 사람들입니다. 즉, 돈의 가치를 귀하게 여길 줄 몰랐던 것입니다.
하나님은 수고하여 성실하게 모은 재산이 참되고 값지다고 말씀하셨습니다. 대박의 꿈이 횡행하는 사회에서 기독교인들은 성실하게 수고하여 살아가는 즐거움을 누려야겠습니다.

*** 손으로 수고하는 즐거움을 알게 하소서.

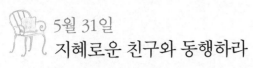

5월 31일
지혜로운 친구와 동행하라

지혜로운 자와 동행하면 지혜를 얻고 미련한 자와 사귀면 해를 받느니라(13:20)

티모시 드와이트 목사는 1795년에 미국 예일대학교의 총장이 되었습니다. 그의 외할아버지는 신앙부흥운동을 주도한 조나단 에드워즈입니다. 훌륭한 신앙을 물려받은 그는 유럽에서 몰려오는 자유주의 영향에 맞서 미국 교회의 복음적 신앙을 지키는 운동의 중심에 서 있었습니다. 보수적인 신앙을 가진 사람들을 이성적 판단이 부족한 어리석은 사람들로 생각하는 자유주의 사상에 물든 학생들이 새로 부임한 총장과 논쟁했습니다. "총장님은 어리석게도 정말로 하나님의 존재를 믿으십니까?" 신앙과 학문을 겸비하고 있던 드와이트 총장은 뛰어난 지혜로 학생들을 설득하여, 재임기간 동안 예일대학교에서 신앙부흥운동의 견인차 역할을 했습니다. 학생들뿐 아니라 교수들도 드와이트 총장의 인도 아래 뛰어난 신앙의 지도자들이 되었습니다. 그들은 미국 전역으로 퍼져 나가 복음주의 신앙을 지키고 꽃 피웠습니다. 또 선교사로 헌신하여 해외로 나갔습니다. 오늘날 우리가 누리고 있는 믿음의 축복 뒤에는 이러한 위대한 신앙의 사람들이 있었습니다.

예일대학교의 수많은 학생들과 교수들은 신앙이 위협받던 시절에 지혜로운 인도자를 만나 지혜를 배우고 하나님의 복을 누렸습니다. 우리도 지혜로운 자와 동행하여 그 지혜를 배우고 복을 나누는 사람이 되어야겠습니다.

●●●금과 은보다 하나님의 지혜를 더 사모하게 하소서.

지혜로 여는 매일 묵상 6월

"평온한 마음은 육신의 생명이나
시기는 뼈를 썩게 하느니라"
(잠 14:30)

Proverbs

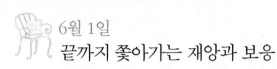

6월 1일
끝까지 쫓아가는 재앙과 보응

재앙은 죄인을 따르고 선한 보응은 의인에게 이르느니라(13:21)

추적 미사일을 발사하여 적군의 전투기를 폭파시키는 것을 본 적이 있을 것입니다. 아군과 적군의 전투기가 뒤섞여 치열하게 전투비행을 하고 있을 때 적군의 전투기를 향해 추적 미사일을 발사합니다. 그러면 추적 미사일이 끝까지 쫓아가 적군의 전투기를 폭파시킵니다. 추적 미사일에는 적군의 전투기를 끝까지 쫓아가 폭파시키도록 시스템이 장착되어 있습니다. 적외선 장치로 상대편 전투기 엔진의 열을 감지해 추격하는 것입니다. 스패로우 미사일은 레이더를 통해 적의 전투기를 끝까지 추적하기도 합니다.

오늘의 말씀에 있는 '따르고'의 원어에는 '추적하다'라는 뜻이 있습니다. 이것은 단순히 뒤따라 다닌다는 의미가 아닙니다. 찰거머리처럼 집요하게 쫓아가서 반드시 따라잡고야 만다는 의미입니다.
하나님의 시선에서 벗어나거나 도망칠 수 있는 인간이 있을까요? 단 한 명도 없습니다. 예수님 앞에서 회개하지 않고 예수님을 영접하지 않는 사람들은 하나님의 심판을 결코 피할 수 없습니다. 추적 미사일을 피할 수 없듯이 말입니다. 그러나 의인에게는 약속한 축복의 미사일이 끝까지 날아가 은혜와 축복을 베풀어줍니다.

***제 인생길에 축복의 미사일이 날아오게 하소서.

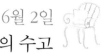

의인을 위한 죄인의 수고

선인은 그 산업을 자자손손에게 끼쳐도
죄인의 재물은 의인을 위하여 쌓이느니라(13:22)

오늘의 말씀을 묵상하다 보니 예수님이 들려주신 달란트 비유가 생각납니다. 다섯 달란트와 두 달란트 받은 종은 주인의 뜻을 바로 알고 그 뜻대로 열심히 일해 두 배의 이윤을 남겼습니다. 그러나 한 달란트 받은 종은 주인의 뜻을 제대로 이해하지 못한 것도 있지만 게으르고 악하여 열심히 일할 생각을 하지 않았습니다. 그러다 결국 주인에게 "이 게으르고 악한 종아!"라고 책망 받으며 추방당하고 말았지요. 가지고 있던 한 달란트마저 빼앗긴 채 말입니다.

사업을 하는 사람 중에는 선인도 있고 악인도 있습니다. 선인은 선한 방법으로 자자손손 사업을 이어가고, 악인은 부정한 방법으로 사업을 운영해가겠지요. 문제는 사업의 결과입니다. 악인은 눈앞의 이익을 보고 부귀영화만을 꿈꾸기 때문에 잠깐은 번성하는 것 같지만 오래가지 못합니다. 결국 천하 만물의 주인이신 하나님은 악인에게 허락하셨던 모든 것을 빼앗아 선인에게 흘러가게 하십니다. 그러니 악인은 아무리 발버둥 치며 사업을 해도 소용이 없습니다. 그 모든 것이 선인에게로 돌아갈 테니까요.

***자손대대로 선인의 사업을 이어가게 하소서.

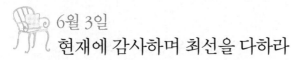

6월 3일
현재에 감사하며 최선을 다하라

가난한 자는 밭을 경작함으로 양식이 많아지거니와 불의로 말미암아 가산을 탕진하는 자가 있느니라(13:23)

독일인의 장점은 근검절약과 부지런한 국민성입니다. 제2차 세계대전 때 연합군 포로수용소에 수감되었던 한 독일 병사는 며칠마다 하나씩 지급되는 비누를 필요한 만큼만 쓰고 햇볕에 말려 잘 모아놓았습니다. 그러면 수용소 군인들이 그것을 전부 가져갔습니다. 그래도 독일 병사는 계속 아껴 쓰며 남은 비누를 햇볕에 말렸습니다. 수용소 생활도 성실하게 했고요. 하루는 어느 수용소 군인이 물었습니다. "비누를 아껴 쓰고 남겨 놓으면 적군이 다 가져가는데 왜 계속 그렇게 하는 겁니까?" "물건을 아껴 쓰는 부지런한 습관이 계속 유지되면 내가 조국에 돌아갔을 때 무엇을 하든 내 인생과 조국에 큰 도움이 될 것이기 때문입니다." 과연 독일인다운 말입니다.

어떤 상황에서도 포기하거나 낙심하지 않고 소망을 가지고 끝까지 성실하게 사는 것이 중요합니다. 그것이 바로 기독교인의 모습입니다. 일확천금을 노리고 전 재산을 투자했다가 탕진하는 일 따위는 없어야 합니다. 욕심을 버리고 성실히 노력한 만큼 성장하는 것은 당연한 이치입니다.

✳✳✳욕심을 버리고 주신 것에 감사하며 성실히 살게 하소서.

지혜의 집을 먼저 세우라

지혜로운 여인은 자기 집을 세우되
미련한 여인은 자기 손으로 그것을 허느니라(14:1)

며칠 전에 근처 도서관에 갔습니다. 도서관 바로 옆에는 누구나 무료로 이용할 수 있는 인터넷 방이 마련되어 있었습니다. 그곳은 이미 초등학생과 여중생들로 꽉 차 있었습니다. 그 학생들은 폼 잡고 찍은 사진들을 보며 서로 평가하기에 바빴습니다. "나는 얘가 좋더라." "나는 쟤가 좋던데…." "쟤 너무 예쁘지 않니?" "어머, 쟤는 너무 못생겼다. 지금 내 옆에 있으면 한 대 때리고 싶어." 학생들의 이야기를 듣고 있자니 왠지 씁쓸한 기분이 들었습니다.

우리 사회에서는 날이 갈수록 '몸짱'과 '얼짱'이 인기를 누리고 있습니다. 좋은 외모는 출세와 명예를 얻는 도구가 되어버렸습니다. 정말 인정받아야 할 인격과 성품은 외모지상주의의 헛된 바람에 밀려 골동품처럼 푸대접을 받은 지 이미 오래입니다. 눈에 보이는 외모도 아름답고 건강하게 꾸며야겠지만, 이에 앞서 하나님이 주시는 지혜로운 말씀으로 마음을 든든히 세워나가야 합니다. 특히 하나님과의 친밀한 교제와 사귐을 게을리 해서는 안 됩니다. 마음속에 하나님이 거하실 지혜의 집을 건설하는 데 집중하다 보면 그 가정은 든든히 세워져 가고 건강과 화목은 덤으로 받을 것입니다.

✱✱✱마음에 지혜의 집을 세울 수 있도록 도와주소서.

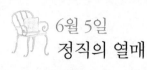

6월 5일
정직의 열매

정직하게 행하는 자는 여호와를 경외하여도 패역하게 행하는 자는 여호와를 경멸하느니라(14:2)

한번은 링컨 대통령이 참모총장과 중요한 문제로 다투었습니다. 결국 링컨은 자기 마음대로 결정해버렸습니다. 그런데 그 결정은 잘못된 것이었습니다. 링컨은 너무 미안한 나머지 '내가 잘못했습니다'라고 적은 메모를 참모총장에게 전했습니다. 대통령의 비서에게 그 메모를 전해 받은 참모총장은 "멍청한 녀석!"이라고 욕을 해버렸습니다.

메모를 전하고 돌아온 비서에게 링컨이 물었습니다. "총장이 뭐라던가?" 비서는 우물쭈물하며 대답하지 못했습니다. 더욱 궁금해진 링컨은 솔직하게 말하라고 했습니다. 고민하던 비서는 용기를 내어 "저, '멍청한 녀석'이라고 했습니다." 하며 사실대로 대답했습니다. 링컨은 껄껄 웃으며 "그 사람 정말 사람 제대로 볼 줄 아는구먼."이라고 말했답니다.

하나님 앞에서 솔직한 고백은 경건한 자만이 할 수 있습니다. 그러나 정직이 우선은 아닙니다. 경외가 우선입니다. 경외를 제쳐놓고 정직하려고만 한다면 그 자체가 위선이고 거짓입니다. 하나님을 경외하는 자는 저절로 정직하게 살게 됩니다. 위선은 아까운 시간만 낭비하는 것이며 하나님을 경멸하는 것입니다. 정말로 정직한 사람은, 하나님 앞에서 자신은 아무것도 아니며 실수와 허점투성이의 인생임을 알고 인정할 줄 아는 사람입니다.

***하나님 앞에서 항상 경건하도록 도와주소서.

6월 6일
생명을 살리는 입술

미련한 자는 교만하여 입으로 매를 자청하고
지혜로운 자의 입술은 자기를 보전하느니라(14:3)

나폴레옹은 유럽을 정복한 후 그 기세를 몰아 러시아까지 진격하려고 했습니다. 그는 출정 전날 한 귀족 부인을 만났습니다. 그리고 승전의 확신을 가지고 부인에게 자신의 계획을 자세히 설명했습니다. 듣고 있던 부인은 "인간이 계획을 세우나 이루시는 분은 하나님이십니다." 하고 조심스럽게 조언했습니다. 그러자 나폴레옹은 부인의 말을 비웃듯 껄껄 웃으며 말했습니다. "부인, 이 모든 것은 제가 계획하고 제가 이룰 것입니다." 몇 달 후에 나폴레옹은 전쟁에서 대패했습니다. 그리고 퇴위하여 엘바 섬에 유배되고 말았습니다.

'입만 열면 매를 버는' 사람이 있습니다. 그러나 입만 열면 사람을 살리고 치료하며 마음에 기쁨과 감격을 주는 사람도 있습니다. 하나님이 괜히 미련한 자에게 매를 대겠다고 경고하시는 것이 아닙니다. 그런 사람의 입술에서 나오는 말로 천하보다 더 귀한 인생들이 상처를 받기 때문입니다. 상처를 주는 미련한 자들의 입술에 교만이 있다면, 사람을 살리고 치료하는 지혜로운 자의 입술에는 겸손이 있습니다. 생명을 살리는 능력 있는 치유의 입술이 되기 위해 우리는 하나님 앞에서 겸손해야 합니다.

°°°제 안에 있는 교만을 멸하시고 생명을 살려내는 겸손으로 채워주소서.

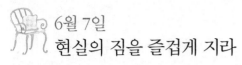

6월 7일
현실의 짐을 즐겁게 지라

소가 없으면 구유는 깨끗하려니와 소의 힘으로 얻는 것이 많으니라(14:4)

"구더기 무서워 장 못 담근다"는 속담이 있습니다. 어린 시절 어머니와 함께 된장을 만들던 기억이 납니다. 제가 살던 집은 산골짜기였는데, 집 옆에는 시냇물이 있었습니다. 된장을 만들어 장독대에 놓아두면 햇볕을 받아 잘 숙성됩니다. 방부제나 화학제품을 넣지 않아 잘 익은 된장에는 파리가 알을 낳고 도망가서 구더기가 생기기도 했습니다. 된장에 구더기가 너무 많아 다 버려야겠다고 하면 어머니는 여유 있는 목소리로 말씀하셨습니다. "구더기가 없으면 진짜 된장이 아니지. 체로 걸러내고 먹으면 돼."

소를 키우는 일은 결코 쉽지 않습니다. 끼니 때마다 먹이를 주고, 배설물 치워주고, 짚도 깔아주어야 하므로 귀찮을 때가 많습니다. 그러나 논밭을 갈고 수레를 끌어 무거운 짐을 운반해줄 때는 아주 든든합니다. 집안의 재산으로도 한몫하고요.
우리의 신앙생활도 이와 같습니다. 때로는 핍박도 있고, 억울하게 따돌림을 당하거나 비난을 받기도 합니다. 주일에 마음대로 놀러가지도 못합니다. 우리의 길은 이렇게 좁고 험하지만, 이 길이 영원한 생명의 길임을 잊어서는 안 됩니다.

•••현실의 무거운 짐들을 유익한 소망의 즐거운 짐으로 여기게 하소서.

신실한 복음의 증거자들

신실한 증인은 거짓말을 아니하여도 거짓 증인은 거짓말을 뱉느니라(14:5)

법정에서 재판하는 광경을 본 적이 있을 것입니다. 저는 법 앞에서 인간이 얼마나 초라해지는지를 보았습니다. 특히 돈 많은 자와 권력자들 편에 서서 진실한 증거는 무시한 채 거짓 증거를 진실인 것처럼 둔갑시켜 힘없는 자들 위에 군림하는 것을 보았으니까요. 증인의 말 한 마디가 사람의 생명을 죽이기도 하고 살리기도 합니다. 인간이 거짓 증언을 하는 결정적인 이유는 생명을 존중하지 않기 때문입니다.

법정의 거짓 증거만이 사람을 억울하게 죽이는 것은 아닙니다. 세상의 온갖 거짓된 종교와 교리들이 인간의 영혼을 사냥하고 있습니다. 이러한 거짓 증인들 속에서 살아남을 수 있는 길은 진실한 복음뿐입니다.

법정에서는 두 명 이상의 증언이 있어야 효력을 가질 수 있습니다. 예수 그리스도의 복음이 땅 끝까지 전파될 수 있었던 것은 구름 떼보다 더 많은 증인들이 있었기 때문입니다. 하나님은 지금도 우리 곁에 계시고 앞으로도 영원히 우리와 함께하실 것입니다. 그런 하나님을 전인격적으로 만나고 땅 끝까지 전하는 신실한 증인이 되어야겠습니다.

***세상을 향해 복음을 더 크게 외치게 하소서.

6월 9일
알고 싶은 순수한 열정을 가지라

거만한 자는 지혜를 구하여도 얻지 못하거니와
명철한 자는 지식 얻기가 쉬우니라(14:6)

저는 한 달 이상 유대문화를 공부하며 이스라엘을 탐방한 적이 있습니다. 그때 유대인들의 자녀교육법을 보았는데 참 인상적이었습니다. 유대인들은 가정에서도 토라를 얼마나 열심히 공부하는지, 온몸을 흔들어가며 말씀을 암송하고 기도합니다. 특히 가정이나 학교에서 공부하는 방법이 특이했습니다. 그들은 질문과 대답을 몇 시간 동안이나 계속합니다. 교사 두 명이 한 팀을 가르치는데 한 명은 학생들의 질문에 대답해주고, 또 다른 한 명은 질문하지 않는 학생들을 찾아내어 질문하도록 돕습니다. 빵점을 맞는 건 괜찮지만, 질문을 안 하면 야단을 맞습니다. 유대인들은 지혜가 질문에서 시작되고 질문으로 풍성해진다고 보기 때문입니다.

정말 모르거나 더 깊이 알고 싶은 순수한 지적 욕구가 있어서 질문하는 사람이 있습니다. 반면 뭔가를 알고 싶기보다는 꼬투리를 잡아서 선생님을 창피하게 하고 동시에 자신의 수준이 높다는 것을 알리고 싶어하는 사람이 있습니다. 이런 사람은 자신이 선생님보다 낫다는 교만 때문에 선생님의 가르침이 귀에 들어오지 않습니다. 벼가 익을수록 고개를 숙이듯, 우리도 신앙의 연륜이 쌓일수록 자신의 부족함을 깨닫고 하나님만 의지해야 합니다. 우리가 아무리 지혜로워도 하나님 앞에서는 아무것도 아닙니다.

❖❖❖교만하여 주님께 둔감해지지 않게 하소서.

자기 길을 아는 사람

**슬기로운 자의 지혜는 자기의 길을 아는 것이라도
미련한 자의 어리석음은 속이는 것이니라(14:8)**

한참 지났지만 한동안 유행했던 가요가 생각납니다. "내가 나를 모르는데
넌들 나를 알겠느냐?" 참 솔직한 고백입니다. 우리는 다른 사람에 대해
다 아는 것처럼 말하면서 비난하곤 하는데, 정작 자신에 대해서는 제대로
알지 못합니다. 오늘의 말씀은 바로 이것을 다루고 있습니다. 성경은, 미
련한 사람의 어리석음은 자신조차도 속이지만 지혜로운 사람의 지혜는
자신이 가는 길을 깨닫게 한다고 말합니다.

자신이 누구인지, 왜 사는지, 어디서 왔는지도 모른 채 사는 사람은 불안
할 수밖에 없습니다. 자기정체성이 불투명하기 때문입니다. 자신이 어디
서 왔고, 왜 살며, 어디로 가는지 인생의 목적을 분명히 알고 사는 기독교
인들은 당당하고 확신에 찰 수밖에 없습니다. 그래서 우리는 적어도 자기
인생길을 알고 살아가는 지혜로운 사람들인 것입니다. 자신의 인생길을
아는 사람들에게는 자신감이 있습니다. 하나님을 믿는 우리는 두려울 것
이 없습니다. 우리는 자신 있고 당당하게 살아야 할 확실한 이유를 가진
사람들입니다.

✱✱✱인생을 자신 있고 담대하게 살아갈 수 있도록 도와주소서.

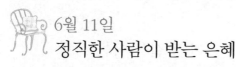

6월 11일
정직한 사람이 받는 은혜

미련한 자는 죄를 심상히 여겨도 정직한 자 중에는 은혜가 있느니라(14:9)

제가 중학교 때 무척 좋아했던 선생님이 있었습니다. 그분은 욕하고 화내는 것을 아주 싫어했습니다. 그래서 욕하거나 화내지 말자고 학생들과 약속했습니다.

한번은 제가 학기말 시험 성적이 올라서 우쭐거리고 있는데 친구들이 제 시험지를 가지고 장난을 쳤습니다. 화가 난 저는 선생님이 옆에 계신 줄도 모르고 큰소리로 화를 냈습니다. 선생님 면전에서 약속을 어긴 것입니다. 얼마나 창피하고 마음이 무겁던지 다음날 진심으로 사과드렸습니다.

하나님을 우습게 여기는 사람은 이미 하나님을 무시한 것이므로 하나님께 지은 죄도 대수롭지 않게 생각합니다. 하나님을 사랑하고 존경하는 만큼 정직하게 회개할 수 있고, 정직하게 회개한 만큼 은혜로 채워집니다. 정직한 사람도 죄를 짓고 미련한 사람도 죄를 짓습니다. 모두 연약한 인간이기 때문입니다. 그러나 다른 점이 있다면, 정직한 사람은 죄를 지었을 때 괴로워하고 자신이 죄인임을 고백할 줄 안다는 것입니다. 자신의 모습을 있는 그대로 고백하는 것은 그만큼 하나님을 믿고 신뢰하는 것입니다.

***죄와 허물을 주님 앞에 내려놓고 고백하게 하소서.

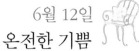
온전한 기쁨

마음의 고통은 자기가 알고 마음의 즐거움은 타인이 참여하지 못하느니라(14:10)

한 장로님이 다른 사람이 경영하던 공장을 인수했는데 3년 동안 계속 적자가 났습니다. 그런데도 장로님은 포기하지 않고 하나님이 은혜를 베푸실 것을 확신했습니다. 어려운 생활 속에서도 주일성수와 십일조 생활을 철저히 했습니다. 3년이 지나자 주변 공장들은 모두 문을 닫았는데, 장로님의 공장만 흑자를 내어 행복한 비명을 지르고 있었습니다. 그것을 본 주변 사람들은 의아해했습니다. "저 공장은 일요일마다 쉬는데 오히려 흑자를 내다니…" 고통의 시간은 믿음을 점검받는 기간입니다.

온전한 기쁨을 얻기 위해서는 외롭더라도 고난과 역경을 이겨내야 합니다. 고진감래라는 말처럼 쓰디쓴 고생 끝에는 반드시 달콤한 낙이 옵니다. 뿌린 대로 거두는 것이요. 하나님은 자기 몫의 십자가를 억지로 남에게 맡겨놓고 편하게 사는 약삭빠른 사람들에게는 온전한 기쁨을 맛보는 상급을 주시지 않습니다. 이것이 하나님이 인간을 창조하신 마음의 원리이자 시스템입니다.
온전한 기쁨이 자기 것이 되려면 고통까지도 겪어내야 합니다. 현재 우리가 당하는 모든 고난은 장차 우리에게 다가올 영광과 족히 비교할 수 없습니다.

°°°소망을 가지고 지금의 시련을 이겨내게 하소서.

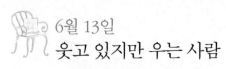 6월 13일
웃고 있지만 우는 사람

웃을 때에도 마음에 슬픔이 있고 즐거움의 끝에도 근심이 있느니라(14:13)

인기 연예인들은 항상 밝고 명랑한 모습을 보여줍니다. 그런데 그들의 생활이 정말 눈에 보이는 것처럼 즐겁기만 할까요? 기분이 나쁘고 슬프고 우울해도 언제나 밝게 미소 띤 얼굴로 사람들 앞에 서야 하는 것이 연예인이라는 직업입니다. 보통 사람들은 자연스럽게 자기감정을 표현하지만 그들은 그렇지 못합니다. 얼마나 허탈하고 공허할까요? 시청자인 우리도 개그 프로나 쇼 프로를 보면 박장대소하지만 일상으로 돌아오면 그 웃음이 지속되지 않는데 말입니다.

우리 주님이 주시는 은혜와 기쁨은 박장대소는 아니더라도 마음속 깊은 곳에서 끊임없이 흘러나오는 샘물과 같습니다. 우리가 회개할 때 신비로운 일이 벌어집니다. 얼굴은 울고 있는데 가슴은 속죄의 감격으로 충만해집니다. 주님을 믿지 않는 사람들이 만사형통하거나 말씀을 떠나 불법으로 성공하는 것을 볼 때 하나님께 불평하지 마십시오. 그들의 웃음은 정말 만족하여 웃는 참 웃음이 아니라 쓴웃음입니다. 그들은 불법과 불의를 일삼았기에 언젠가는 하나님의 심판을 받게 됩니다. 또 양심에 가책을 받고 죄책감 때문에 불안과 근심이 떠나지 않을 것입니다.

***주님만이 제 유일한 기쁨임을 잊지 않게 하소서.

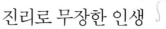

진리로 무장한 인생

어리석은 자는 온갖 말을 믿으나 슬기로운 자는 자기의 행동을 삼가느니라(14:15)

귀가 얇은 사람들은 사기를 잘 당합니다. 자신들의 상품이 최고라는 보험 설계사와 판매원들의 현란한 말솜씨에 빠져 계약을 하거나 물건을 사는 사람도 귀가 얇습니다. 마음이 여려서 거절하지 못하는 탓도 있지만, 대부분이 허와 실에 대해 정확히 알지 못하기 때문에 벌어지는 일입니다. 또 사람들의 말만 믿고 사업에 전 재산을 투자했다가 실패해서 가족을 힘들게 하는 가장들도 많습니다. 자신이 직접 발품을 팔아서 정말 확실한 사업인지 알아보고, 또 전문가를 찾아가 정확한 조언을 듣는 겸손함과 부지런함이 있어야 합니다.

귀가 얇은 사람들은 대부분 남에게 고개 숙여 겸손히 배우려는 마음이 없습니다. 확실한 진리를 갈망하고 그것을 얻기 위해 찾아다니는 열정도 없습니다. 옳고 그름에 대한 확신이 없을 때 사람들의 말을 들으면 그들의 말이 모두 맞는 것 같습니다. 그럴 때는 사람들의 말을 들을 게 아니라 직접 알아보고 기도하면서 확신이 설 때 행동으로 옮겨야 합니다. 사공이 귀가 얇으면 우왕좌왕하다가 배가 산으로 가고, 가장이 귀가 얇으면 가정이 불안정해지며, 대통령이 귀가 얇으면 국민이 혼란에 빠지게 됩니다. 행동으로 옮기기 전의 신중함이 얼마나 중요한지 절대 잊으면 안 됩니다.

***영혼과 마음과 육신이 진리 안에 굳게 서게 하소서.

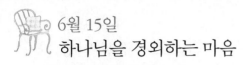

6월 15일
하나님을 경외하는 마음

지혜로운 자는 두려워하여 악을 떠나나
어리석은 자는 방자하여 스스로 믿느니라(14:16)

코카콜라 창업자인 아사 캔들러는 한때 알코올중독으로 비틀거리며 살았습니다. 어느 날 술을 마시고 집으로 돌아가는데, 하늘에서 음성이 들려왔습니다. "너는 악을 향한 욕구를 억제해야 성공할 수 있다." 청천벽력 같은 음성을 듣고 깜짝 놀란 그는 예수님을 잘 믿는 아내에게 자신이 들은 것을 이야기했습니다. 항상 남편을 위해 기도하던 아내는 이렇게 말했습니다. "하나님께서 당신에게 기회를 주시려는 것 같아요. 이제부터 모든 죄악을 끊고 저와 함께 열심히 예수님을 믿어요." 이 일로 그는 완전히 새사람이 되었습니다. "나는 더 이상 폐인이 아닙니다. 옛날의 내가 아닙니다. 이제부터는 세월을 헛되이 보내지 않을 것입니다. 결코 옛날처럼 죄의 노예가 되어 폐인처럼 살지 않을 것입니다." 그의 코카콜라 사업은 점점 번창하여 이제는 전 세계를 정복한 큰 기업이 되었습니다.

하나님을 두려워하는 것은 하나님을 경외하는 태도입니다. 하나님이 두려워 감히 죄에 발조차 들여놓을 수 없다면, 하나님을 제대로 경외하고 있는 것입니다. 그러나 죄악에 빠져 살면서도 죄책감이 없고 하나님에 대한 두려움도 없다면 그것은 하나님을 무시하는 태도입니다.

＊＊＊늘 주님을 경외함으로 죄악에 물들지 않게 하소서.

6월 16일
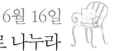

주님이 맡겨주신 것으로 나누라

가난한 자는 이웃에게도 미움을 받게 되나 부요한 자는 친구가 많으니라(14:20)

국제연합식량농업기구(FAO)에 따르면, 세계적으로 경제 위기가 지속되면서 기아인구가 10억 명을 돌파했다고 합니다. 이것이 사실이라면 세계 인구의 6분의 1 가량이 기아에 허덕인다는 뜻입니다. 그런데 이것은 식량 부족이나 경제 불황보다는 이웃과 나눔이 부족한 결과입니다. 부자나 힘 있는 사람들에게 부와 권력을 주심은 가난한 사람과 약한 사람들을 도우라는 것입니다. 세계 저소득층의 인구가 40퍼센트나 된다고 합니다. 이들의 재산을 다 합쳐도 세계적인 재벌 200명의 재산을 합친 것에 못 미친다고 합니다.

하나님은 이 세상의 60억 인구가 배부르게 먹고 남을 만큼 풍성한 양식을 주셨습니다. 그런데 부자들이 나누어 먹으라고 주신 것들을 자기만의 소유로 감추어 두었기 때문에 세계적인 기아현상이 발생하는 것입니다.
은과 금은 다 주님의 것이고 나마저도 주님의 것입니다. 천하 만물이 다 주님의 것이라고 고백한다면, 가난한 이웃이 결코 부담스럽지 않을 것이며 함께 나누어야 할 나눔의 대상으로 보일 것입니다.

***제게 있는 모든 것을 다 주님의 것으로 알고 이웃과 나누게 하소서.

183

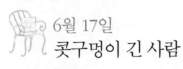

6월 17일
콧구멍이 긴 사람

노하기를 더디 하는 자는 크게 명철하여도 마음이 조급한 자는 어리석음을 나타내느니라(14:29)

이스라엘 성지문화를 강의했던 장재일 목사님의 유대 상징주의에 대한 내용 가운데, 하나님의 분노에 대한 유대인들의 전통적인 해석을 보고 흥미를 가진 적이 있습니다. 유대인들은 분노하는 것을 콧구멍이 넓어지는 것으로 묘사하고, 분노가 심해져서 진노가 되면 콧구멍에서 바람이 불처럼 '쐭쐭' 나온다고 묘사합니다. 화를 잘 참는 사람은 콧구멍이 얼마나 긴지, 분노의 콧김이 콧구멍 밖으로 나오는 데 아주 오래 걸린다고 합니다. 반면 화를 잘 내고 노하기를 빨리하는 사람은 콧구멍이 짧아 분노의 콧김이 밖으로 금방 나온다고 합니다.

성격이 급해 빨리 분노하는 사람이 왜 어리석고, 분노를 잘 참는 사람이 왜 명철한지에 대한 말씀입니다. 화를 빨리 내는 사람은 실수를 많이 하고 대인관계도 좋지 않습니다. 자신에게도 상처가 되지만 이웃에게도 많은 상처를 줍니다. 그러나 화를 잘 참는 사람은 감정적으로 대응하기보다는 하나님 앞에서 정말 그런지 더 깊이 생각해보고 상대방 입장에서도 생각하는 배려심이 있습니다. 그래서 말과 행동에 앞서 한 번 더 깊이 생각합니다. 한 번 더 생각하는 동안 처음에 깨닫지 못한 사실을 알게 되므로 이것이 명철로 이어지는 것입니다.

***한 번 더 생각하여 콧구멍이 긴 사람이 되게 하소서.

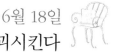

6월 18일

시기 질투는 자신을 붕괴시킨다

평온한 마음은 육신의 생명이나 시기는 뼈를 썩게 하느니라(14:30)

한 사업가가 암에 걸려 죽게 되었습니다. 지난날을 돌이켜보니 사업상 경쟁자들과 경쟁하면서 본의 아니게 그들에게 피해를 입힌 것이 몹시 괴로웠습니다. 그리고 떳떳하지 못하게 돈을 번 것이 마음에 걸렸습니다. 그는 사업 경쟁자들 중에 자기 때문에 피해 입은 사람들에게 재산의 절반을 나누어주었습니다. 그리고 나머지 절반은 뜻 있는 사업에 써달라며 평소 좋아하던 사람들에게 나누어주었습니다.

그는 하늘을 나는 듯 마음이 가벼워졌고 죽음도 두렵지 않았습니다. 오히려 세상을 빨리 떠나기만을 기다렸습니다. 그런데 이상하게도 어느 날부터 입맛이 돌아오고 건강이 회복되기 시작하더니 그 후로도 오랫동안 건강하게 살았습니다.

하나님은 모든 자녀들이 화목하고 평안하기를 원하십니다. 자식들이 서로 시기 질투하고 다투면 하나님의 마음은 불편해집니다. 시기 질투는 뼈를 상하게 만들어 사람을 병들게 합니다. 그뿐 아니라 공동체와 가족들에게 깊은 상처를 줍니다. 평안한 마음은 욕심을 버려야 찾아옵니다. 우리는 둘이 아니라 한 몸이라는 사실을 깨닫고 서로 연합할 때 찾아오는 것입니다.

***이기주의를 버리고 나눔을 실천하게 하소서.

185

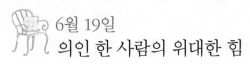

6월 19일
의인 한 사람의 위대한 힘

공의는 나라를 영화롭게 하고 죄는 백성을 욕되게 하느니라(14:34)

한 사람의 의가 나라를 살리기도 하고, 한 사람의 불의가 전 국민에게 수치를 안겨주기도 합니다. 우선 나 하나쯤이야 하는 안일한 사고방식을 버려야 합니다. 내 행동 하나하나가 또 말 한 마디가 하나님을 욕되게 할 뿐 아니라 나라와 전 세계에 안 좋은 영향을 미친다는 생각으로 경건하게 살아야 합니다. 또 이러한 마음자세가 세상을 품는 큰 그릇이고, 큰 사람으로 살아가는 첫걸음입니다. 한 사람의 의가 가정과 지역사회와 국가를 살리고 구원하는 것입니다.

아브라함은 조카 롯이 살고 있는 소돔과 고모라를 구원해달라고 여러 번 중보 기도를 했습니다. 한 사람의 의로운 기도는 많은 영혼을 구원합니다. 존 녹스는 "스코틀랜드를 내게 주옵소서. 아니면 차라리 죽음을 주옵소서."라고 기도했습니다. 스코틀랜드 국민들의 영혼을 매우 사랑하고 아끼기에 자신의 생명을 걸고 기도한 것입니다. 존 웨슬리의 목숨을 건 의로운 복음전도가 바이킹 족을 신사의 나라로 변화시킨 것처럼, 성도 한 사람의 의에는 위대한 힘이 있습니다.

°°°가정과 세상을 변화시키기 전에 경건의 능력을 갖게 하소서.

분노를 식히는 부드러움

유순한 대답은 분노를 쉬게 하여도 과격한 말은 노를 격동하느니라(15:1)

어느 시골 고등학교의 야구선수가 서울로 올라왔습니다. 지방에서는 성공하기 어렵다고 생각해 위기의식을 느끼고 무작정 상경한 것입니다. 부모님과 선생님은 지방 학교지만 성실하게 훈련받고 실력만 쌓으면 언제든지 스카우트 제의를 받을 수 있다고 설득했습니다. 하지만 이 선수는 자신의 뜻을 들어주지 않는 사람들에게 화를 내고 가출한 것입니다.

막상 서울로 왔지만 돈이 없었던 학생은 남산에 올라가 소풍 온 아이들의 김밥을 얻어먹으며 지냈습니다. 그리고 홧김에 다시는 야구를 하지 않으리라 마음먹었습니다. 그런데 함께 가출한 친구의 부모님이 서울까지 찾아오셔서는, 혈기를 앞세우면 안 된다고 다독이시며 다시 내려가 열심히 운동하라고 말씀하셨습니다. 친구 부모님의 부드러운 충고는 학생의 분노를 잠재웠습니다. 이 선수는 순종하는 마음으로 고향에 다시 내려와 야구를 계속했습니다. 이 선수의 이름이 바로 박찬호입니다.

가는 말이 고아야 오는 말이 곱다고 합니다. 부드럽고 좋게 말하면 대답하는 사람도 부드럽게 말하지만, 화내면서 격하게 내뱉은 말에 부드럽게 대답하기는 정말 쉽지 않습니다. 난폭하고 거친 분노를 잠재울 수 있는 것은 갈대와 양털 같은 부드러움입니다.

***이 세상을 정복할 수 있는 부드러움과 유순한 마음을 주소서.

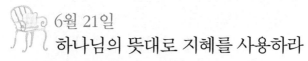

6월 21일
하나님의 뜻대로 지혜를 사용하라

지혜 있는 자의 혀는 지식을 선히 베풀고
미련한 자의 입은 미련한 것을 쏟느니라(15:2)

지혜로운 자에게 지식의 열매가 열리고 어리석은 자에게서는 미련함이
나온다는 것은 "콩 심은 데 콩 나고 팥 심은 데 팥 난다"는 속담과 같은 이
치입니다. 이는 누구나 알고 있는 기본적인 상식인데도, 세상에서 지식을
선하게 베푸는 지혜로운 사람을 찾기는 여간 힘든 일이 아닙니다.
솔로몬 왕이 지혜로운 사람의 모델이자 지혜의 상징적인 인물로 떠오르
지만, 실제 그는 하나님이 주신 지혜를 끝까지 선하게 사용하지는 못했습
니다. 그는 지혜를 남용하여 지나친 노역으로 백성들을 고통스럽게 했고,
이방 여인들을 첩으로 들여 전 국민을 우상숭배와 음란문화에 빠지게 했
습니다.

지혜를 얻어 명성을 떨치는 것도 중요하지만, 정말 중요한 것은 하나님이
주신 이 유익한 선물을 어떻게 끝까지 선하게 사용하느냐 하는 것입니다.
하나님이 주신 지혜의 선물을 자신의 위엄과 권세를 세우고 탐욕적인 목
적을 달성하는 데 사용해서는 안 됩니다. 지혜는 사용하는 사람에 따라
사람을 죽이는 독이 될 수도 있고 생명을 살리는 선이 될 수도 있습니다.

•••하나님이 주신 지혜를 하나님의 뜻대로 잘 사용할 수 있게 하소서.

하나님 눈길의 진정한 의미

여호와의 눈은 어디서든지 악인과 선인을 감찰하시느니라(15:3)

인간의 몸에서 가장 중요한 것이 머리입니다. 또 머리 중에서도 중요한 것이 눈입니다. 눈은 온몸을 다치지 않도록 지켜내는 가장 예민하고 바쁜 기관입니다. 주위에서 어떤 공격이 가해지면 본능적으로 반사 신경이 작동합니다. 눈동자를 지키려고 눈꺼풀이 내려와 눈을 보호합니다. 눈꺼풀이 다칠지언정 눈동자는 지켜낸다는 '눈동자 지킴이'의 사명에 목숨을 건 눈꺼풀은 어떤 면에서 하나님과 같습니다. 하나님은 자녀들을 목숨 걸고 지키려는 사명감으로 우리를 감찰하십니다.

하나님의 감찰은 인간들을 감시하여 실수나 허물이 발견되면 직결 심판하시려는 것이 아닙니다. 우리 하나님은 악인이라도 고통당하기를 원치 않으시는 선한 분이십니다.
하나님의 택하신 백성과 자녀들을 향한 눈길은 더욱 특별하십니다. 하나님의 눈길은 상하고 애통하는 심령을 찾아내어 감싸주시고, 갈급한 심령으로 예배하는 자를 찾아내어 은혜를 주십니다. 또 마귀로부터 머리털 하나라도 상하지 않도록 지켜주시고, 은밀한 중에 행하는 선행과 순종의 삶을 녹화해 놓았다가 그 이상으로 갚아주십니다. 하나님은 우리에게 복 주시기 위해 우리를 감찰하십니다.

✱✱✱주님의 사랑의 눈길을 닮아가게 하소서.

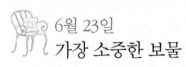

6월 23일
가장 소중한 보물

의인의 집에는 많은 보물이 있어도 악인의 소득은 고통이 되느니라(15:6)

하나님이 의인의 소득은 보물로 표현하시고 악인의 소득은 고통으로 표현하신 데는 이유가 있습니다. 영적인 면에서 볼 때, 의인에게 가장 큰 보물은 예수님을 얻었다는 것입니다. 그 다음 보물은 예수님을 믿고 하나님의 자녀가 된 우리 자신입니다. 의인의 재물은 하나님이 은혜로 주신 것이며, 결국 하나님의 영광을 위해 쓰일 것이기에 보물일 수밖에 없습니다. 내 몸과 마음, 내 지식과 재능, 내 재물과 자녀도 다 하나님의 영광을 위해 기쁘게 사용하라고 주신 귀하고 값진 보물입니다.

그러나 악인의 재물은 불순종하는 삶에서 얻은 소득이기에 아무리 많이 모아도 만족함이 없고 탐욕만 계속될 뿐입니다. 결국 세상의 쾌락을 위해 사용될 것이기에 보물이라고 말할 수도 없습니다.

조지 베버리 쉐어(George Beverly Shea)는 미국의 대중가수로 꽤 유명한 사람이었습니다. 하지만 그는 예수님이 자신에게 가장 소중한 보물임을 깨닫고 세상 즐거움과 부귀영화를 다 버리고 복음성가 가수로 평생을 살았습니다. 그의 어머니가 지은 신앙 시에 쉐어가 곡을 붙인 찬송가 "주 예수보다 더 귀한 것은 없네"는 오늘날까지 사람들에게 많은 은혜를 끼치고 있습니다.

***주님이 제게 가장 귀한 보물임을 감사하게 하소서.

6월 24일
순종의 제물

악인의 제사는 여호와께서 미워하셔도
정직한 자의 기도는 그가 기뻐하시느니라(15:8)

사울 왕이 사무엘을 더 기다리지 않고 불순종하여 자기 멋대로 제사를 드렸습니다. 그래서 사무엘이 "여호와께서 번제와 다른 제사를 그의 목소리를 청종하는 것을 좋아하심같이 좋아하시겠나이까 순종이 제사보다 낫고 듣는 것이 숫양의 기름보다 나으니"(삼상 15:22)라며 사울을 꾸짖었습니다. 물론 제사가 있으니 제물도 필요하고 제사를 드리는 제사장도 필요하겠지요. 그러나 제사의 가장 큰 제물은 순종입니다.

오늘의 말씀은 하나님이 순종을 원하신다는 것을 강조하고 있습니다. 순종 없이 드리는 제사는 악인의 제사입니다. 예배는 드리고 있지만 순종하지 않는 악인의 예배를 책망하시는 것입니다. 순종 없이 예배할 때 하나님은 무거운 짐짝처럼 부담스러운 존재가 됩니다. 우리는 하나님께 순종하여 하나님이 기뻐하시는 의인의 예배를 드려야 합니다. 예배의 감상적인 테크닉에 길들여져서 매끄럽게 순서에 따라 숙련된 예배자의 모습을 보여주지만, 순종이 없다면 종교적 유희만을 만끽하는 예배자인 것입니다. 우리를 위해 십자가에 돌아가신 주님의 크신 은혜 앞에서 "어찌할꼬!"의 감격적인 고백으로, 이 한 목숨을 주님께 드릴 수 있어 기쁘고 감사하다고 고백하는 순수 열정을 지닌 예배자가 되어야 합니다.

***순종의 제물이 되게 하소서.

주의 사랑이 쏟아지는 공의의 길

악인의 길은 여호와께서 미워하셔도
공의를 따라가는 자는 그가 사랑하시느니라(15:9)

BBC의 역사 잡지가 역사학자들에게 역사상 가장 악한 영국인이 누구인지 뽑아달라고 했습니다. 20세기의 최고 악인으로는 영국의 파시스트 지도자인 오스왈드 모슬리(Oswald Mosley)가 선정되었습니다. 모슬리는 1932년 무솔리니를 만난 뒤 영국 파시스트 연합을 세우고 공산당과 유대인, 흑인들을 공격했습니다. 19세기 최고의 악인은 연쇄 살인범 잭 더 리퍼(Jack the Ripper)였습니다. 1888년 런던의 공공장소에서 리퍼는 무고한 사람 다섯 명을 고기 베는 큰 칼로 살해했습니다. 18세기 최고의 악인으로는 1746년 재커바이트 반란을 가혹하게 진압한 컴벌런드(Cumberland) 공작이 '도살자 컴벌런드'라는 별명을 얻으며 선정되었습니다.

악인들의 최대 사명은 하나님을 대적하고 그분의 자녀들을 미혹하여 하나님과 분리시켜 놓는 일입니다. 악인의 길에는 많은 상처와 파괴의 흔적이 있기 때문에 하나님은 악인을 싫어하십니다.
그러면 왜 하나님의 공의를 따라 사는 사람은 하나님의 사랑을 받을까요?
공의를 행하는 한 사람 때문에 지치고 상한 영혼들이 쉼을 누리고, 상처받고 죽어가는 많은 영혼들이 치유되기 때문입니다.

•••공의를 따라 주님께 사랑받는 자가 되게 하소서.

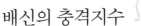
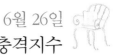

6월 26일
배신의 충격지수

도를 배반하는 자는 엄한 징계를 받을 것이요
견책을 싫어하는 자는 죽을 것이니라(15:10)

심리학자들의 연구에 따르면, 사람은 자신이 제일 의지하고 사랑했던 사람이 사망했을 때 가장 큰 고통을 느낀다고 합니다. 그래서 그 충격에 기절도 하고, 식음을 전폐하기도 하며, 살아갈 의욕도 잃어버리는 것입니다. 그런데 이보다 몇 배나 더 큰 고통이 있다고 합니다. 그것은 바로 목숨 걸고 사랑했던 사람에게 배신당하는 일입니다. 아담과 하와의 배신이 하나님께 얼마나 큰 충격과 고통이었을지 짐작할 수 있을 것입니다.

그동안 인류의 역사는 배신으로 얼룩져왔습니다. 아담 후손들의 끊임없는 배신은 결국 한 분을 죽이기까지 했습니다. 배신은 사람을 잔인하게 죽이는 악랄한 행위로 이어집니다.

배반이란 말은 인격적인 관계를 끊어버리고 배신자가 되어 원수관계로 돌아섰음을 의미합니다. 멸망하는 자들에게는 십자가의 도가 미련한 것이나, 구원을 얻은 우리에게는 주님의 부활과 함께 영생을 얻은 것입니다. 유일한 영생의 길인 십자가의 도를 배신하고 떠나는 것은 사망으로 향하는 길입니다. 동시에 주님을 죽이는 잔인한 행위이기도 합니다.

●●●주님의 가슴에 못 박는 자가 되지 않게 하소서.

6월 27일
하나님 앞에 항상 서 있는 삶

스올과 아바돈도 여호와의 앞에 드러나거든 하물며 사람의 마음이리요(15:11)

요셉은 보디발 장군의 아내가 유혹할 때 "내가 어찌 이 큰 악을 행하여 하나님께 죄를 지으리이까"(창 39:9)라며 이겨냈습니다. 하루 24시간 하나님이 지켜보고 계심을 온몸과 마음으로 감지하면서 평생을 주님과 동행했던 에녹처럼, 요셉은 언제나 여호와 앞에서 신앙의 삶을 살았습니다.

스올과 아비돈은 하나님께 불순종하다 죽은 사람들이 거하는 지옥의 세계입니다. 그곳은 천의 얼굴을 가지고 인간을 미혹하는 최고의 사기꾼 마귀들이 거하는 장소입니다. 사탄의 간교가 가득한 지옥의 깊은 곳까지 다 꿰뚫어 보시는 하나님의 눈길을 피할 자도 벗어날 자도 없습니다.

인간을 만드신 하나님이시니 인간의 마음을 얼마나 잘 아시겠습니까? 하나님 앞에서 만물은 속이 다 드러나는 유리잔과 같습니다. 특히 하나님은 인간에게 특별한 관심을 가지고 계십니다. 소중하고 귀한 존재일수록 특별한 관심을 받는 것이 당연합니다.

속일 수 없거든 차라리 정직한 삶을 살아야 합니다. 인간의 모든 선과 악은 하나님 앞에서 숨길 수 없습니다. 언젠가는 명백히 드러나고야 맙니다. 이제 우리는 선택해야 합니다. 책망 받을 악인의 삶을 살 것인지, 칭찬받을 의인의 길을 갈 것인지….

***온 마음으로 주님을 감지하며 살게 하소서.

6월 28일
예수님 안의 지식

명철한 자의 마음은 지식을 요구하고
미련한 자의 입은 미련한 것을 즐기느니라(15:14)

로마의 한 대학교 정문에는 "그 다음에는"이라는 사연 있는 문구가 붙어 있습니다. 대학 설립자가 학생 시절에 학비가 없어 후원자를 찾다가, 기독교인 귀부인이 장학생을 후원한다는 말을 듣고 찾아갔습니다. "내가 장학금을 준다면 어떻게 하겠나?" "등록금을 내고 열심히 공부해야죠." 부인이 다시 물었습니다. "그리고 그 다음에는?" "대학을 졸업하고 시험에 합격하여 제 꿈인 법률가가 되겠습니다." "그리고 그 다음에는?" "그 다음에는 어려운 환경에서 공부하는 학생들을 부인처럼 돕고 싶습니다." "그 다음에는?" "그 다음에는 늙겠지요. 그리고 죽겠지요." "그리고 그 다음에는…?" "글쎄요…." 부인은 청년에게 호통을 쳤습니다. "젊은이! 그 다음도 모르면서 무슨 공부를 한단 말인가?" 계속되는 부인의 질문 속에서 청년은 죽음의 문제를 해결하신 예수 그리스도를 알게 되었고, 그분을 영접하게 되었습니다. 그는 그날 장학금을 받으러 갔다가 그보다 더 큰 것을 얻었습니다. 나중에 그는 자신이 세운 학교의 정문에 자신이 깨달은 뜻 깊은 교훈을 붙여놓았습니다.

지식의 근원이신 하나님께 지식을 구할 줄 안다는 그 자체가 명철한 것입니다. 하나님이 주시는 지식이 얼마나 우리 인생을 온전케 하고 기쁨을 주는지는 체험한 자만이 압니다.

•••예수님을 위한 예수님에 의한 예수님의 지식에 충만하기를 소원합니다.

195

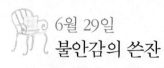
6월 29일
불안감의 쓴잔

고난 받는 자는 그 날이 다 험악하나
마음이 즐거운 자는 항상 잔치하느니라(15:15)

런던의 한 양품점에 강도가 들어 돈을 빼앗고 일가족을 죽이고 달아난 사건이 있었습니다. 경찰은 엉뚱한 사람을 체포했고, 결국 억울한 한 남자가 사형을 당했습니다. 그 후 잡히지 않은 진짜 범인은 경찰만 보아도 무섭고, 경찰의 호각 소리만 들어도 가슴이 콩닥콩닥 뛰었습니다. 경찰들의 발소리와 경찰차 소리만 들어도 식은땀이 흐르고 불면증에 시달렸습니다. 그는 지나친 죄책감에 사로잡힌 나머지 결국 자수하고 말았습니다.

이유 모를 불안감에 사로잡혀 있는 것이 현대인의 특징입니다. 유명한 정신분석 심리학자들은 이러한 불안증과 초조함, 불면증, 우울증의 원인을 대화 단절과 복잡한 사회 구조의 발전으로 보고 있습니다. 그러나 성경은 가장 근본적인 원인을 말하고 있습니다. 인간이 두려움에 떨기 시작한 것은 아담이 하나님께 불순종했을 때부터입니다. 하나님은 이런 인간을 평안으로 회복시켜주시려고 어린양 가죽옷을 입혀주셨습니다.
불의와 불순종으로 얼룩진 인생은 비참할 수밖에 없습니다. 주님의 피로 용서받은 사람만이 행복과 즐거움의 잔치에 초대받을 수 있습니다.

***주님의 즐거운 잔치에 날마다 초대해주소서.

경외하는 자가 진정한 부자

가산이 적어도 여호와를 경외하는 것이
크게 부하고 번뇌하는 것보다 나으니라(15:16)

친구의 사업이 성공할 때 마음이 흐뭇하면 당신은 부자입니다. 다른 사람을 위해 쓰는 돈이 아깝다는 생각이 안 들면 당신은 부자입니다. 자녀를 남과 비교하지 않고 자녀가 평범하게 성장하는 것에 감사하다면 당신은 부자입니다. 자연의 아름다움이 눈에 들어오고 새가 지저귀는 소리가 노랫소리로 들린다면 당신은 부자입니다. '모자라서 더 있어야겠다'는 생각보다 '이 정도만 해도 얼마나 감사한가!' 하는 생각이 든다면 당신은 부자입니다. 가장 바쁠 때 하나님을 생각할 수 있다면 당신은 부자입니다. 죽음에 대해 자신감이 있다면 당신은 부자입니다.

하나님을 경외하는 사람은 하나님의 영광을 위해 재물을 쓰기 때문에 하나님은 물론 본인도 기쁩니다. 내 것이라고 생각할 때부터 번뇌는 시작되는 것입니다. 많이 가지고 있는데도 계속되는 욕심으로 번뇌한다면, 이것은 정신적으로 모순된 작용을 일으키는 정신적인 혼란과 빈곤상태인 것입니다. 하나님을 경외하는 사람은 모든 소유권에 대해 바르게 이해하고 있기 때문에 번뇌가 없습니다.

•••주님을 경외하는 사람이 되어 평안부자, 기쁨부자가 되게 하소서.

지혜로 여는 매일 묵상 7월

"사람의 행위가 자기 보기에는 모두 깨끗하여도
여호와는 심령을 감찰하시느니라"

(잠 16:2)

Proverbs

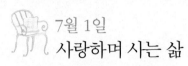

7월 1일
사랑하며 사는 삶

채소를 먹으며 서로 사랑하는 것이
살진 소를 먹으며 서로 미워하는 것보다 나으니라(15:17)

경남 마산 시청에 근무하는 김동준 씨는 부인과 함께 10년 동안 신문을 배달했습니다. 그리고 매달 50~70만 원씩 불우이웃을 돕고 있습니다. 그동안 10여 차례 받은 상금까지 합하면 1억 원에 이르는 후원금을 냈습니다. 일자리 없는 노인에게 일자리를 마련해주고, 경제적으로 어려운 가정의 생활비를 지원해주고, 세상을 비관하는 사람들에게 구두 수선방을 운영할 수 있도록 지원해주는 등 그동안의 선행은 헤아릴 수 없이 많습니다. 신문을 배달하느라 일찍 잠자리에 들어 이웃과 친지 모임에 참석하지 못해 오해도 많이 받았습니다. 그러나 다른 사람을 돕겠다는 굳센 의지는 변하지 않았습니다. 사랑하려면 많은 것들을 포기해야 합니다. 그러나 많은 것들에 욕심을 내면 많은 사람들을 미워해야 합니다.

사랑하거나 미워하려면 상대가 있어야 합니다. 가족관계와 사회공동체, 교회공동체와 친구관계에서는 사랑과 미움이 교차합니다. 부자가 되려고 지나치게 욕심 부리다가 가정의 화목에 무관심하게 되면 물질적 풍요보다도 더 소중한 사랑을 잃어버릴 수도 있습니다. 하나님을 사랑하고 우리에게 주신 사람들을 사랑하며 삽시다.

***하나님과 이웃에 대한 사랑과 감사를 잊어버리지 않게 하소서.

게으름을 버리라

게으른 자의 길은 가시 울타리 같으나 정직한 자의 길은 대로니라(15:19)

한 사람이 영국의 해안 지방을 여행하고 있었습니다. 그러다 갈매기들이 모래사장에 죽어 있는 것을 보았습니다. 궁금하게 여긴 여행자는 그것을 치우는 인부에게 갈매기들이 죽은 이유를 물었습니다. "수많은 관광객들이 갈매기에게 먹이를 던져줍니다. 갈매기들은 과자나 사탕 등 여러 가지를 맛있게 받아먹지요. 그런데 그런 음식은 자연에서 얻을 수 있는 좋은 음식이 아닙니다. 갈매기들이 과자나 사탕을 받아먹다 보면 자연 음식에 대한 미각을 잃어버리게 됩니다. 관광철이 지나 여행객들의 발길이 끊어지면 과자에 길들여진 갈매기들은 몸에 좋은 자연 음식이 바다 속에 많은 데도 그 맛을 알지 못하고 굶어 죽습니다."

하늘나라 백성이 세상의 것을 지나치게 좋아하면 신령한 것에 대한 미각을 상실하게 되어 그저 종교적인 것으로 느끼게 됩니다. 하나님의 은혜와 사랑도 별것 아닌 것으로 생각하지요.

본문에서 말하는 '가시 울타리'는 가축 울타리입니다. 실제로 팔레스타인 지역에는 가시넝쿨이 많아 가축들의 울타리로 사용하고 있습니다. 가축이 가시 울타리 안에서 사람에게 사육되듯 자기계발에 게으른 사람, 도전정신과 창의력이 없는 사람은 다른 사람에게 사육당하고 맙니다.

•••오늘의 경건을 내일로 미루지 않게 하소서.

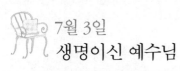

7월 3일
생명이신 예수님

지혜로운 자는 위로 향한 생명 길로 말미암음으로 그 아래에 있는 스올을 떠나게 되느니라(15:24)

평신도 신학자이자 문학가요 변증가인 C. S. 루이스는 이렇게 말했습니다. "지옥으로 가는 길은 결코 벼랑이 아닙니다. 지옥을 향한 길은 넓고 밋밋한 내리막길입니다. 이 길로 들어서기만 하면 발걸음도 가볍게 저절로 내려갑니다. 사람들은 그 길을 기분 좋게 걸어갑니다. 그러나 그 길의 끝에는 돌이킬 수 없는 깊은 불구덩이가 파여 있습니다. 이 길을 걸어가는 사람들 중에 그 끝에 불구덩이가 있다는 사실을 아는 사람은 단 한 명도 없습니다. 그러나 천국으로 가는 길은 오르막길입니다. 길도 좁고 협착하며 낭떠러지가 계속 이어진 위험한 길입니다. 이 길은 십자가의 길이며 피땀을 흘려야 하는 희생의 길입니다. 그리고 죽음을 요구하기도 합니다. 그래서 가는 사람이 적습니다. 그러나 이 길만이 생명의 길입니다."

생명의 길은 지혜자의 몫이고, 스올은 미련한 자의 몫입니다. 생명의 길, 부활의 길은 예수님이 십자가에서 죽으심으로 믿는 자들에게 주신 최고의 선물입니다. 그러므로 예수님을 믿어 사망에서 생명으로 옮겨진 성도들은 가장 복된 사람이자 가장 지혜로운 사람입니다.

***생명의 근원이신 예수님을 마음속에 모시고 영원히 살게 하소서.

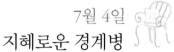

7월 4일
지혜로운 경계병

생명의 경계를 듣는 귀는 지혜로운 자 가운데에 있느니라(15:31)

군대에서 경계근무를 지시받을 때 중요한 수칙을 가르쳐줍니다. 지시에 따르면, 전투에서 치열하게 싸우다 패한 병사는 용서받을 수 있으나, 경계근무에서 실수한 자는 용서받을 수 없다고 합니다. 부대 안에 있는 모든 군인들이 경계근무자를 믿고 편안히 잠을 자는데, 경계근무자가 정신차려 깨어 있지 않고 졸거나 이탈하면 적군이 침입했을 때 싸워보지도 못하고 몰살당하기 때문입니다. 그래서 경계근무 때 졸거나 자리를 이탈하면 영창행이고 전시에는 사형입니다.

최전방의 철책 경계선을 잘 지켜야 나라가 안전하고, 현관을 잘 지켜야 가정이 안전합니다. 마찬가지로 이단에게서 교회공동체를 잘 지켜내야 교회가 건강합니다. 특히 우리가 선물 받은 소중한 구원의 생명을 강도와 같은 사탄에게서 잘 지켜내야 합니다. 그러한 것들을 지켜낼 분은 하나님밖에 없습니다. 하나님만이 우리의 완벽한 피난처요 산성이십니다.

불꽃같은 눈으로 우리를 지키시는 하나님 덕분에 우리는 평안히 쉴 수가 있습니다. 이제 우리는 자신을 스스로 지켜내는 일에 한계가 있음을 인정하고 "여호와께서 성을 지키지 아니하시면 파수꾼의 깨어 있음이 헛되도다"(시 127:1) 하고 고백해야 합니다.

***우리의 생명을 주님의 불꽃 같은 눈으로 경계해주소서.

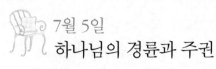

7월 5일
하나님의 경륜과 주권

마음의 경영은 사람에게 있어도 말의 응답은 여호와께로부터 나오느니라(16:1)

이스라엘 백성이 애굽을 나와 약속의 땅을 향해 갈 때, 모압 왕 발락은 그들을 두려워하여 계략을 세웁니다. 그래서 유명한 술사 발람을 초청하여 이스라엘 백성을 저주하려고 하지요. 발람은 하나님이 하시는 말씀만 전하라는 하나님의 계시에 따라 모압의 귀족들과 함께 떠납니다. 발락은 바알 산당에 일곱 단을 쌓고 수송아지 일곱과 수양 일곱을 준비하지만, 발람은 이스라엘을 저주하기는커녕 도리어 세 번이나 그들을 축복합니다. 이는 하나님이 발람의 입을 주관하셔서 저주를 축복으로 바꾸어 말하게 하셨기 때문입니다(민 22-24장).

우리는 여러 일들을 계획하고 경영합니다. 그리고 그것을 성취하기 위해 노력하고, 때로는 경쟁하며 다투기도 합니다. 그러나 성경은, 사람이 마음으로 무엇을 어떻게 경영하든 그것을 이루어가는 분은 여호와 하나님이라고 말합니다. 인생의 결과는 만물을 주관하고 이끌어 가시는 하나님께 달려 있습니다. 이는 하나님이 그분의 뜻과 섭리에 따라 만물을 지으셨기 때문입니다. 따라서 우리는 우리의 계획이 하나님 뜻에 맞는지 말씀과 기도를 통해 분별해야 합니다.

●●●하나님의 경륜과 주권을 신뢰하며 주님의 뜻을 분별하게 하소서.

하나님의 기준, 우리의 기준

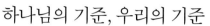

사람의 행위가 자기 보기에는 모두 깨끗하여도
여호와는 심령을 감찰하시느니라(16:2)

정신과 의사였던 유대인 빅터 프랭클(Viktor E. Frankl)은 제2차 세계대전 때 독일군에 체포되어 악명 높은 아우슈비츠 수용소로 끌려갔습니다. 그는 다른 사람들과 함께 기차로 실려 갔습니다. 목적지에 도착해 기차에서 내리자 독일군 장교가 두 무리로 나누었습니다. 장교가 가리키는 손가락의 방향에 따라 사람들은 오른쪽과 왼쪽으로 나누어졌습니다. 나중에 알고 보니 왼쪽 무리의 사람들은 그날 가스실에서 다 죽었고, 오른쪽 무리의 사람들은 살아남았다고 합니다. 얼마나 숨 막히는 순간이었을까요? 사람의 생각과 행위가 얼마나 무모하고 위험한지를 보여주는 이야기입니다.

삶의 인격과 행위에 대한 기준은 우리에게 있지 않습니다. 사람들은 과정보다는 결과를, 숨은 동기보다는 겉으로 드러나는 말이나 행위만을 보고 판단하는 경우가 많습니다. 그러나 우리를 살피시는 하나님은 마음속의 선과 악을 정확하게 저울질하고 판단하십니다. 하나님이 우리를 택하시고 믿음과 연단의 삶을 살게 하시는 것은, 심령을 감찰하시는 하나님의 기준에 맞게 우리의 자격을 갖춰주려는 것입니다.

•••주님 닮은 인격과 삶으로 날마다 깊어지고 넓어지며 새로워지게 하소서.

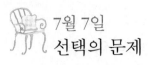

7월 7일
선택의 문제

여호와께서 온갖 것을 그 쓰임에 적당하게 지으셨나니 악인도 악한 날에 적당하게 하셨느니라(16:4)

화가들에게 '유혹의 개념'을 그려달라고 요청한 후에 그 작품들을 전시했습니다. 그중에서 울창하고 그늘진 나무가 있고 아름다운 야생화가 피어 있는 조용한 시골길을 한 남자가 걷고 있는 그림이 상을 받았습니다. 그 길은 멀리서부터 두 갈래로 나뉘어 있었는데 남자가 걷고 있는 길은 무척이나 아름다운 반면, 다른 길은 갈수록 진흙투성이였습니다.

죄의 유혹은, 처음에는 쉽게 포착하기 어려울 뿐 아니라 전혀 해롭게 보이지도 않습니다. 그래서 유혹에 빠져들면서도 죄를 짓는 것이 아니라고 자신 있게 말합니다.

하나님은 심판하기 위해 악인을 만들지 않으셨습니다. 하나님은 인간을 선한 목적으로 지으셨고, 보시기에 매우 좋았다고 말씀하셨습니다. 그런데도 죄의 유혹에 붙잡히는 악인이 있는 것은 하나님이 주신 자유의지를 잘못 사용했기 때문입니다.

어둠이 다스릴 때는 죄가 사방에서 살금살금 기어 나옵니다. 어둠 속에서 자신의 소견에 좋은 대로 선택할 것이 아니라 역사와 인생을 주관하시는 하나님의 뜻을 알고 그에 맞게 선택해야 합니다.

❖❖❖파수꾼이 아침을 기다림같이 주님의 선하신 뜻을 바라보며 기쁨으로 노래하게 하소서.

관계의 회복

사람의 행위가 여호와를 기쁘시게 하면
그 사람의 원수라도 그와 더불어 화목하게 하시느니라(16:7)

창세기는 야곱을 매우 책략적인 인물로 소개합니다. 팥죽 한 그릇으로 형의 장자권을 빼앗고, 형이 사냥 나간 사이 아버지를 속여 장자의 축복을 가로챘으니까요. 이로 인해 형제는 철천지원수가 되고, 결국 야곱은 에서의 칼을 피해 밧단아람의 외삼촌 라반에게로 도망갑니다. 그곳에서 야곱은 가정을 이루고 20년을 살게 됩니다. 오랜 세월이 흘렀지만 형제의 사이는 회복되지 않았습니다. 야곱이 마음을 정하고 고향으로 돌아가려 하자, 그 소식을 들은 에서는 장정 400명을 이끌고 달려왔습니다. 이때 야곱은 하나님께 기도하며 매달렸습니다. 그리고 놀랍게도 하나님과 바른 관계가 정립되자 형 에서와의 관계도 회복되었습니다.

사람들이 어려워하는 것 중 하나가 바로 인간관계입니다. 성경은 인간의 모든 관계가 하나님과의 관계에서 결정된다고 말합니다. 우리가 하나님을 기쁘시게 할 때 하나님은 원수들까지도 우리와 화평할 수 있게 하십니다. 인간의 마음을 지으신 분이기에 원수의 강퍅한 마음까지도 변화시키시는 것입니다. 그러므로 우리는 하나님을 기쁘시게 하는 일부터 해야 합니다.

***주님을 기뻐함으로 무엇보다 먼저 하나님을 경외하는 삶을 살게 하소서.

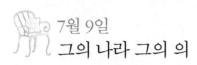

7월 9일
그의 나라 그의 의

적은 소득이 공의를 겸하면 많은 소득이 불의를 겸한 것보다 나으니라(16:8)

메이저리그의 투수로 활약했던 데니스가 미국 프로야구 오클랜드 에이스 팀과 계약을 체결했을 때 언론은 그를 크게 주목했습니다. 자유계약 선수로서 다른 팀에 가면 훨씬 더 많은 연봉을 받을 수 있었는데 그것을 포기하고 팀에 남았기 때문입니다. 데니스는 좋은 기회를 포기한 이유를 이렇게 밝혔습니다. "에이스 팀은 제게 야구선수로 활약할 수 있는 기회를 처음 준 팀이었습니다. 또 알코올중독으로 고생한 후에 제2의 기회까지 준 팀이었지요. 그래서 많은 연봉을 따르는 것보다 이 팀의 선수로 충성해야 겠다고 결정했습니다." 그에게는 재물보다 더 소중하고 우선시 되는 가치가 있었던 것입니다.

오늘 말씀의 초점은 재물의 많고 적음이 아니라 무엇에 가치를 두느냐에 맞춰져 있습니다. 눈에 보이는 것에 치중하는 사람은 많은 재물과 기름진 부유함을 부러워할 수밖에 없습니다. 그러나 예수님은 먼저 하나님 나라와 그 의를 구하라고 말씀하셨습니다. 그러면 이 모든 것을 더한다고 약속하셨습니다(마 6:33).
공의와 정의를 세우며 하나님과 사람 앞에 바로 서는 삶을 위해 소득이 줄어드는 것까지 감수할 수 있다면, 그 사람은 이미 하나님의 임재를 누리며 사는 사람입니다.

***주님의 약속을 의지하며 오늘도 우선된 가치를 견고히 붙잡게 하소서.

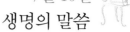

생명의 말씀

하나님의 말씀이 왕의 입술에 있은즉
재판할 때에 그의 입이 그르치지 아니하리라(16:10)

팔레스타인에는 우기와 건기가 있습니다. 겨울인 우기에는 사방이 푸르고 꽃이 피며 곳곳에 강이 넘쳐흐릅니다. 하지만 비 한 방울 내리지 않는 건기가 되면 강은 말라 바닥을 드러내고 풀도 하얗게 시들어버립니다. 그런데 이스라엘 동북부 갈릴리 지방에는 언제나 물이 마르지 않는 요단강이 있습니다. 요단강이 마르지 않는 이유는 갈릴리 북쪽에 있는 헐몬산의 눈 녹은 물이 요단강의 발원이기 때문입니다. 항상 눈에 덮여 있는 헐몬산 덕분에 요단강 가까이에 있는 나무들은 늘 푸르고 잎이 청정하며 철을 따라 열매를 맺습니다. 이처럼 마르지 않는 생명수 강변에 뿌리를 내려야 풍성한 열매를 거둘 수 있습니다.

우리는 말로 많은 것을 판단하고 규정하며 분별합니다. 말은 마음속에 있는 것을 드러내기 마련입니다. 하나님의 말씀이 우리의 입술을 적시고 마음을 채운다면, 우리의 생각과 말은 생명을 살릴 것입니다. 레바논의 백향목은 높은 반석 위에 뿌리를 내린 채 하늘에서 내려오는 수분만으로 자란다고 합니다. 이들이 수액으로 충만하여 위엄 있게 성장하다가 성전 기둥으로 사용되듯, 오직 하나님의 말씀만 받고 심령을 살찌운 사람들은 입술의 열매가 흡족하여 분별하고 판단하는 일에 조금도 그릇됨이 없습니다.

***제 심령을 주님의 말씀으로 채워 정결하고 힘 있게 말하게 하소서.

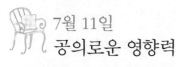

7월 11일
공의로운 영향력

악을 행하는 것은 왕들이 미워할 바니 이는 그 보좌가 공의로 말미암아 굳게 섬이니라(16:12)

로크리얀스의 국왕 자로가크는 문란해진 도덕을 바로세우기 위해, 누구든지 음란한 짓을 하면 눈을 뽑아버리겠다고 선포했습니다. 나라의 기강이 바로잡혀 가던 어느 날 첫 위반자가 발생했습니다. 슬프게도 그는 다름 아닌 왕자였습니다. 집행일이 되자 왕자는 재판장인 국왕 앞으로 끌려왔습니다. 왕의 명령과 동시에 집행관의 칼날이 번뜩였습니다. 그리고 비명소리와 함께 왕자는 한 눈을 싸매어 쥐고는 뒹굴었습니다. 집행관이 다른 눈을 향해 칼을 들어 올리자 왕은 손을 들어 집행을 멈추게 했습니다. "왕자에게는 그것으로 족하다. 나머지는 이것으로 하라." 국왕이 내민 손에는 자신의 칼로 뽑은 국왕의 한쪽 눈이 있었습니다. 국왕은 백성들의 악행을 막아 나라를 도덕적 파멸에서 건졌을 뿐 아니라, 아들을 구하고 법 집행의 공평과 정의도 세운 것입니다.

사회가 불안정한 원인 중 하나가 바로 공의와 신뢰의 상실입니다. 공의를 세우는 일은 하나님의 속성이기에 하나님의 백성으로서 마땅히 행해야 할 덕목입니다. 이를 견고히 세우는 것만이 거짓과 속임수가 팽배한 이 사회를 참되게 하는 길입니다. 우리는 거룩한 백성으로서 정직하고 공의로운 삶을 통해 세상에 선한 영향력을 끼쳐야 합니다. 이것이 우리가 속한 세상을 회복시키고 정결하게 만드는 빛과 소금의 삶입니다.

***우리로 하여금 공의를 일삼으며 주의 진리를 나타내게 하소서.

내어줌의 열매

왕의 진노는 죽음의 사자들과 같아도 지혜로운 사람은 그것을 쉬게 하리라(16:14)

어느 책에 나오는 상이군인의 이야기입니다. 그는 전쟁에 나가 용감히 싸우다 그만 한 팔을 잃은 채 고향으로 돌아오게 되었습니다. 고향의 거리를 걷고 있던 그에게 어떤 행인이 없어진 팔에 대해 물었습니다. 그 물음에 상이군인은 이렇게 대답합니다. "잃은 것이 아니라 내어주었소." 그는 전쟁에 나가면서 이미 자신의 목숨을 조국을 위해 내어놓았던 것입니다. 오늘 말씀에 나오는 '죽음의 사자'는 왕의 명령을 행하기 위해 보냄받은 자이므로 왕명을 이루기까지 조금도 돌아서지 않습니다. 그런데도 성경은 지혜로운 사람이 그것을 쉬게 하고 생명을 구한다고 말합니다. 이는 예수님의 사역을 떠오르게 합니다. 예수님은 십자가에서 목숨을 내어주심으로 우리를 향한 하나님의 진노를 쉬게 하셨고, 우리를 생명의 길로 인도하셨습니다.

대개 사람들은 자기 잘못을 책임지려 하지 않습니다. 또 거기서 잘 벗어나는 자를 지혜로운 자로 여깁니다. 반면 자기의 책임을 다하거나 타인의 잘못까지 감당하려 하는 사람은 미련한 사람으로 취급합니다. 그러나 주님은 고난과 수치로 맺는 생명의 열매를 기뻐하셨기에 모든 것을 아낌없이 주셨습니다. 잃은 것이 아니라 내어주신 것입니다.

°°°한 알의 밀알로 심겨져 더 귀한 열매를 맺게 하소서.

211

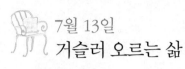

7월 13일
거슬러 오르는 삶

악을 떠나는 것은 정직한 사람의 대로이니 자기의 길을 지키는 자는 자기의 영혼을 보전하느니라(16:17)

맥스 루케이도는 자신의 책에, 천국에 가면 하나님의 일에 사용한 도구들을 진열한 박물관이 있을지도 모른다고 썼습니다. "혹시 그런 박물관이 있다면 우리는 결코 그냥 지나치지 못할 것입니다. 문에 들어서자마자 라합의 밧줄과 바울의 두레박, 다윗의 새총이 놓여 있을 것입니다. 또 홍해를 가르고 바위를 내리쳤던 지팡이를 살짝 만져볼 수도 있을 것입니다. 예수님의 살갗을 부드럽게 하고 그분의 기분을 상쾌하게 했던 향유 냄새도 맡아볼 수 있겠지요. 이런 물건들이 정말 천국에 있을지는 모르지만 한 가지 분명한 것은 그것들을 사용했던 사람들은 거기에 있다는 것입니다. 정탐꾼을 보호했던 라합, 바구니로 바울을 몰래 달아 내렸던 형제들, 하나님을 모욕하는 거인을 향해 물맷돌을 던졌던 다윗, 지팡이를 높이 들었던 모세, 예수님 발치에 앉아 참으로 비싼 물건을 드렸던 마리아." 모습은 제각기 달랐지만, 이들은 모두 악을 떠나 의의 대로를 택한 사람들입니다. 세상의 그릇된 가치와 어그러진 양심을 거부한 사람들입니다.

하나님의 백성이라면 죄가 합리화되고 욕심과 욕정을 따라 사는 세태를 거슬러 올라가야 합니다. 악을 떠나 하나님의 형상을 지키고 드러내며 사는 것이 정직한 자의 길입니다.

✱✱✱썩어져가는 구습을 벗고 의와 진리의 거룩함으로 걸어가게 하소서.

7월 14일

마음의 길

교만은 패망의 선봉이요 거만한 마음은 넘어짐의 앞잡이니라(16:18)

1912년 4월 14일, 세계의 이목이 집중된 가운데 대서양 횡단을 목적으로 영국을 떠나 첫 항해를 시작한 초호화 유람선이 있었습니다. 수많은 승객을 싣고 대양을 향해 물살을 헤치며 나가던 그 배의 이름은 타이타닉이었습니다. 높이 30미터, 너비 28미터, 길이 270미터, 무게 4만6천 톤으로 당시 지구에서 첫째가는 큰 배였습니다. 이런 타이타닉이 항해를 시작한 지 5일째, 캐나다 동부해안에 이르렀을 때입니다. 해안 통제소에서 빙산이 내려오고 있으니 방향을 바꾸라는 무전이 전달되었습니다. 그러나 항해사는 타이타닉호를 너무 신뢰한 나머지 무전을 무시하고 항해를 계속했습니다. "전방에 빙산이 있다지만 설마 이 큰 타이타닉호가 빙산 따위에 무너지겠습니까?" 선장도 항해사의 말에 맞장구치며 계속 항해할 것을 명령했습니다. 그리고 얼마 지나지 않아 타이타닉호는 우리가 알고 있는 대로 비참한 최후를 맞았습니다.

교만은 이처럼 자신의 한계를 바르게 보지 못하게 하며, 상황 판단을 제대로 할 수 없게 만들어 결국 패망으로 이끕니다. 교만이 우리 삶의 한가운데 자리 잡게 해서는 결코 안 됩니다. 교만을 인생의 안내자로 삼는다면, 우리 마음은 날로 높아지고 뜻은 강퍅하여 파멸의 길을 벗어나지 못한 채 걸려 넘어지고 맙니다.

•••죽기까지 낮추셨던 예수님을 따르게 하소서.

213

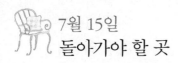

7월 15일
돌아가야 할 곳

**삼가 말씀에 주의하는 자는 좋은 것을 얻나니
여호와를 의지하는 자는 복이 있느니라(16:20)**

공장에서 반장이 새로 들어온 여직원에게 기계 작동법을 가르치고 있었습니다. 한참을 가르친 후에 마지막으로 반장은 이렇게 덧붙였습니다. "지금까지 잘 배웠네. 하지만 일을 하다 고장이 나거나 문제가 생기면 모든 일을 멈추고 즉시 내게 오도록 해요." 얼마 후 여직원은 일을 하다 옷감의 올이 풀리는 것을 발견했습니다. 여직원은 기계를 멈추고 올이 풀린 것을 바로 잡으려 애를 썼습니다. 그런데 올을 풀다 보니 오히려 더 헝클어지는 것이었습니다. 여직원은 할 수 없이 반장을 찾아갔습니다. 반장은 간단하게 고쳐주면서 물었습니다. "언제부터 고장이 난 것이요?" "몇 시간 전이에요." "그런데 왜 이제 온 거지?" "제가 고쳐보려고 최선을 다했거든요." 그러자 반장은 이렇게 충고했습니다. "당신의 최선은 스스로 고치는 것이 아니라 고장 났을 때 즉시 내게 오는 것이요."

세상을 살면서 우리는 계속해서 문제들과 부딪힙니다. 그럴 때마다 우리는 먼저 하나님께로 돌아가야 합니다. 다행히도 하나님은 율례와 계명을 우리에게 주셨습니다. 이 말씀에 삼가 주의하고 순종할 때 우리는 하나님의 형상을 따라 지음받은 사람으로서 좋은 것을 얻으며 빛나는 삶을 살게 됩니다.

***늘 깨어 주님의 말씀을 청종하게 하소서.

7월 16일
지혜의 유익

명철한 자에게는 그 명철이 생명의 샘이 되거니와
미련한 자에게는 그 미련한 것이 징계가 되느니라(16:22)

지성의 전당이라고 일컬어지는 곳이 있다면 미국의 하버드대학교가 빠질 수 없을 것입니다. 그런데 이 하버드대학교가 1646년에 다음과 같은 학생 강령을 채택하여 오늘에 이르고 있음을 아는 사람은 많지 않습니다. "첫째, 모든 학생은 자신의 삶과 학업의 주된 목적이 영생이신 하나님과 예수 그리스도를 아는 데 있음을 명심해야 한다. 둘째, 모든 학생은 하나님이 지혜 주시는 분임을 명심하면서 은밀한 곳에서 기도를 통해 하나님의 지혜를 간구해야 한다. 셋째, 모든 학생은 하루에 두 번 성경을 읽음으로 성경의 용어와 사상뿐 아니라 영적 진리에 대해 언제라도 설명할 수 있어야 한다."

최고의 지성도 하나님의 지혜와 함께하지 않으면 아무것도 아닌 것입니다. 이 세상을 살아가는 사람들 중에는 지식이 풍부한 사람도 있고, 권력이 있는 사람도 있으며, 돈이 많은 사람도 있습니다. 그러나 제아무리 많은 것을 가졌다 해도 지혜가 없으면 가진 것을 제대로 활용하지 못합니다. 지혜로운 사람은 하나님을 알고 그분의 뜻에 순종하며 감사하고 조심합니다. 또 주님이 떠나가시면 모든 것이 헛된 것임을 알고 겸손해합니다. 동시에 하나님의 심판을 두려워하기에 책임이 무엇인지도 확실히 압니다.

***성령 충만한 지혜로 마르지 않는 생명의 샘을 길어 올리게 하소서.

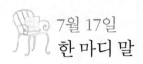

7월 17일
한 마디 말

선한 말은 꿀송이 같아서 마음에 달고 뼈에 양약이 되느니라(16:24)

로널드 레이건 미국 대통령이 재임 중에 권총 저격을 받은 일이 있었습니다. 그는 경호원 덕분에 옆구리에 가벼운 총상만 입고 쓰러졌습니다. 급히 달려온 앰뷸런스와 간호사들이 응급조치를 하려고 그의 몸을 만지기 시작했습니다. 그러자 그는 간호사들에게 "우리 낸시에게 허락받았는가?"라며 조크를 던졌습니다. 간호사들도 허락받았노라고 응수했다고 합니다. 병원에 도착한 레이건은 수술 준비를 서두르던 의사들에게 "당신들이 지지하는 정당이 공화당인가 민주당인가?" 하고 물었습니다. 그러자 한 의사가 이렇게 말했다고 합니다. "각하! 오늘부터 열성적인 공화당원이 되겠습니다!" 위급한 순간, 자신보다 더 긴장한 사람들에게 말 한 마디를 던져 안심시키고, 급박한 상황과 무거운 분위기를 반전시켜 평안하게 만든 것입니다.

일상에서 한 마디 말은 날카로운 비수가 되어 우리를 찌르기도 하고, 따뜻하게 마음을 감싸주기도 합니다. 강퍅하게 쏘는 말로 다윗의 심정을 상하게 했던 나발과 지혜롭고 겸손한 말로 다윗을 대접하며 그의 분노를 풀어주었던 아비가일처럼 말입니다(삼상 25:10-38 참고). 상냥하고 꿀송이 같은 말로 상대방의 마음을 다독이고 분위기를 화평하게 할 수 있다면, 우리가 그것을 위해 애쓰고 노력함이 마땅할 것입니다.

•••한 마디 말에도 하나님의 지혜를 담아서 선한 입술의 열매를 맺게 하소서.

참된 부요함

어떤 길은 사람이 보기에 바르나 필경은 사망의 길이니라(16:25)

한 무리의 돼지가 도축장으로 줄지어 들어가는 모습을 보았습니다. 그 돼지들은 묶이지도 않은 채 한 사람을 따라 스스로 걸어 들어가고 있었습니다. 이 광경을 신기하게 바라보던 사람이 돼지를 데리고 가는 사람에게 물었습니다. "돼지들이 어쩜 그렇게 당신을 순순히 따라갑니까?" 그 사람은 손에 들고 있던 콩 한 움큼을 보여주었습니다. "콩을 조금씩 길에 떨어뜨리며 앞서가기만 하면 됩니다." 돼지들은 죽을 줄도 모르고 당장 눈앞에 있는 콩을 주워 먹는 맛에 제 발로 도살장으로 걸어 들어가고 있었던 것입니다.

우리도 살아가면서 무수히 널린 콩들을 발견하곤 합니다. 어떤 콩은 너무 탐스럽고 향이 좋아 덥석 입에 넣어 맛보고 싶기도 합니다. 하지만 어찌 알겠습니까? 재물과 권세와 쾌락과 명성이라는 달콤한 콩을 떨어뜨리며 돌아올 수 없는 사망의 길을 누군가 앞서 가고 있다는 것을…. 하나님의 부요함을 알지 못하고 누리지 못하는 사람의 끝은 이와 같을 것입니다. 우리의 생각은 길의 저편을 헤아리지 못하지만, 하나님의 것으로 채워지는 길이라면 필경 만물이 소생하고 생명이 회복되는 길입니다.

••• 주님만이 우리가 구하고 찾고 두드리는 모든 것임을 기억하게 하소서.

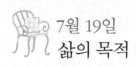# 7월 19일
삶의 목적

고되게 일하는 자는 식욕으로 말미암아 애쓰나니 이는 그의 입이 자기를 독촉함이니라(16:26)

프랑스의 사상가 루소는 인생을 움직이는 동기에 대해 이렇게 말했습니다. "10세에는 과자에 움직이고, 20세에는 연인에 움직이고, 30세에는 쾌락에 움직이고, 40세에는 야심에 움직이고, 50세에는 탐욕에 움직인다. 인간은 언제 오직 예지만을 추구하게 될 것인가?"

사람은 하나님의 창조 세계를 아름답게 가꾸고 다스리기 위해 지음받았습니다. 그런데 범죄로 타락한 이후, 식물을 얻기 위해 평생을 노력하게 되었습니다. 그러기에 사람이라면 정도의 차이는 있을지라도 생존을 위해 노동을 하지 않을 수는 없습니다. 이것은 우리가 생존 본능에 지배받을 수밖에 없는 인간임을 깨닫게 합니다. 그리고 인간이 결코 의지의 대상이 될 수 없음을 알게 합니다. 그러므로 우리가 우리 자신을 믿는다면, 반드시 실망할 때가 온다는 것을 기억해야 합니다.

그러면 그리스도인은 무엇으로 살아가야 합니까? 사도 바울은 "먹든지 마시든지 무엇을 하든지 다 하나님의 영광을 위하여 하라"(고전 10:31)고 말합니다. 예수 그리스도로 말미암아 수고하고 섬길 때 비로소 우리는 후회 없는 삶을 살고 하나님의 영광을 드러낼 것입니다.

***떡으로만 살지 않고 영생하는 양식을 위하여 살아가게 하소서.

218

현실 참여

눈짓을 하는 자는 패역한 일을 도모하며
입술을 닫는 자는 악한 일을 이루느니라(16:30)

제2차 세계대전 때 독일군이 네덜란드를 점령했습니다. 그때 헬리 그래머 목사님 교회의 교인들이 한밤중에 은밀히 목사관에 모였습니다. "목사님, 이럴 때 우리가 어떻게 해야 합니까?" 그래머 목사님이 대답했습니다. "내가 무엇을 해야 하는지에 대한 답은 내가 누구인지를 말하면 되는 것입니다." 그곳에 모인 사람들은 한결같이 "나는 크리스천입니다."라고 고백했고, 주님이 기뻐하시는 일을 함께하자고 결의하여 유명한 DRM(네덜란드 저항운동)을 조직하게 됩니다. 그리고 이 DRM이 크게 공을 세워 다시 국권을 되찾게 됩니다. 여기에 참가한 운동가들은 제2차 세계대전이 끝난 후 네덜란드 재건의 위대한 공헌자가 되었습니다. 그들은 흉포한 자들의 악행에 절망하여 포기하거나, 자신과 아무런 상관이 없다고 여겨 방관하지 않았습니다. 오히려 적극적으로 맞서 싸워 이겨냈습니다.

자신이 천국 백성이라고 하여 세상의 일과는 상관없다고 말하면 안 됩니다. 하나님은 말씀하십니다. "사람이 만일 무슨 범죄한 일이 드러나거든 신령한 너희는 온유한 심령으로 그러한 자를 바로잡고 너 자신을 살펴보아 너도 시험을 받을까 두려워하라"(갈 6:1). "범죄한 자들을 모든 사람 앞에서 꾸짖어 나머지 사람들로 두려워하게 하라"(딤전 5:20).

***패역한 자들 앞에서도 물러서지 않고 당당히 맞서게 하소서.

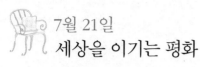

7월 21일
세상을 이기는 평화

노하기를 더디 하는 자는 용사보다 낫고 자기의 마음을 다스리는 자는 성을 빼앗는 자보다 나으니라(16:32)

아프리카 오지에 사는 사람이 유럽을 여행하게 되었습니다. 호텔에서 하룻밤을 묵었는데, 수도꼭지에서 깨끗한 물이 계속 쏟아져 나오는 것을 보고 생각했습니다. '세상에 이렇게 신기한 것이 있다니…. 이걸 우리 고향에 가져가면 고향 사람들도 깨끗한 물을 마실 수 있을 텐데.' 그는 호텔 직원에게 수도꼭지를 하나 달라고 애원하여 결국 얻었습니다. 그런데 그 수도꼭지에서는 물이 나오지 않았습니다. 파이프와 연결되지 않았으니 물이 나올 리가 없지요. 그는 화를 내며 말했습니다. "이런 가짜 말고 저것처럼 물이 나오는 진짜를 달란 말이오."

우리는 물이 나올 수 없는 수도꼭지를 들고 분노합니다. 우리의 평안을 앗아가고, 걱정과 염려에 빠지게 하는 것은 무엇입니까? 안정적인 재무상태, 훌륭한 교육여건, 자랑스러운 일류직장…. 우리가 갈망하는 이와 같은 축복은 내면의 평화를 파괴하고 욕망으로 변질되기 쉽습니다. 예수님은 가지가 포도나무에 붙어 있지 않으면 스스로 열매를 맺을 수 없다고 말씀하십니다(요 15:4). 우리의 갈망을 잠잠히 적시고 참 열매를 맺게 할 생명수는 주님께 연결되어 있을 때만 쏟아져 나옵니다. 노하기를 더디하고 마음을 다스리는 진정한 평화는 하나님의 임재 앞에 머무는 자만이 누릴 수 있는 축복입니다.

***하나님의 평안으로 마음속의 세상을 이기게 하소서.

하나님의 성취

제비는 사람이 뽑으나 모든 일을 작정하기는 여호와께 있느니라(16:33)

한국전쟁 때, 미국의 트루먼 대통령이 유엔안전보장이사회를 소집했습니다. 유엔군의 한국전쟁 참전 여부를 결정하기 위해서였습니다. 구 소련도 회원국이었는데, 거부권을 행사할 것이 분명했습니다. 그렇게 되면 유엔은 한국에 군대를 파견할 수가 없었습니다. 투표가 있던 날, 각국의 대표들이 회의장으로 모이고 있었습니다. 구 소련의 대표도 캐딜락을 타고 뉴욕 거리를 달리고 있었는데, 갑자기 자동차 엔진이 꺼지는 것이었습니다. 다른 차를 타려고 했지만, 금방 고칠 수 있다는 운전기사의 말을 듣고 잠시 기다리기로 했습니다. 그러나 예상보다 많은 시간이 소요되었고, 소련 대표가 급한 숨을 몰아쉬며 회의장에 도착했을 때는 이미 만장일치로 유엔의 한국전쟁 참전이 결정된 뒤였습니다.

우리의 눈은 앞을 보고, 혀는 말을 하며, 손은 분주하게 일합니다. 우리는 이러한 지체를 사용해 일을 합니다. 그리고 하나님은 우리를 통해 일하십니다. 그분은 원래부터 그분의 것이었던 우리의 삶 속으로 오늘도 들어오십니다. 사도 바울은 이렇게 고백합니다. "이제는 내가 사는 것이 아니요 오직 내 안에 그리스도께서 사시는 것이라"(갈 2:20). 내 안에 그리스도가 사실 때 우리의 모든 행사는 여호와의 작정하심을 이루어갑니다.

···매사에 주님의 뜻을 구하는 자가 되게 하소서.

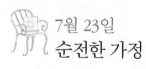

7월 23일
순전한 가정

마른 떡 한 조각만 있고도 화목하는 것이 제육이 집에 가득하고도 다투는 것보다 나으니라(17:1)

미국 플로리다에 사는 버니스 해슬롭 부인은 1995년에 복권에 당첨되어 2,850만 달러의 거액을 수령했습니다. 하지만 그것은 행복이 아니었습니다. 당첨 직후 남편은 당첨금을 나누어 달라는 소송을 냈고, 6년간의 치열한 법정 공방 끝에 당첨금 분할을 합의했으니까요. 그러나 수없이 다투는 과정에서 이미 부부의 정이 사라진 그들은 이혼하고 말았습니다. 복권 당첨이 좋은 집과 자동차를 가져다줄지는 몰라도 가족, 신뢰, 사랑, 우정 같은 소중한 가치들은 파괴하기가 쉽습니다.

오늘날 사람들은 행복의 가장 중요한 요소로 돈을 꼽곤 합니다. 물질의 많고 적음이 자신과 가정의 행복을 결정한다고 믿는 것입니다. 돈이 사랑과 행복을 가져다준다는 생각은 엄청난 착각입니다. 수많은 복권 당첨자들의 피폐한 삶이 그것을 잘 보여주고 있습니다. 매일 진수성찬을 먹는다 해도 가정이 화목하지 않으면 결코 행복할 수 없습니다. 가정은 사람이 태어나고 자라며 인격과 삶을 배워가는 곳입니다. 이것은 막연히 돈으로 살 수 없습니다. 오직 서로 섬기고 배려하는 사랑으로만 깨달을 수 있는 것입니다.

***삼위 하나님이 연합하심같이 우리 가정도 사랑으로 하나되게 하소서.

지혜의 근원

슬기로운 종은 부끄러운 짓을 하는 주인의 아들을 다스리겠고
또 형제들 중에서 유업을 나누어 얻으리라(17:2)

아버지 야곱에게 가장 사랑받는 아들은 요셉이었습니다. 형들이 들에서
양을 치고 있을 때도 요셉은 집에서 채색 옷을 입고 지냈으니까요. 형들
이 그런 요셉을 시기하는 것은 어쩌면 당연한 일이었습니다. 급기야 형들
이 요셉을 노예로 팔면서 요셉의 특별한 삶은 시작됩니다. 요셉은 주인
보디발에게 성실함과 지혜로움을 인정받기도 하지만, 곧 주인 아내의 모
함으로 왕의 감옥에 갇히게 되지요. 그리고 그곳에서 관원들의 꿈을 해몽
하다 바로의 꿈까지 해몽하게 되고, 이로써 미천한 노예이자 죄수였던 요
셉은 강대국 애굽의 총리 자리까지 오르는 인생 역전이 펼쳐집니다. 훗날
야곱의 가족은 이스라엘 민족으로 성장하며 살아갈 땅을 유업으로 받기
도 했습니다.

종 요셉이 주인의 사람들을 다스리며 그 땅을 기업으로 얻을 수 있었던
비결은 바로 지혜입니다. 하나님은 요셉의 특별한 삶을 예비하시며 그것
을 헤쳐갈 지혜도 함께 준비하셨습니다. 오직 여호와를 경외함이 그를
이끄는 지혜가 되어 그의 삶을 복되고 귀하게 만들었습니다. 세상을 다스
리고 하나님 나라를 상속받는 지혜는 여호와를 경외함에서 나옵니다.

•••여호와를 경외함으로 하나님 나라를 상속받게 하소서.

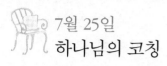

7월 25일
하나님의 코칭

도가니는 은을, 풀무는 금을 연단하거니와 여호와는 마음을 연단하시느니라(17:3)

찰스 스윈돌 목사님은 모세가 광야에서 받은 훈련을 크게 네 가지로 나누었습니다. 첫째, 낮아지는 훈련입니다. 아무도 알아주는 이 없는 곳에서 모세는 비로소 자신이 대단한 것이 아니라 하나님이 광대하신 분임을 깨닫습니다. 둘째, 기다리는 법을 배우는 것입니다. 하나님의 때를 기다리는 지혜를 40년간의 광야생활을 통해 배우게 됩니다. 셋째, 묵상의 능력을 체득하는 것입니다. 광야는 모세에게 침묵의 고요와 고독의 깊이를 가르치는 은혜의 보고(寶庫)였습니다. 넷째, 불편함을 통한 연단입니다. 광야에서 '불편'이라는 훈련을 받지 못했다면, 이후 40년 동안 이스라엘 백성을 광야로 인도하는 일은 무척 어려웠을 것입니다.

광야는 성도에게 필요한 덕목을 가르치는 배움의 터전입니다. 하나님은 우리의 안온한 삶을 깨뜨리고 광야로 불러내십니다. 불타는 가시덤불 사이에서 우리의 이름을 부르십니다. 폭신폭신한 신발도 벗겨내십니다. 이는 우리와 함께 일하시고 싶어서입니다. 그러기에 우리를 훈련시키고 연단하십니다. 최선의 길을 아시는 하나님과 동행할 수 있도록, 하나님의 말씀을 담을 수 있도록, 하나님의 사랑을 나를 수 있도록… 우리의 부족함을 하나님의 사랑으로 하나하나 채워 가시면서 말입니다.

***주님의 사랑의 연단이 축복임을 고백하며 정금 같은 열매를 맺게 하소서.

주께 하듯 하라

가난한 자를 조롱하는 자는 그를 지으신 주를 멸시하는 자요
사람의 재앙을 기뻐하는 자는 형벌을 면하지 못할 자니라(17:5)

링컨 대통령은 시간이 날 때마다 백악관 창가에 서서 근처에 있는 초등학교를 바라보았습니다. 아이들이 어울려 노는 모습을 지켜보는 것이 큰 즐거움이었습니다. 그러던 어느 날, 링컨 대통령은 아이들 여러 명이 한 아이를 두고 가난뱅이라고 놀리는 것을 보았습니다. 친구들의 구두는 모두 깨끗하고 광이 나는데, 그 아이의 구두는 너무 낡아서 지저분했던 것입니다. 그 모습을 물끄러미 바라보던 링컨은 가난하다고 놀림받던 아이의 집으로 선물을 보내, 다음 날 그 아이가 새 구두와 새 옷을 입고 등교하도록 배려했다고 합니다.

하나님은 언제나 우리를 감찰하십니다. 그리고 말씀하십니다. "내가 곤고하고 가난한 백성을 네 가운데에 남겨 두리니 그들이 여호와의 이름을 의탁하여 보호를 받을지라"(습 3:12). 동서고금을 막론하고 가난한 사람은 멸시와 무시의 대상이 되기 쉽습니다. 그러나 하나님은 우리를 그렇게 대하지 않으십니다. 우리가 하나님의 자녀이며 또 친히 당신의 피 값으로 구속하셨기 때문입니다. 하나님의 사랑이 그러할진대 어찌 우리가 함부로 조롱하고 멸시할 수 있겠습니까? 주의 이름으로 대접하며 주께 하듯 섬기기에 힘쓸 뿐입니다.

✱✱✱주님을 향한 감사와 찬양으로 양식을 삼으며 날마다 베풀게 하소서.

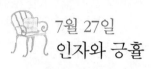

인자와 긍휼

허물을 덮어 주는 자는 사랑을 구하는 자요 그것을 거듭 말하는 자는 친한 벗을 이간하는 자니라(17:9)

시집온 지 얼마 되지 않은 새색시가 하루는 부엌에서 울고 있었습니다. 그 모습을 본 남편이 이유를 물으니 밥을 태웠다고 했습니다. 이야기를 듣던 남편은, 자신이 바빠서 물을 조금밖에 길어오지 못해 물이 부족하여 밥이 탔으니 자기 잘못이라며 아내를 위로했습니다. 이 말을 들은 색시는 울음을 그치기는커녕 감격하여 더 크게 울었습니다. 부엌 앞을 지나가던 시아버지가 이 광경을 보고 또 이유를 묻습니다. 이유를 들은 시아버지는 자신이 연로하여 장작을 잘게 패지 못해 불이 너무 세서 밥이 탔다며 이것은 자기 잘못이라고 합니다. 그때 시어머니도 나와 자초지종을 듣고는, 자신이 늙어 밥 냄새도 맡지 못해 밥 내려놓을 때를 미리 알려주지 못했기 때문이라며 자기 탓이라고 했습니다.

잘못을 지적하고 교정을 요구하기는 쉽습니다. 그러나 진심으로 용서하고 이해하는 것은 쉬운 일이 아닙니다. 사랑만이 모든 허물을 덮어줍니다. 사랑은 용납하고, 이해하며, 더 나아가 잘못을 자기에게 돌리기까지 합니다. 이것이 주님께서 우리에게 보여주신 사랑입니다. 주님처럼 사랑하는 일이 우리에게 쉽지는 않습니다. 다만 죄 사함을 받고 그리스도의 의로우심을 따라 나 같은 죄인도 하나님께 용납되었음을 알기에 겸손히 기도하며 사랑할 뿐입니다.

***주님의 인자와 긍휼을 따라 우리도 서로 허물을 감싸주며 살게 하소서.

226

지혜의 교훈

> 한 마디 말로 총명한 자에게 충고하는 것이 매 백 대로
> 미련한 자를 때리는 것보다 더욱 깊이 박히느니라(17:10)

어린 나이에 장원급제하여 스무 살에 벼슬길에 나선 젊은이가 있었습니다. 자만심으로 가득 차 있던 젊은이는 맡은 고을에 부임하자마자 그 고을의 현자(賢者)라고 불리는 노인을 찾아갔습니다. 그러고는 마을을 잘 다스리는 데 가장 중요한 것이 무엇인지 물었습니다. "나쁜 일을 하지 말고 착한 일을 베푸시면 됩니다." 현자의 짧은 대답에 젊은이는 그건 누구나 다 아는 사실이라면서, 고작 그것밖에 할 말이 없느냐며 떠나려 했습니다. 차 한 잔만 마시고 가라고 붙잡은 현자는, 젊은이의 찻잔이 넘치는데도 찻물을 계속 부었습니다. 젊은이가 찻물이 넘친다고 버럭 화를 내자 이윽고 현자가 입을 엽니다. "찻물이 넘쳐 방바닥을 적시는 건 아시는 분이, 지식이 넘쳐 인품을 망치는 것은 왜 모르십니까?" 이 말에 부끄러워진 젊은이는 황급히 자리를 떠나려다 그만 문틀에 머리를 부딪치고 맙니다. 현자는 껄껄 웃으며 한 마디 덧붙였습니다. "고개를 숙이면 부딪치는 법이 없습니다."

인간은 모두 연약하여 누구나 죄를 짓습니다. 그러나 총명한 자는 양심의 작은 거리낌에도 뉘우치고 회개하는 반면, 미련한 자는 큰 자극에도 돌이키지 못합니다. 자기의 할 일을 즉시 하라는 주님의 말씀을 듣고도 결국 주님을 팔고 말았던 가룟 유다처럼 말입니다.

***주님의 말씀에 귀 기울이고 주님의 교훈을 청종하게 하소서.

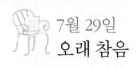

7월 29일
오래 참음

다투는 시작은 둑에서 물이 새는 것 같은즉 싸움이 일어나기 전에 시비를 그칠 것이니라(17:14)

기골이 장대한 어느 흑인이 버스 안에서 인종차별적인 대우를 받았습니다. 차장이 무례한 말로 호통을 칩니다. "어이, 검둥이 빨리 나가!" 몸집이 큰 흑인은 표정도 바뀌지 않고 조용히 내렸습니다. 그와 한 편이 되어 종종 싸움을 벌이던 친구가 화를 내며 말했습니다. "이봐, 조지. 어떻게 된 거야. 한 방 먹여 버려. 내가 합세해 줄게." 그러자 그가 조용히 말했습니다. "이봐 친구, 난 싸울 수가 없네. 하나님이 내 울화통을 빼앗아 가셔서 나는 더 이상 싸움을 할 수 없어. 예수님을 믿고 난 후로는 싸우려는 마음이 완전히 사라졌다네."

온갖 종류의 다툼과 분쟁이 끊이지 않는 세상입니다. 분쟁의 주체들마다 가치관이 다르고, 판단의 근거도 다르며, 생각과 취향과 성격도 다릅니다. 그래서 시비가 붙고 다툼으로 커져갑니다. 커다란 산불도 처음에는 작은 불씨에서 시작되었습니다. 작은 불씨를 우습게 여기고 적절한 때 진압하지 않으면 온 산을 태우는 큰 불이 되고 맙니다. 사랑은 오래 참음이라고 했습니다. 작은 시비의 단계에서 조금만 더 '오래 참음'으로 넘어간다면 이 세상에 또 하나의 분쟁이 더해지는 것을 막을 수 있지 않을까요? 우리를 오래 참아주시는 하나님의 마음으로 말입니다.

***분을 품지 말고 오래 참음으로 세상을 화평케 하는 자가 되게 하소서.

친구의 사랑

친구는 사랑이 끊어지지 아니하고
형제는 위급한 때를 위하여 났느니라(17:17)

미국의 시인 월트 휘트먼은 말년에 한 의사의 말을 들으며 자신이 노래해 온 사랑의 가치를 새로 깨닫게 되었습니다. "저는 의사가 된 지 30년이 되었습니다. 그동안 많은 처방을 해왔습니다만, 아픈 사람에게 가장 좋은 처방은 다름 아닌 사랑이라는 것을 알게 되었습니다." 이 말에 휘트먼은 크게 공감하면서 "그러면 사랑이란 약이 잘 듣지 않을 때는 어떻게 하지요?"라고 물었습니다. 그러자 의사는 이렇게 대답했습니다. "그땐 처방을 두 배로 늘리게 되지요!"

성경은 다윗과 요나단의 우정을 소개하고 있습니다. 요나단은 이스라엘의 왕자였고 다윗은 목동 출신의 평민이었지만, 그들은 신분을 초월해 진실한 우정을 나누었습니다. 요나단에게 다윗은 왕위 계승의 가장 큰 위협이었고, 다윗은 요나단의 아버지 사울 왕에게 목숨을 위협받았습니다. 그러나 위급할수록 두 사람은 서로 더욱 아끼고 보호해주었습니다. 사랑의 처방이 두 배로 늘어난 것입니다. 주님은 친구를 위하여 목숨을 버리면 이보다 더 큰 사랑이 없다고 말씀하셨습니다. 그리고 그 말씀대로 우리를 위하여 목숨을 내주셨습니다. 아무런 조건이나 숨은 의도나 비밀도 없이, 오직 친구를 위하여 말입니다.

●●●우리의 참 벗이 되어주신 예수님처럼 우리도 서로 사랑하게 하소서.

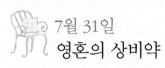

7월 31일
영혼의 상비약

마음의 즐거움은 양약이라도 심령의 근심은 뼈를 마르게 하느니라(17:22)

흑인으로 전 세계인의 존경을 받은 넬슨 만델라는 백인 정부에 의해 26년 간이나 감옥살이를 했습니다. 사람들은 그가 출옥할 때 아주 허약해져 있을 거라고 생각했습니다. 그런데 70세가 넘은 만델라는 아주 건강한 모습으로 씩씩하게 걸어 나왔습니다. 5년만 감옥살이를 해도 건강을 잃는데, 어떻게 26년간 옥살이를 하면서도 그렇게 건강할 수 있었느냐는 질문에 그는 이렇게 대답했습니다. "감옥에서 하나님께 감사했습니다. 하늘을 보고도 감사하고, 땅을 보고도 감사하고, 강제노동을 할 때도 감사하고, 늘 감사했기 때문에 건강을 지킬 수 있었습니다." 그 후 만델라는 노벨 평화상을 받았고, 남아프리카 공화국의 대통령이 되었습니다.

감사와 사랑은 우리의 영혼을 살찌게 합니다. 감사하는 마음에는 평안이 있고 언제나 기쁨이 샘솟습니다. 암의 치유법 중에 '구제봉사요법'이 있습니다. 자신보다 더 어렵고 힘든 사람을 찾아 섬기는 중에 감사를 알게 되고, 이로 인해 호르몬의 밸런스가 좋아지고 면역력이 증가되어 건강도 회복된다는 것입니다. 옛말에 "곡식도 주인 발자국 소리를 듣고 큰다"는 말이 있습니다. 한낱 미물도 사랑을 받으면 생명력이 넘치는데 사람은 어떻겠습니까? 범사에 감사하며 사랑을 풍성히 나누는 사람은 육신과 심령이 언제나 강건합니다.

✦✦✦그리스도 예수 안에서 미쁘신 뜻을 따라 감사하고 사랑하며 살게 하소서.

지혜로 여는 매일 묵상 8월

"여호와의 이름은 견고한 망대라
의인은 그리로 달려가서 안전함을 얻느니라"

(잠 18:10)

Proverbs

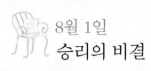

8월 1일
승리의 비결

지혜는 명철한 자 앞에 있거늘 미련한 자는 눈을 땅 끝에 두느니라(17:24)

크래프트는 마차에 치즈를 싣고 다니며 팔았습니다. 그는 매일 치즈를 팔러가기 전 하나님께 지혜를 달라고 기도했습니다. 그 기도 응답으로 판매전략에 대한 지혜를 얻게 되었습니다. 점점 사업이 번창하여 나중에는 수많은 트럭으로 치즈를 공급하는 큰 사업가가 되었습니다. 그때부터 사람들은 그를 '치즈 왕'이라고 부르기 시작했습니다. 누군가 성공 비결을 묻자 크래프트는 이렇게 대답했습니다. "하나님께 지혜를 구하는 기도를 드리자 지혜를 주셨고, 그대로 실천하자 이렇게 사업이 번창했습니다." 지혜를 구하는 믿음과 그것을 실천하는 믿음이 큰 성공을 이루어낸 것입니다.

명철한 사람은 지혜의 소중함을 잘 알기에 지혜에 모든 관심을 집중합니다. 그리고 지혜와 늘 가까이 있어 그것을 따라 행하며 살아갑니다. 그러나 미련한 자의 눈은 막연한 곳에 있어 세속적이고 산만하게 살아갑니다. "내 아버지께서 이제까지 일하시니 나도 일한다"(요 5:17)고 말씀하신 예수님은 일하시기 전에 언제나 한적한 곳을 찾아 기도하셨습니다. 아버지와 대면하고 교제하는 시간을 통해 아버지의 뜻을 이해하고 그것을 이루어갈 지혜를 구하신 것입니다. 예수님의 승리하는 삶의 비결은 바로 여기에 있었습니다.

***여호와를 경외함이 지혜의 근본임을 알고 주님을 경외하게 하소서.

8월 2일

입술의 휴식

미련한 자라도 잠잠하면 지혜로운 자로 여겨지고
그의 입술을 닫으면 슬기로운 자로 여겨지느니라(17:28)

터키의 남쪽 타우루스 산맥에 서식하는 두루미는 날아가면서 시끄러운 소리를 냅니다. 두루미들의 이 요란한 소리는 독수리에게 그들의 위치를 알려주는 위험한 버릇이었습니다. 그러나 부리 소리를 즐겨내는 것이 그들의 오랜 습관이었기에 어쩔 수 없이 독수리의 표적이 되곤 했습니다. 그런데 경험이 많은 몇몇 두루미들이 날기 전에 입 안을 돌멩이로 채우는 것이 목격되었습니다. 그들은 날면서 소리를 내지 않으려고 스스로 돌멩이를 입 안 가득 무는 것이었습니다. 이처럼 입을 꼭 다문 채 잠잠히 날아가는 두루미들은 독수리에게서 안전하다는 것을 확인할 수 있었습니다.

성경은 곳곳에서 입을 지키는 자가 생명을 보전할 거라고 말합니다. 말로 허물이 드러나기 쉬우니 시기적절한 말만 해야 한다는 것입니다. 말을 해야 할 때 하지 않는 것도 미련한 일이지만, 아무 때나 나서서 앞뒤 가리지 않고 말하는 것은 더 어리석은 일입니다. 길거리의 경적 같고 소 싸움터의 거친 숨소리 같은 말들을 마구 쏟아내는 것은 참 곤혹스러운 일입니다. 이제는 마음이 온유하고 겸손하신 우리 주님께로 돌아가, 그분의 멍에를 메고 마음의 쉼을 얻는 지혜를 배워야 합니다.

°°°예수님 안에서 마음과 생각을 지키고 천국의 지혜로 말하게 하소서.

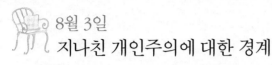

8월 3일
지나친 개인주의에 대한 경계

무리에게서 스스로 갈라지는 자는 자기 소욕을 따르는 자라 온갖 참 지혜를 배척하느니라(18:1)

2008년 어느 국회의원이 공개한 중소기업청 국정감사 자료에 따르면, 지난 2003년부터 2008년 7월까지 총 151건의 기술유출이 발생했고, 이에 따른 피해금액이 188조 5천억 원을 넘었다고 합니다. 이것은 공동체의 이익에 대한 고려 없이 사리사욕만을 추구한 이들이 초래한 엄청난 결과입니다. 그로 인해 그들이 속한 공동체는 물질적 정신적으로 엄청난 손실을 입었습니다.

오늘날 우리는 가정, 학교, 직장, 교회, 그밖의 여러 공동체의 일원으로서 다양한 역할을 감당하고 있습니다. 우리가 속해 있는 공동체로 인해 우리의 삶은 이전보다 더욱 풍성해졌습니다. 현재의 자신을 있게 해준 공동체에 대한 유익을 고려하지 않고 그저 '나만'이라는 개인주의와 사리사욕에 치중한다면, 자신이 속한 공동체가 심각한 피해를 입는 것은 불 보듯 뻔한 일입니다. 이제 '나만'을 생각하는 독선과 자기 욕망에서 벗어나 지금의 자신을 있게 해준 공동체의 유익을 위해 개인적인 욕망들을 밖으로 흘려보내야 할 때입니다.

•••제 안의 이기적인 욕망들을 밖으로 흘려보내게 하소서.

명철한 자가 되라

미련한 자는 명철을 기뻐하지 아니하고
자기의 의사를 드러내기만 기뻐하느니라(18:2)

대화할 때 상대방에 따라 대화의 내용과 질이 달라집니다. 우리는 종종 귀가 얇은 사람을 만납니다. 그는 다른 사람의 말을 쉽게 믿고 받아들입니다. 이러한 사람을 설득하기는 아주 쉽습니다. 반대로 어떤 사람들과는 대화를 마친 다음에도 서로 의견이 오갔다는 느낌을 받지 못합니다. 남의 의견에 귀 기울이지 않고 자기 이야기만 하기 때문입니다. 자기 의견 없이 남의 말을 너무 쉽게 믿는 사람이나, 남의 의견은 무시하고 자기 의견만 주장하는 사람 모두 명철하지 못하기는 마찬가지입니다.

1997년, 한국은 IMF로부터 구제 금융을 받아야만 하는 상황이었습니다. 개인이 하는 작은 사업뿐 아니라 큰 기업들과 은행까지도 도산했습니다. 상상조차 하지 못했던 초유의 사태였습니다. 그러나 그 와중에도 성장한 기업들이 있습니다. 아집과 독선 그리고 무한한 욕망을 좇는 방만 경영을 접고 전문기업 컨설턴트의 충고를 받아들여 경영 구조를 미리 개선한 기업들이었습니다. 지혜로운 충고를 듣지 않는 미련한 자는 멸망하나 겸손하게 충고를 듣는 자는 승리합니다.

❊❊❊하나님의 지혜를 즐겨 듣게 하소서.

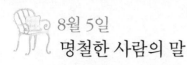

8월 5일
명철한 사람의 말

명철한 사람의 입의 말은 깊은 물과 같고
지혜의 샘은 솟구쳐 흐르는 내와 같으니라(18:4)

기후는 사람들의 삶과 사고에 많은 영향을 미칩니다. 성경을 이해하는 데
이스라엘의 기후와 지형은 중요한 요소입니다. 이스라엘은 아열대성 기
후와 지중해성 기후의 경계선상에 있습니다. 북부 지역은 지중해성 기후
의 남단부에 속하고, 남부 지역은 아열대성 기후의 최북단에 속합니다.
그래서 겨울철에는 우기가 형성되고 여름철에는 건기가 형성됩니다. 강
수량이 절대 부족한 이런 기후에서 물은 생명과 직결되어 있습니다. 아울
러 물은 목축과 풍족한 곡식을 생산해내는 데 기여하므로 물질적인 풍요
와도 연결되어 있습니다.

성경 기자는 명철한 사람의 말을 가리켜 깊은 물과 같다고 합니다. 이스
라엘 기후와 관련되어 설명한 것이지요. 명철한 사람이 하는 말은 늘 사
려 깊고 심오함을 담고 있어, 그 말을 듣는 사람들로 하여금 삶에 생명력
을 더하게 하고, 삶을 더욱 풍요롭고 윤택하게 합니다. 아울러 샘에서 솟
구친 물이 시내를 이루어 메마른 대지를 적시듯 주변 사람들의 삶을 늘
풍성하게 합니다. 그러나 미련한 사람이 내뱉는 말은 가뭄에 마른 개울같
이 생명력이 없습니다.

••• 명철과 지혜를 더해주셔서 주위 사람들의 삶을 풍요롭게 하게 하소서.

의로운 재판

악인을 두둔하는 것과 재판할 때에
의인을 억울하게 하는 것이 선하지 아니하니라(18:5)

2007년 1월 15일, 재판에서 패소 판결을 받은 한 수학자가 재판장의 집을 찾아갔습니다. 그의 한 손에는 석궁(돌을 쏘는 활)이 들려 있었습니다. 그는 퇴근하는 재판장에게 다가가 패소 판결에 대해 따졌습니다. 그러다 실랑이를 벌이게 되었고, 석궁에 장착되어 있던 돌이 재판장을 향해 날아갔습니다. 이 사건이 바로 '석궁 사건'입니다. 사람들은 이 사건을 둘러싸고 '석궁 테러'인지 '국민저항권 행사'인지 갑론을박했습니다. 이 석궁사건은 사법부에 대한 국민의 신뢰가 미약하다는 것을 보여주는 단적인 사례입니다. 석궁 사건은 당사자가 상해와 명예 훼손 등으로 징역 4년을 선고받음으로써 종결되었지만, 이 사건을 둘러싼 논란은 아직도 끊이지 않고 있습니다.

오늘의 말씀은 공정한 판단을 내려야 하는 신성한 재판이 여러 외적인 요인들로 좌지우지되는 불의한 상황에 대해 말하고 있습니다. 물론 우리나라의 사법부는 예전에 비해 많이 투명해져 공정한 판결을 내리고 있습니다. 그러나 몇몇 재벌 총수나 핵심 권력층을 향한 판결에는 간혹 객관성을 잃는 모습을 볼 수 있습니다. 우리는 사법부가 어떤 외적인 것에도 압력받지 않고 공정하게 판결을 내리도록 기도해야 합니다.

❋❋❋이 나라의 사법부가 공정하게 재판권을 행사하도록 이끌어주소서.

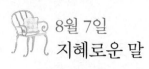

8월 7일
지혜로운 말

미련한 자의 입술은 다툼을 일으키고 그의 입은 매를 자청하느니라(18:6)

한 아이가 작은 산에 올라가 놀고 있었습니다. 화창한 봄날이라 산마다 꽃이 만발하여 경치가 좋았습니다. 즐거운 마음에 아이는 노래를 불렀습니다. 그런데 누군가 건너편에서 자기와 똑같은 노래를 부르는 것이었습니다. 누가 흉내를 내는가 싶어 "누구니?" 하고 물었더니 똑같이 "누구니?" 하고 대답합니다. 자신을 놀리는 것으로 안 아이가 화가 나서 이번에는 욕을 했습니다. 그랬더니 욕도 따라합니다. 아이는 집에 돌아와 어머니에게 그 일을 이야기했습니다. 어머니는 이렇게 말씀하셨습니다. "사람의 소리가 산과 마주치면 그 소리가 울려 되돌아오는 것이란다. 네게 욕이 들린 것은 네가 욕을 했기 때문이야. 좋은 말을 했으면 좋은 말이 돌아왔을 거야."

갈등과 다툼 속에서는 과격한 말들이 오고갑니다. 사소한 일로 거침없이 쏟아내는 과격한 말이 큰 다툼이 되고 결국에는 파국으로 치닫게 됩니다. 반면 온유한 말은 일촉즉발의 위기와 긴장을 해소하고 서로 화해하고 화평하게 만듭니다. 우리 마음속에 하나님 나라가 먼저 임하면 우리 입을 통해 그 나라의 선함과 아름다움이 전파될 것입니다. 우리가 먼저 하나님 나라의 백성으로 살아가면 우리의 삶을 통해 그 나라를 화평케 하는 능력이 드러날 것입니다.

***하나님 나라가 임하여 날마다 그 나라의 백성으로 살아가게 하소서.

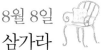

남에 대한 말을 삼가라

남의 말하기를 좋아하는 자의 말은 별식과 같아서
뱃속 깊은 데로 내려가느니라(18:8)

어느 날 동물들이 뱀에게 물었습니다. "사자는 사냥감을 쓰러뜨린 다음 날카로운 이빨로 뜯어먹고, 이리도 사냥감을 잡은 후 날카로운 이빨로 먹잇감을 찢어 먹지. 그런데 뱀, 너는 왜 사냥감을 통째로 꿀꺽 삼키니?" 그러자 뱀이 대답했습니다. "그래도 다른 사람을 헐뜯는 인간보다는 낫지 않니? 나는 적어도 혀를 함부로 사용해 다른 사람에게 상처 입히는 일 따위는 하지 않으니까!" 이것은 탈무드에 나오는 우화입니다. 비록 사람에게 혐오를 받는 뱀이지만 혀를 함부로 놀리지 않는다는 이 이야기는 말에 대한 교훈을 주고 있습니다.

남의 말하기를 좋아하는 사람은 타인에 대한 험악한 말을 지속적으로 내뱉습니다. 그런 악한 행위를 맛있는 음식 먹는 것처럼 즐기며 거기에 탐닉합니다. 그런 사악함은 뱃속 깊은 곳, 즉 내면의 곳곳에 독소처럼 퍼져 자신은 물론 주변 사람들에게 악한 영향을 미치게 됩니다. 오늘날 이 세상이 불신으로 가득하게 된 것이 어쩌면 남의 말하기를 즐기며 생각 없이 소문을 퍼뜨렸던 내 사소한 행동 때문은 아닌지 진지하게 고민해볼 때입니다.

***남의 말하기를 즐기던 죄악된 심성을 성령의 불로 정결케 하소서.

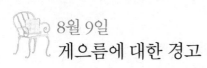

8월 9일
게으름에 대한 경고

자기의 일을 게을리하는 자는 패가하는 자의 형제니라(18:9)

게으르기로 소문난 농부가 있었습니다. 하루는 낮잠을 자고 있는데 잠결에 이상한 소리가 들렸습니다. 눈을 뜨고 보니 도둑이 담을 넘고 있었습니다. 그것을 본 농부는 "어, 도둑이네…. 저놈, 담장을 넘어 마당에 들어오기만 해봐라." 하고 중얼거리며 다시 잠 속으로 빠져 들었습니다. 이내 다시 '쿵' 소리가 들렸습니다. 농부가 힘겹게 눈을 떠보니 도둑이 담에서 뛰어내려 마당을 살금살금 걸어오고 있었습니다. 그러나 이번에도 무겁게 내려오는 눈꺼풀을 이기지 못한 농부는 "집안에 들어오기만 해봐라." 하며 중얼거렸습니다. 얼마 후 도둑은 안방에서 값나가는 물건을 한 가득 짊어지고는 대문을 열고 밖으로 걸어 나갔습니다. 게으른 집주인은 도둑의 뒷모습을 보며 중얼거렸습니다. "이놈, 다시 오기만 해봐라…."

솔로몬은 "사람이 자기 일에 즐거워하는 것보다 더 나은 것이 없음을 보았나니"(전 3:22)하고 고백합니다. 자기의 일을 즐기는 것은 하나님이 주신 선물입니다. 우리에게 일은 권리인 동시에 의무입니다. 성경 기자가 이야기하는 것처럼 자기 일을 게을리하는 사람은 망해가는 사람임을 기억하며, 주어진 일에 성실히 최선을 다해야겠습니다.

°°°제게 맡겨진 일에 최선을 다하게 하소서.

하나님은 나의 망대

여호와의 이름은 견고한 망대라
의인은 그리로 달려가서 안전함을 얻느니라(18:10)

"산산이 부서진 이름이여! 허공 중에 헤어진 이름이여! 불러도 주인 없는 이름이여! 부르다가 내가 죽을 이름이여! 심중에 남아 있는 말 한 마디는 끝끝내 마저 하지 못하였구나. 사랑하던 그 사람이여! 사랑하던 그 사람이여!" 이 시를 기억하십니까? 김소월 시인이 쓴 "초혼"이라는 시의 일부입니다. "초혼"은 혼을 부르는 행위, 즉 죽은 사람의 혼을 불러 다시 소생시키려는 간절한 소망을 담은 전통적 고복의식(皐復儀式)과 관련이 있습니다. 김소월 시인이 그토록 애타게 부르짖은 님은 바로 국권을 상실한 우리 조국이었습니다. 그러나 그런 애타는 부르짖음에도 님은 결코 돌아올 수 없었습니다. 님은 이미 자존성을 잃어버린 상태였으니까요.

일상에서 전혀 예상치 못한 일을 만날 때 누구의 이름을 부르며 도움을 구합니까? 숨 한 번 내쉬었다가 다시 들이키지 못하면 생명을 잃고 마는 나약한 인간을 의지하며 그들의 이름을 부르고 있지는 않습니까? 우리가 의지할 수 있는 분은 오직 전능하신 자존자 하나님뿐입니다. 나약한 인간은 자기 이익에 따라 조변석개(朝變夕改)하지만, 신실하신 하나님은 변함없이 오늘도 우리와 함께하십니다. 오직 하나님만이 연약한 우리 인생길에 견고한 망대가 되어 우리에게 진정한 안식과 평안을 주실 수 있습니다.

***오늘 하루도 견고한 망대이신 주님께 달려가 안식과 평안을 얻게 하소서.

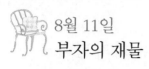

8월 11일
부자의 재물

부자의 재물은 그의 견고한 성이라 그가 높은 성벽 같이 여기느니라(18:11)

대기 중 빛의 이상굴절에 의해 물체가 실제 위치에서 벗어나 보이는 현상을 신기루라고 합니다. 이 신기루는 대기의 이상굴절로 생긴 허상이 각각 위쪽, 아래쪽, 옆쪽에서 보이기도 합니다. 이중 흔히 볼 수 있는 것이 하방굴절 신기루로, 여름 낮 마치 도로 위에 물웅덩이가 있는 것처럼 자동차 등의 상(像)이 아래쪽으로 거꾸로 보이는 현상을 말합니다. 사막에서 흔히 볼 수 있는 이 하방굴절 신기루는, 나폴레옹 1세의 이집트 원정 때 종군하였던 프랑스 수학자 G. 몽즈가 처음으로 이 현상을 기술하여 '몽즈 현상'이라고도 부릅니다.

오늘 말씀은 부자는 자신의 재물을 아무도 못 오를 높은 성벽처럼 여긴다고 말합니다. 부자가 재물을 성벽처럼 여긴다는 것은, 마치 신기루 같은 아무 도울 힘도 없는 것들을 부자가 부여잡고 있다는 뜻입니다. 신기루같이 곧 사라질 재물을 영원하신 하나님 대신 붙잡고 성벽처럼 쌓아 놓은 채 자만하고 있는 자들을 향해 하나님은 말씀하십니다. "어리석은 사람아, 오늘 밤에 네 영혼을 네게서 도로 찾을 것이다. 그러면 네가 장만한 것들이 누구의 것이 되겠느냐? 자기를 위해서는 재물을 쌓아 두면서 하나님께 대해서는 부요하지 못한 어리석은 사람아!"

***신기루 같은 재물을 위해 주님 안에서의 부요함을 포기하지 않게 하소서.

조급하지 말라

사연을 듣기 전에 대답하는 자는 미련하여 욕을 당하느니라(18:13)

남의 이야기를 듣기 전에 대답하는 사람에 대해 탈무드는 이렇게 말합니다. "내가 모든 것을 저울에 달아 보니 곡식가루보다 더 가벼운 것은 보지 못했노라. 그러나 곡식가루보다 가벼운 것이 있으니 처가에 붙어사는 사람이요, 이보다 더 가벼운 것이 있으니 손님이 되어 자기 친구까지 끌어들이는 사람이요, 이보다 더 가벼운 것이 있으니 남의 말을 듣기도 전에 대답하는 사람이니라." 사연을 듣기 전에 미리 대답하는 사람은 성품이 조급하고 경박한 사람입니다. 이런 사람은 자기 의견을 말해야 할 때 기본적인 상황도 파악하지 못한 채 말부터 꺼내기에 급급합니다. "말은 입속에 있는 동안에만 자신이 주인이고 입 밖으로 나가 버린 후에는 그 말의 노예가 된다"는 말이 있습니다. 말의 노예가 되는 사람은 자신을 어려움 속으로 서서히 몰아가는 것입니다.

말과 관련하여 조급함에 대해 경고하는 탈무드는, 하나님이 인간에게 귀는 두 개, 입은 한 개만 만드신 데는 이유가 있다고 합니다. 말하기보다는 잘 들으라는 하나님의 뜻으로 해석해야 한다는 것이지요. 정말 지혜로운 사람은 자신의 혀를 보물같이 소중히 여겨 사람들 앞에 꺼내 놓기를 신중히 합니다.

●●●지나친 혀의 분방함을 경계하게 하소서.

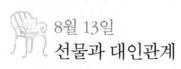

8월 13일
선물과 대인관계

사람의 선물은 그의 길을 넓게 하며
또 존귀한 자 앞으로 그를 인도하느니라(18:16)

우리나라 사람들은 자신은 못 먹어도 선물은 귀한 것을 건네고, 작은 것 하나도 나눠 먹는 것으로 고마움을 표현해 왔습니다. 이것은 명절선물만 보아도 알 수 있습니다. 명절선물에는 그 시대의 경제적 수준과 사회상이 고스란히 녹아 있습니다. 전쟁 직후인 1950년대에는 밀가루, 계란, 찹쌀, 돼지고기, 참기름 등 허기를 채울 수 있는 농수산물을 선물했습니다. 전후 복구가 어느 정도 진행된 1960년대에는 비누, 조미료, 소금, 설탕 등의 생활필수품이 주를 이루었습니다. 산업화가 시작된 1970년대에는 식용유, 치약, 과자세트, 커피세트 등이 인기 품목이었습니다. 1980년대 대중소비사회로 접어들면서 넥타이, 지갑, 스카프와 정육세트, 참치 통조림 등 선물이 다양해졌습니다. 1990년대에는 고가제품과 실용적인 중저가 선물세트로 양극화 현상을 보이며 상품권이 주류로 떠올랐습니다. 2000년대에는 웰빙 붐을 타고 와인과 올리브유, 홍삼 등 건강식품과 미술품이 선물로 등장하기 시작했습니다.

오늘의 말씀에서 말하는 선물은 뇌물과 다릅니다. 이런 선물은 대인관계를 원활하게 해주는 긍정적인 촉매 역할을 합니다. 마음을 담은 적당한 선물은 더욱 풍성한 인간관계의 장으로 인도해줍니다.

***마음을 담은 선물로 더 원활한 대인관계를 유지하게 하소서.

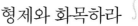

형제와 화목하라

노엽게 한 형제와 화목하기가 견고한 성을 취하기보다
어려운즉 이러한 다툼은 산성 문빗장 같으니라(18:19)

중국 영화 〈명장〉은 중국에서 2억 위안(382억 원) 이상의 수익을 올린 흥행
작입니다. 이 영화는 1870년 중국에서 일어난 '마신이(馬新貽) 살해사건'을
소재로 했습니다. 마신이는 양무운동을 주도한 중국번 아래서 태평천국
의 난 등을 진압하며 출세가도를 달리던 엘리트였습니다. 그런데 양강 총
독으로 지내던 어느 날, 의형제인 장문상의 칼에 찔려 죽게 됩니다. 이 사
건의 진실은 밝혀지지 않았지만 구전에 따르면, 또 다른 의형제인 조이호
의 아내를 탐한 마신이가 누명을 씌워 조이호를 죽이자 이에 대한 복수로
장문상이 마신이를 살해했다는 것입니다. 장문상은 결국 이 일로 사형을
당하고 의형제를 맺었던 세 명이 모두 죽고 맙니다.

영화 〈명장〉은 의형제 간에 벌어진 이야기를 소재로 상상을 더해 만든 영
화지만, 우리 주변에는 종종 이보다 더 영화 같은 일들이 일어납니다. 서
로 사랑하고 화목해야 할 관계가, 사소한 이유로 대립했다가 마침내는 철
천지원수로 돌아서는 경우가 있습니다. 우리 그리스도인들도 예외는 아
닙니다. 오늘의 말씀은 그런 관계를 다시금 회복하는 것이 얼마나 어려운
지를 비유적으로 이야기하고 있습니다. 관계가 악화된 후에 개선하려고
노력하지 말고 처음부터 좋은 관계를 유지하라는 암묵적 교훈입니다.

✻✻✻주님이 맺어주신 형제자매를 더욱 사랑하고 아끼는 사람이 되게 하소서.

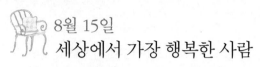

8월 15일
세상에서 가장 행복한 사람

아내를 얻는 자는 복을 얻고 여호와께 은총을 받는 자니라(18:22)

남편을 업신여기고 시부모님에게도 불손한 며느리가 있었습니다. 이를 참다못한 시아버지가 하루는 며느리를 데리고 한 성인(聖人)을 찾아갔습니다. 뾰로통하게 앉아 있는 며느리를 호되게 질책할 거라는 시아버지의 기대와 달리 성인은 며느리를 향해 조용히 말했습니다. "세상에는 나쁜 아내가 있다. 남편이 열심히 벌어온 돈을 탕진해 버리는 도둑 같은 아내, 남편을 제압하려 드는 지배자 같은 아내가 있다. 그러나 이들과 달리 자식을 사랑하듯 남편을 정성껏 돌보는 어머니 같은 아내, 제자의 잘못을 지적하고 올바르게 충고해주는 스승 같은 아내, 남편이 하는 일을 이해하고 협력하는 아내도 있다. 그대는 어떤 아내가 되고 싶은가?" 이 말을 들은 며느리는 부끄러워하며 잘못을 뉘우치게 되었습니다.

탈무드는, 세상에서 가장 행복한 사람은 좋은 아내를 가진 남자라고 합니다. 덧붙여 '아내를 고를 때는 겁쟁이가 되라' 고 권면합니다. 그만큼 아내의 중요성을 강조하는 것입니다. 처음부터 못된 아내는 없습니다. 못된 아내 뒤에는 나쁜 남편이 있습니다. 남편들은 하나님의 도움과 축복이 바로 아내임을 깨닫고 자기 자신처럼 소중히 사랑해야 합니다. 남편과 함께한 세월이 고스란히 담겨 있는 아내의 얼굴은 바로 남편의 얼굴이기도 합니다.

***아내가 곧 하나님의 축복임을 깨닫고 소중히 여기며 사랑하게 하소서.

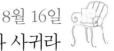

진실한 마음으로 친구와 사귀라

많은 친구를 얻는 자는 해를 당하게 되거니와
어떤 친구는 형제보다 친밀하니라(18:24)

관포지교(管鮑之交)는 관중(管仲)과 포숙아(鮑叔牙)의 사귐을 나타내는 말로, 형편에 구애받지 않고 친구를 위하는 두터운 우정을 일컫습니다. 어려서부터 둘도 없는 친구인 관중과 포숙아는 자라서 관리가 되었습니다. 그런데 얼마 후 왕위를 둘러싼 형제간의 격렬한 대립 속에서, 그 둘은 본의 아니게 적이 되어 버렸습니다. 이 싸움에서 아우가 형을 죽이고 승리하자 아우는 형의 측근인 관중도 죽이려 했습니다. 그때 포숙아가 위험을 무릅쓰고 왕에게 관중의 재능에 대해 이야기합니다. 이야기를 들은 왕은 관중을 살려주고, 훗날 관중은 재상으로 발탁됩니다. 관중은 명재상이 되어 덕치(德治)를 실현하며, 왕이 전국의 패권을 차지하는 데 큰 공을 세우게 됩니다. 후에 관중은 포숙아의 우정을 회고하며 이렇게 말합니다. "나를 낳아준 이는 부모지만 나를 진정으로 알아준 사람은 포숙아다."

친구를 사귈 때 그 수는 중요하지 않습니다. 뜻밖의 어려움을 만날 때, 형식적인 친형제자매보다 비록 남이지만 진정한 우정을 나누며 친밀하게 지내는 친구들이 더 큰 도움을 줍니다. 우리는 포숙아처럼 진실한 마음으로 친구를 사귀는 지혜로운 사람이 되어야 합니다.

✱✱✱포숙아 같은 진실함으로 친구 관계를 맺는 지혜로운 사람이 되게 하소서.

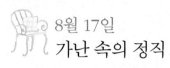

가난 속의 정직

가난하여도 성실하게 행하는 자는 입술이 패역하고 미련한 자보다 나으니라(19:1)

얼마 전 환경미화원 네 명이 시가 7백만 원 상당의 순금을 주인에게 돌려 준 일이 있었습니다. 그들은 여느 때처럼 쓰레기를 수거하다 주민이 내놓 은 장롱에서 번쩍이는 쇠붙이를 발견했습니다. 그것은 금 열쇠 20돈, 팔 찌 5돈, 메달 5돈, 넥타이핀 5돈으로 총 35돈 가량의 순금이었습니다. 귀 금속을 본 순간 나누어가질 수도 있었지만 역지사지(易地思之)의 마음으로 수소문한 끝에 주인을 찾아 되돌려주었습니다. 이 사실은 10여 일이 지나 귀금속을 되돌려받은 사람이 관할 청소과에 감사의 전화를 걸어옴으로써 알려지게 되었습니다. 그러나 귀금속을 돌려준 환경미화원들은 당연히 할 일을 했을 뿐인데 이렇게 감사해하니 쑥스럽다며 수줍은 미소를 지었 습니다.

오늘의 말씀에서 "가난하여도 성실하게 행하는 자"는 물질적으로는 궁핍 하지만 행위만큼은 정직하고 정결하며 높은 도덕성을 지닌 사람을 뜻합니다. 이에 반해 "입술이 패역하고 미련한 자"는 말에 거짓과 위선이 가득 할 뿐 아니라 지적으로도 미련한 사람을 뜻합니다. 가난이라는 사회적 불 편 속에서도 정직하게 행하는 사람에게 주님은 세상이 알 수 없는 평안을 주십니다.

***경제적인 어려움 속에서도 정직하게 행하여 참 평안을 얻게 하소서.

미련한 자의 원망

사람이 미련하므로 자기 길을 굽게 하고 마음으로 여호와를 원망하느니라(19:3)

톨스토이가 어렸을 때, 그의 집에는 진귀한 도자기들이 많았습니다. 아버지는 그 도자기들은 매우 소중히 여겼습니다. 톨스토이에게는 여동생이 있었는데, 여동생은 그 도자기 중에서 가장 예쁜 것을 달라며 오랫동안 아버지를 졸랐습니다. 물론 아버지가 도자기를 선뜻 주실 리가 없지요. 그러던 크리스마스 무렵, 여동생은 또다시 도자기를 달라며 아버지를 졸랐습니다. 결국 아버지는 여동생에게 도자기를 주었습니다. 여동생은 오빠에게 자랑하려고 도자기를 들고 오빠 방으로 뛰어갔습니다. 그런데 그때 문턱에 걸려 넘어지고 말았습니다. 산산조각 난 도자기를 보고 여동생은 큰 소리로 울기 시작했습니다. "누가 집을 이렇게 지어서 나를 넘어지게 한 거야?" 자신의 잘못과 실수는 인정하지 않고 집 지은 사람을 원망했던 여동생을 기억하며 톨스토이가 쓴 글이 바로 〈집 지은 사람의 잘못일까?〉입니다.

미련한 사람은 자신의 무지 때문에 불의와 패망의 길을 가면서도 하나님을 원망합니다. 하나님이 지어주신 인생이라는 집에서 자신의 어리석음 때문에 스스로 넘어졌는데도 모든 책임을 하나님께 떠넘기며 하나님을 대적합니다. 우리는 다른 사람을 원망하기 전에 자신을 돌아볼 줄 아는 지혜로운 사람이 되어야겠습니다.

✱✱✱제 어리석음은 모른 채 하나님을 원망하는 자가 되지 않도록 도와주소서.

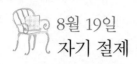

8월 19일
자기 절제

노하기를 더디 하는 것이 사람의 슬기요
허물을 용서하는 것이 자기의 영광이니라(19:11)

한 방송 프로그램에서 가장 분노 조절이 안 되는 중고생 11명을 선발했습니다. 이들의 분노지수는 최저 60에서 최고 99, 일반인의 평균지수 50을 크게 웃도는 수치였습니다. 참가자들은 실제로 컴퓨터 게임이 잘 안 풀리거나 깡통 쌓기가 마음대로 되지 않자 짜증을 내고 물건을 던지는 등 분노를 조절하지 못했습니다. 이에 의료진은 학생들에게 2주간 심리 분노 조절 트레이닝을 제안했습니다. 처음에는 트레이닝에 잘 적응하지 못했지만 2주 후 컴퓨터 게임이나 깡통 쌓기를 다시 진행해보니, 잘 안 돼도 화를 내지 않고 웃거나 침착하게 대처하는 변화된 모습을 보였습니다. 또 2주 후에 다시 실시한 테스트에서 분노지수도 많이 낮아졌습니다. 더욱 놀라운 것은 분노지수가 감소함에 따라 학생들의 IQ가 최고 24단계, 평균 17단계 상승했다는 것입니다.

극렬한 분노가 일어날 때는 그것을 외부로 표출하기보다 왜 그런 일이 일어났는지 냉철하게 생각하는 시간이 필요합니다. '참을 인(忍)'이 셋이면 살인도 면한다는 말이 있습니다. 슬기로움이란 바로 내면의 무분별한 분노를 억제하는 힘입니다.

●●●분노를 절제하고 용서할 줄 아는 하나님의 자녀가 되게 하소서.

8월 20일

하나님의 말씀은 영혼의 방패

계명을 지키는 자는 자기의 영혼을 지키거니와
자기의 행실을 삼가지 아니하는 자는 죽으리라(19:16)

아프리카의 위대한 선교사 리빙스턴이 말년에 옥스퍼드대학에서 명예박사 학위를 받을 때의 일입니다. 학위 수여식에 앞서 예배시간에 리빙스턴은 학생들에게 자신의 경험담을 이야기하고 있었습니다. 무덥고 짜증나는 낮이 계속되고, 춥고 소름 끼치는 기나긴 밤 동안 자신과 계속해서 싸웠다는 리빙스턴의 말에 많은 학생들이 공감하며 고개를 끄덕였습니다. 게다가 온갖 짐승의 공격과 인디언들의 방해로 고통도 이만저만이 아니었다고 했습니다. 사실 리빙스턴의 오른팔은 사자의 공격을 받아 불구가 되어 있었습니다. 연설을 마치자 한 학생이 손을 들고 일어섰습니다. "선생님! 아프리카 생활을 잘 이겨낼 수 있었던 비결은 무엇입니까?" "비결은 아무것도 없습니다. '세상 끝날까지 너희와 항상 함께 있으리라'는 예수님의 말씀과 그분의 십자가가 나를 끝까지 지켜주었을 뿐입니다."

하나님의 말씀을 붙들고 신뢰하며 나아가는 사람의 생명은 반드시 하나님이 보호해주십니다. 더 나아가 그 사람의 영혼은 하나님이 붙들어주셔서 영원한 생명의 길로 인도됩니다. 반면 하나님의 말씀을 가볍게 여기며 하나님이 제시하신 길을 멸시하고 경멸하는 사람의 인생은 파멸로 치닫습니다. 하나님의 말씀은 우리 영혼의 방패이며 생명의 닻줄입니다.

•••영혼의 방패이며 생명의 닻줄인 하나님의 말씀을 늘 준행하게 하소서.

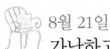

8월 21일
가난하고 연약한 자들을 도우라

가난한 자를 불쌍히 여기는 것은 여호와께 꾸어 드리는 것이니 그의 선행을 그에게 갚아 주시리라(19:17)

허드슨 테일러가 고향인 영국에서 사역할 때의 일입니다. 밤늦게 사역을 마치고 귀가하려는데, 남루한 차림의 사내가 죽어가는 아내를 위해 기도해달라며 심방을 요청했습니다. 그가 도착한 곳은 빈민촌의 아주 허름한 집이었습니다. 집 안으로 들어서자 야윈 여인과 태어난 지 이틀밖에 안 된 아이가 침대에 누워 있었습니다. 허드슨 테일러는 주머니 속에 있던 반 크라운 동전을 만지작거리며 혼자 중얼거렸습니다. '나에게 동전으로 2실링 6펜스가 있다면 이 가족에게 1실링이라도 줄 텐데….' 그가 "낙심하지 마십시오. 하늘에는 자비롭고 사랑 많으신 아버지가 계십니다."라고 위로하며 기도하려고 할 때였습니다. '이 사람들에게 사랑 많으신 하나님 운운하면서 주머니에 돈을 움켜쥐고 있다니!' 하는 하나님의 음성이 들렸습니다. 그는 결국 반 크라운의 동전을 그 집 남편에게 주었습니다. 다음 날 아침, 식량이 떨어진 그에게 소포 하나가 배달되었습니다. 그 안에는 반 크라운의 400배에 달하는 반 파운드 금화 하나가 들어 있었습니다.

가난하고 연약한 자들을 돕는 것은 바로 하나님께 꾸어 드리는 것입니다. 하나님은 그런 선행을 베푸는 사람들에게 반드시 보상해주십니다. 하나님은 가난하고 연약한 자들을 돕는 선행에 대해 넉넉히 갚아주실 수 있을 만큼 전능하신 분이니까요.

°°°상 주실 주님을 바라보며 나눔의 팔을 벌리는 사람이 되게 하소서.

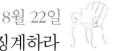

자녀를 올바로 징계하라

네가 네 아들에게 희망이 있은즉 그를 징계하되 죽일 마음은 두지 말지니라(19:18)

어느 흉악한 살인범이 사형집행 전 마지막 소원을 묻는 재판관에게 어머니를 꼭 한 번 만나게 해달라고 간청했습니다. 딱하게 여긴 재판관은 이를 허락했습니다. 어머니에게 마지막으로 인사를 한다던 이 흉악범은 어처구니없게도 어머니의 혀를 깨물어 버렸습니다. 사람들은 마지막까지 패륜을 저지른 사형수의 행동에 경악을 금치 못했습니다. 그런데 사형수는 자기 인생이 이렇게 비참하게 된 것은 어머니의 혀 때문이라며 울부짖었습니다. 어릴 적에 친구의 색연필을 훔쳐왔을 때 어머니는 그냥 머리를 쓰다듬으며 내버려두었다고 합니다. 어른이 되어 더 큰 잘못을 했을 때도 어머니는 전혀 꾸짖지 않았기에 잘못된 습관이 굳어져 결국 사형수가 되었다는 것입니다. 아들의 울부짖음을 들은 어머니는 대성통곡하며 잘못을 뉘우쳤지만 이미 때늦은 후회였습니다.

사랑하는 자녀일수록 징계는 꼭 필요합니다. 자녀를 징계한다는 것은 부모가 자녀에게 관심이 있다는 것이고, 부모가 자녀의 미래에 희망을 가지고 있다는 뜻입니다. 그러나 자녀를 징계할 때는 감정에 치우치지 말아야 합니다. 아무리 큰 잘못을 해도 미워하는 마음으로 징계하면 안 됩니다. 사랑하는 자녀를 올바른 길로 인도하려고 할 때 비로소 올바르게 징계할 수 있습니다.

***자녀를 징계할 때 하나님의 사랑으로 하게 하소서.

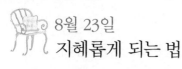

8월 23일
지혜롭게 되는 법

너는 권고를 들으며 훈계를 받으라 그리하면 네가 필경은 지혜롭게 되리라(19:20)

세계의 강철 왕이 된 미국의 실업가 카네기는 회고록 중에 남북전쟁의 영웅인 북군의 한 장군에 대해 이렇게 기록했습니다. "1861년 남북전쟁이 일어났다. … 서부의 정황이 좋지 않을 때, 그 장군이 술에 취해 있을 때가 많다는 소문이 돌았다. 참모인 로린스는 용기를 내어 장군에게 충고했다. 그러자 그 장군은 '그랬던가? 난 전혀 몰랐는데 … 지금 그 말을 듣고 놀랐네….' 하고 대답했다. 이에 참모가 말했다. '장군님! 제가 말한 대로입니다. 부하장교들의 입에 오르내리고 있습니다.' '그러면 어째서 자네는 빨리 알려주지 않았는가! 앞으로는 절대로 술을 입에 대지 않겠네.' 라고 말한 후, 장군은 이 약속을 굳게 지켰다. 몇 해가 지난 뒤 나는 그와 뉴욕에서 식사를 했다. 그런데 그는 앉자마자 술을 치워 버리는 것을 잊지 않았다." 그 장군이 바로 미국의 제18대 대통령 율리시스 심슨 그랜트(Ulysses Simpson Grant)입니다.

쓴 약이 몸에 좋다는 이야기가 있습니다. 때로는 주변의 권고나 훈계가 쓴 소리로 다가올 때가 있습니다. 그럴 때마다 귀를 닫지 말고 겸허한 마음으로 그 소리에 귀를 기울일 줄 아는 지혜로운 사람이 되어야 합니다. 우리가 주변의 권고와 훈계를 삶의 자양분으로 여기며 수용해 나가다 보면, 어느 순간 우리 삶에 지혜의 열매들이 주렁주렁 열릴 것입니다.

***주변의 권고와 훈계에 늘 귀와 마음을 열게 하소서.

인간적인 계획을 버리라

사람의 마음에는 많은 계획이 있어도 오직 여호와의 뜻만이 완전히 서리라(19:21)

힘을 모아 잘 살아보겠다는 인간적인 계획으로 시작했지만, 결과는 반대로 온 지면에 흩어지고 말았던 사건, 바로 창세기 11장의 바벨탑 사건입니다. 하나님의 뜻과는 상관없이 자신들의 계획만 앞세웠던 인간은 결국 힘들게 쌓은 바벨탑의 완성을 보지 못했습니다. 게다가 여러 언어로 나뉘어져 서로 의사소통하기도 힘들어졌습니다. 이 모든 것이 하나님의 뜻을 무시하고 자신들의 생각을 앞세우며 섣불리 행동한 인간의 어리석음 때문입니다.

오늘날 우리는 첨단과학문명을 자랑하는 시대에 살고 있습니다. 우주과학의 발달로 지구 밖의 세상을 오갈 수 있게 되었고, 생명과학의 발달로 인간 복제의 가능성까지 알리게 되었습니다. 그런데 어느 순간부터 하나님의 뜻과 무관하게 인간적인 계획만을 앞세워 현대판 바벨탑을 쌓아가고 있는 것 같습니다. 우리 역시 하나님의 뜻과는 전혀 무관한 바벨탑을 쌓아가고 있는 것은 아닌지 돌아봐야 할 때입니다. 매일의 삶 속에서 하나님의 뜻을 알기 위해 힘쓰며, 허망한 인생의 바벨탑을 쌓는 어리석은 사람이 아닌 주님의 뜻 안에서 견고하게 세워지는 진리의 탑을 쌓는 지혜로운 사람이 되어야겠습니다.

●●●먼저 주님의 뜻을 구하여 허망한 인생의 바벨탑을 쌓지 않게 하소서.

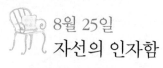

8월 25일
자선의 인자함

사람은 자기의 인자함으로 남에게 사모함을 받느니라 가난한 자는 거짓말하는 자보다 나으니라(19:22)

유대인들은 자선행위를 중요시하는 민족입니다. 그런데 오늘날에는 권하지 않으면 자선을 베풀지 않는 유대인들을 볼 수 있습니다. 그런 유대인들에 대한 이야기를 해보려고 합니다. 바로 이스라엘 요단강 부근에 있는 상반된 두 개의 호수에 관한 이야기입니다. 하나는 사해(死海), 다른 하나는 생해(生海)라는 호수입니다. 사해 호수는 밖에서 물이 들어오지만 다른 곳으로 나가지 않습니다. 자선을 베풀지 않는 것은 곧 사해입니다. 돈이 들어오기만 하고 나가지 않으니까요. 그러나 이와 반대로 자선을 베푸는 것은 생해입니다. 돈이 들어오기도 하고 또 나가기도 하니까요. 자선을 베풀지 않는 사람은 결국 삶이 정체되어 생명력을 잃는 사해같이 되고, 자선을 베푸는 사람은 타인의 삶에도 생명력을 공급하는 생해가 됩니다.

오늘의 말씀에 나온 '인자함'은 다른 사람을 사랑하여 자선을 베풀되 대가를 바라지 않는 마음으로 베푸는 것을 말합니다. 그런 인자함을 지닌 사람은 다른 사람에게 호감과 존경을 받습니다. 가난하면서도 자선을 베푸는 사람은 인자함을 지닌 사람입니다. 그런 삶은 생해처럼 타인의 삶에 생명력을 공급하는 생명수의 근원이 됩니다.

***생명수의 근원이 되는 삶을 살게 하소서.

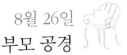

8월 26일
부모 공경

아비를 구박하고 어미를 쫓아내는 자는 부끄러움을 끼치며
능욕을 부르는 자식이니라(19:26)

'군사부일체(君師父一體)'라는 말이 있습니다. 임금과 스승과 아버지는 한 몸, 즉 똑같이 존경해야 한다는 뜻입니다. 이와 유사한 생각이 유대인의 사상에도 있습니다. 히브리어로 산은 '하림', 부모는 '호림', 선생은 '오림'이라고 합니다. 다시 말하면, 유대인들은 부모와 선생은 산과 같이 보통 사람들보다 높이 있다고 생각하는 것입니다. 산이 하늘보다 높이 솟기 원해 산봉우리가 위로 치솟아 있는 것처럼, 부모는 자식이 더 높은 곳에 이르도록 가르칩니다. 부모는 자녀를 영광된 자리로 인도하는 안내자인 것입니다.

하나님은 부모를 만드셨습니다. 자식은 부모라는 토양을 통해 하나님께 지음받았습니다. 자식은 부모를 통해 하나님께 생명을 받은 사람들입니다. 부모가 없다면 자식은 이 세상에 존재할 수 없습니다. 자식에게 부모의 존재는 그만큼 소중한 것입니다. 하나님이 모세에게 주신 십계명을 분석해보면, 1계명부터 4계명까지는 하나님과의 관계, 5계명부터 10계명까지는 사람과의 관계에 대한 것입니다. 대인관계의 계명 중 첫 계명이 '네 부모를 공경하라'는 것입니다. 그만큼 부모 공경이 중요합니다. 하나님이 그토록 강조하시는 부모 공경을 무시한다면, 사람들에게 수치와 능욕을 당하는 것은 당연한 결과입니다.

❖❖❖하나님이 주신 부모를 늘 공경하게 하소서.

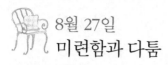

8월 27일
미련함과 다툼

다툼을 멀리하는 것이 사람에게 영광이거늘
미련한 자마다 다툼을 일으키느니라(20:3)

고양이 두 마리가 고기 한 덩이를 가지고 서로 더 먹겠다고 다투고 있었습니다. 그때 원숭이가 그곳을 지나고 있었습니다. 이를 본 고양이들은 원숭이에게 공정한 판결을 부탁했습니다. 원숭이는 흔쾌히 승낙하고는 고깃덩이를 받아 절반씩 나눠주었습니다. 그런데 한 고양이가 자기 것이 더 작다며 이의를 제기했습니다. 그러자 원숭이는 상대편 고양이의 고깃덩이를 한 입 잘라 먹고는 됐냐고 말했습니다. 이번에는 원숭이에게 고깃덩이를 베어 물린 고양이가 자기 것이 더 작다며 이의를 제기했습니다. 그러자 원숭이는 반대편 고양이의 고깃덩이를 덥석 베어 먹었습니다. 이렇게 몇 번을 반복하고 나자 고깃덩이는 아주 작아져 버렸습니다. 그래도 고양이들은 다툼을 멈추지 않았고, 급기야 원숭이는 고깃덩이를 모두 먹어 치우고는 줄행랑을 쳤습니다. 그때서야 고양이들은 다툰 것을 후회했지만 이미 때는 늦어버렸습니다.

지혜로운 사람은 다툼을 멀리합니다. 그러나 미련한 사람은 항상 다툼 속으로 뛰어듭니다. 그래서 다툼이 없는 곳에서도 다툼을 만들어냅니다. 정말로 지혜로운 사람은 문제를 야기하고 다툼을 일으키는 트러블 메이커(trouble maker)가 아니라, 다툼과 분쟁을 일소하고 화평을 도모하는 피스 메이커(peace maker)의 삶을 사는 사람입니다.

°°°다툼과 분쟁에서 벗어나 화평을 도모하게 하소서.

8월 28일
하나님의 연대 보증

온전하게 행하는 자가 의인이라 그의 후손에게 복이 있느니라(20:7)

2008년 10월부터 자영업자가 은행에서 대출받을 때 가족을 연대 보증인으로 세우지 않아도 되도록 제도가 바뀌었습니다. 또 기업 대출에 대한 연대 보증인도 해당 기업의 실제 소유주 외에는 연대 보증을 할 필요가 없게 되었습니다. 연대 보증인 제도가 이처럼 바뀐 것은, 은행들이 마구잡이로 연대 보증인을 세우게 하는 바람에 불경기 때 보증인들이 빚더미 위에 나앉는 사례가 많아졌기 때문입니다.

오늘 말씀에서 '온전하게 행하는 자'란 하나님의 명령에 충실하며 늘 선을 행하는 사람을 뜻합니다. 세상의 많은 유혹과 시험에도 불구하고 하나님 앞에서 늘 정직하게 행하려고 애쓰는 사람입니다. 하나님은 그런 사람을 가리켜 의인이라고 부르십니다. 그리고 그 사람의 후손에게 반드시 복을 주신다고 약속하십니다. 하나님은 우리 인간 보증인처럼 미래를 보증 못하시는 분이 아닙니다. 하나님은 미래를 주관하시는 전능자입니다. 하나님은 약속을 100% 지키시며, 그에 대해 100% 책임지시는 분입니다. 신실하신 하나님의 약속을 기억하며, 늘 하나님 앞에서 온전하게 행하는 사람이 되어야겠습니다.

•••하나님 앞에서 늘 온전하게 행하는 사람이 되게 하소서.

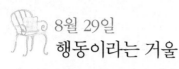

8월 29일
행동이라는 거울

비록 아이라도 자기의 동작으로 자기 품행이 청결한 여부와 정직한 여부를 나타내느니라(20:11)

"거짓 선지자들을 삼가라 양의 옷을 입고 너희에게 나아오나 속에는 노략질하는 이리라 그들의 열매로 그들을 알지니 가시나무에서 포도를, 또는 엉겅퀴에서 무화과를 따겠느냐 이와 같이 좋은 나무마다 아름다운 열매를 맺고 못된 나무가 나쁜 열매를 맺나니 좋은 나무가 나쁜 열매를 맺을 수 없고 못된 나무가 아름다운 열매를 맺을 수 없느니라 아름다운 열매를 맺지 아니하는 나무마다 찍혀 불에 던져지느니라 이러므로 그들의 열매로 그들을 알리라"(마 7:15-20). 이것은 산상수훈에 나오는 말씀입니다. 예수님이 무리를 향해 거짓 예언자들을 잘 살펴보라고 당부하시는 부분입니다. 거짓 선지자는 참 선지자를 흉내 내므로 겉으로 볼 때는 진위를 구분하기가 어렵습니다. 그러기에 예수님은 그들의 열매, 즉 그들의 삶 속에 드러나는 행동을 잘 살펴야 한다고 권면하십니다.

누구든지 말하기는 쉽습니다. 그러나 자신이 말한 것을 행동으로 옮기기는 쉽지 않습니다. 행동은 그 사람의 참모습을 나타내는 거울입니다. 그 사람의 행동을 통해 우리는 그의 진정한 속내를 알 수 있습니다. 아무리 작은 아이라도 행동을 보면 마음가짐이 어떤지 가늠해 볼 수 있습니다. 아주 사소한 행동에도 진정한 내면이 반영되어 있으니까요.

✻✻✻늘 진실하게 행동하는 사람이 되게 하소서.

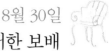

8월 30일
가장 귀한 보배

세상에 금도 있고 진주도 많거니와 지혜로운 입술이 더욱 귀한 보배니라(20:15)

어느 주인이 하인에게 시장에 가서 맛있는 것을 사오라고 했습니다. 그러자 하인은 혀를 사가지고 왔습니다. 며칠 후 주인은 하인에게 이번에는 조금 싼 것을 사오라고 했습니다. 그러자 이번에도 혀를 사가지고 왔습니다. 주인이 물었습니다. "지난번에 내가 맛있는 것을 사오라고 했을 때 너는 혀를 사왔다. 오늘은 좀 싼 것을 사오라고 했는데 똑같이 혀를 사온 이유가 무엇이냐?" 하인이 대답했습니다. "네, 혀가 아주 좋으면 더 이상 좋은 것이 없고, 혀가 싸구려면 그 이상 나쁜 것이 없기 때문입니다."

때와 장소에 따라 적절히 말할 줄 아는 지혜로운 입술을 가진 사람은 세상의 어떤 보화보다 가치 있는 자산을 소유한 사람입니다. 그는 의미 없는 말들이 범람하는 이 시대에 타인에게 용기를 주고, 진리가 무엇인지 알려주는 아주 소중한 통로의 역할을 합니다. 오늘날 세상은 재물이나 명예를 얻기 위해 무가치한 말들을 쏟아놓는 사람들로 가득합니다. 그들은 그럴싸하게 말하지만 그 말에는 진리의 생명력이 없어 공기만을 진동시킨 후 허공으로 사라져버립니다. 하나님을 경외하는 사람은 자신의 입술을 진리와 생명이 담긴 지혜로운 입술로 가꾸어 나가야 할 것입니다.

***제 입술을 하나님의 진리의 통로로 잘 가꾸는 사람이 되게 하소서.

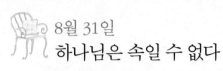

8월 31일
하나님은 속일 수 없다

속이고 취한 음식물은 사람에게 맛이 좋은 듯하나 후에는 그의 입에 모래가 가득하게 되리라(20:17)

2006년 9월 28일, 처음 방영된 〈불만제로〉라는 소비자 고발 프로그램이 있습니다. 그동안 이 프로그램은 다양한 분야에서 소비자 주권을 되찾기 위한 운동을 실시해왔는데, 해결한 사건이 무려 300건이 넘습니다. 이 프로그램의 주된 고발 대상은 대부분 음식점이었습니다. 세제로 씻은 곱창, 횟집의 저울 조작, 누룽지와 음식 재탕, 약국의 공짜 드링크, 가짜 경기미, 사골 사기단, 중국산 소금, 중국산 장어, 저가 햄버거 등이 이 프로그램을 통해 고발된 음식들입니다. 자신의 주머니를 채우기 위해 양심 주머니를 봉해 버렸던 업주들은 이 방송을 통해 취재 현장에서 사법처리 되었습니다.

오늘날 많은 사람들이 주머니를 두둑하게 채우기 위해 양심을 버리는 일을 마다하지 않습니다. 안타깝게도 그리스도인 중에도 자기 주머니를 채우기 위해 그리스도인이라는 신앙적 양심을 버리는 사람들이 있습니다. 우리는 살아계신 하나님을 믿으며 그분 앞에서 살아가는 사람들입니다. 사람은 속일 수 있지만 결코 하나님은 속일 수 없습니다. 하나님은 우리가 선악 간에 행한 모든 일들을 심판하시는 공의의 하나님이라는 사실을 결코 잊어서는 안 되겠습니다.

***주님 앞에서 늘 정직하게 살아가는 사람이 되게 하소서.

지혜로 여는 매일 묵상 9월

"마땅히 행할 길을 아이에게 가르치라
그리하면 늙어도 그것을 떠나지 아니하리라"
(잠 22:6)

Proverbs

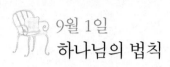

9월 1일
하나님의 법칙

처음에 속히 잡은 산업은 마침내 복이 되지 아니하느니라(20:21)

2009년 7월 17일, 나이지리아의 40대 여성이 복권 당첨금 300만 나이라(약 2천5백만 원)를 거리의 노숙자에게 모두 나눠준 일이 있었습니다. 그녀는 당첨금을 받는 자리에서 당첨금 전액을 '행운의 걸인'에게 주겠다고 약속해 사람들을 놀라게 했습니다. 그런데 그녀가 이런 결정을 내린 이유가 사람들을 더욱 놀라게 했습니다. 불쌍한 사람들을 돕기 위해서나 돈이 필요 없어서가 아니었습니다. 복권 당첨자들이 대부분 파산한다는 이야기를 듣고는 돈을 계속 가지고 있기가 무서웠던 것입니다. 그녀는 정말 당첨금을 현금으로 바꾸어 거리에서 노숙하는 여성에게 모두 주었습니다.

쉽게 얻은 재물은 유익을 주기보다는 해를 끼치기 쉽습니다. 계속 행복할 수 있을 거라는 섣부른 기대는 얼마 안 가 성급했던 것으로 판명나지요. 물질 소유에 대해 조급함을 가지고 있는 사람은 부당한 방법도 묵인하는 비도덕적이며 비양심적인 사람으로 변하게 됩니다. 그리스도인은 일확천금을 노리는 욕망의 노예가 되어서는 안 됩니다. 심은 만큼 거두시는 하나님의 섭리를 마음속 깊이 새기고, 더딜지라도 정도(正道)를 걸으며 그에 합당한 결과를 바라는 사람이 되어야겠습니다.

***심은 만큼 거두는 주님의 섭리를 늘 기억하며 성실히 살아가게 하소서.

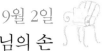

지도자를 향한 하나님의 손

왕의 마음이 여호와의 손에 있음이 마치
봇물과 같아서 그가 임의로 인도하시느니라(21:1)

현대인들은 언제든지 자기들이 원하는 지도자를 선택하거나 버릴 수 있
다고 생각합니다. 그들의 마음을 움직이는 하나님을 보지 않기 때문입니
다. 아무리 정교하고 복잡하게 보여도 세상은 '하나님의 손'이라는 단순
하고 심오한 방법으로 유지되고 있습니다. 마치 농부가 이리저리 물꼬를
터 농사를 짓듯, 하나님은 지도자들을 그분의 뜻대로 인도하여 세상 역사
를 이끌어가십니다. 그분은 세상의 영원한 섭리자며 주관자십니다.

미국의 제39대 대통령 지미 카터는 자신의 신앙 양심에 따라 전 세계를
대상으로 인권외교를 펼쳤습니다. 그가 파나마 운하를 넘겨주는 조약에
서명하자 미국인들은 거세게 반발했습니다. 임기 마지막 해에는 주이란
미국 대사관이 점령당하고 대사관 직원들이 인질로 붙잡히는 최악의 사
태를 당하기도 했습니다. 결국 그는 최악의 대통령이라는 불명예를 안고
백악관을 떠났습니다. 하지만 퇴임 후 한반도를 비롯한 전 세계 분쟁지역
을 찾아가 전쟁을 예방하고, 가난한 이들에게 집을 지어주며, 의약품과
식료품을 공급하는 평화운동을 벌였습니다. 2002년에 노벨 평화상을 받
은 그는 이렇게 말했습니다. "하나님께서 저를 미국 대통령에 당선시키신
것은 대통령직 이후에 원하는 일이 있기 때문이라고 믿습니다."

***우리 역사와 인생의 주인공은 하나님이심을 인정하게 하소서.

9월 3일
하나님은 속지 않으신다

사람의 행위가 자기 보기에는 모두 정직하여도
여호와는 마음을 감찰하시느니라 (21:2)

독지가나 기업이 거액을 기부하면 사람들은 기부자와 액수에 관심을 보입니다. 그러나 하나님은 기부자의 동기만 보십니다. 가난하거나 불행한 이들에 대한 관심과 사랑보다는 유산으로 인해 자식들 간에 다툼이 있을 것을 염려해서, 또 많은 세금을 피하기 위한 수단으로 기부하는 경우가 적지 않습니다. 기업체들이 잘 나갈 때 설립했다가 회사 사정이 어려워지면 제일 먼저 문을 닫거나 예산을 깎는 부문이 복지재단인 것도 이 때문입니다.

사람은 속일 수 있어도 하나님은 속일 수 없습니다. 이웃을 사랑하는 순수한 마음 이외의 동기라면 하나님은 외면하십니다. 예수님은 적지만 생활비를 전부 헌금한 가난한 과부를 알아보시고 "다른 모든 사람보다 많이 넣었도다"(눅 21:3)라고 말씀하셨습니다. 아무리 많은 액수의 헌금을 드려도 겸손과 감사가 없다면 하나님의 진노만 살 뿐입니다. 선한 마음이 아니면 하나님을 기쁘시게 할 수 없습니다. 하나님은 대의명분이나 빛나는 업적보다는 우리의 마음에 관심이 있으십니다. 우리는 밖으로 드러나는 행위를 자랑하기 전에 백사장에서 선탠을 하듯 매사에 하나님께 마음의 속살을 드러내야 합니다.

***제 마음의 소원보다 하나님의 공의와 정의를 먼저 깨닫게 하소서.

부지런한 아비가일과 조급한 나발

부지런한 자의 경영은 풍부함에 이를 것이나
조급한 자는 궁핍함에 이를 따름이니라(21:5)

무엇을 믿고 행동하느냐에 따라 부지런하고 치밀한 계획을 세워 좋은 결과를 얻을 수도 있고, 조급하고 허둥지둥하다 망칠 수도 있습니다. 모든 행동은 생각의 결과이고, 생각은 믿음의 산물입니다. 아비가일은 도망자 다윗을 지키시는 여호와 하나님을 믿었기에 남편 나발 몰래 다윗과 그의 군사들을 도와주었습니다. 그리고 나중에 다윗의 아내가 되었습니다. 반면 자기 재산 외에 아무것도 믿지 않았던 나발은 다윗의 군사들을 불량배 취급하는 바람에 그 많던 재산을 사용하지도 못하고 급사했습니다(삼상 25장 참고).

하나님을 바라보는 사람은 눈앞의 현상에 얽매이지 않습니다. 하나님의 뜻을 찾고 구하기 때문에 일의 계획부터 다릅니다. 이들은 위기를 극복할 수 있는 인내와 용기와 능력을 기르고, 결국 풍요의 축복을 누립니다. 그러나 자기 지식과 경험을 믿으면, 위기가 닥쳤을 때 바람에 나는 겨처럼 이리저리 떠돌기만 할 뿐입니다. 우리는 우리 생각보다 높으신 하나님의 생각 안으로 들어가 그분의 나라와 의를 구해야 합니다. 하나님을 뚜렷이 바라볼수록 눈앞에서 일어나는 일들에 조급한 마음으로 허둥대지 않고 푯대를 향해 차분히 달려가게 됩니다.

✱✱✱조급한 마음을 물리치고 무한하신 하나님의 지혜를 구하게 하소서.

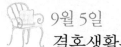

결혼생활은 인내의 연속

다투는 여인과 함께 큰 집에서 사는 것보다 움막에서 사는 것이 나으니라(21:9)

이 말씀은 바가지 긁는 아내와 사느니 차라리 별거하거나 이혼을 하라는 뜻이 아닙니다. 아름다운 부부생활에 대한 가르침입니다. 좋은 가정은 부요한 가정이 아니라 평화로운 가정입니다. 하나님은 한 남자와 한 여자가 만나 평화로운 가정을 이루어 하나님 나라를 맛볼 수 있도록 축복하셨습니다. 가정이 평화하려면 상대방보다 자신을 낮추는 겸손의 미덕이 필요합니다. 부부는 하나님이 맺어주신 언약 결혼의 관계 안에 있습니다. 언약을 유지하기 위해 하나님이 인간의 죄를 참고 기다려주신 것처럼, 언약 결혼을 위해 먼저 참고 기다려주어야 합니다. 이는 오직 자기 욕심을 죽이고 십자가에서 죽으신 예수 그리스도를 입고 살아갈 때 가능합니다. 그리스도의 영이 있는 부부는 서로 복종하면서(엡 5:21) 상대방의 필요를 먼저 헤아리는 지혜로운 가정을 이룹니다.

어떤 아내가 날마다 술에 취해 늦게 들어오고, 술이 덜 깬 채로 출근하는 남편에게 한 마디 쏘아주고 싶은 마음을 꾹 참으며 "여보, 사랑해요. 오늘도 힘내세요!" 하고 말했답니다. 그러자 남편도 조금씩 달라져 일찍 귀가하고 부부 사이도 좋아졌다고 합니다. 결혼생활의 왕도는 배우자에 대해 인내하며 인정하는 것입니다.

•••오늘 하루도 배우자를 기다리며 기도하게 하소서.

악한 세상에서 하나님을 발견하라

의로우신 자는 악인의 집을 감찰하시고 악인을 환난에 던지시느니라(21:12)

제2차 세계대전 중에 아우슈비츠 수용소에서 유대인 청년이 랍비에게 따졌습니다. "이런 악을 용인하는 하나님을 어떻게 믿을 수 있습니까?" 랍비는 안타까운 마음으로 청년에게 반문했습니다. "이런 악을 보면서 어떻게 하나님을 믿지 않을 수 있는가?" 랍비의 말이 옳았습니다. 결국 나치의 악은 비참한 종말로 끝났습니다.

하나님은 악인을 반드시 징벌하십니다. 악인이 죄 값을 받지 않는다면 선이신 하나님의 말씀이 설 자리가 없어집니다. 악한 사람은 도움이 필요한 사람을 외면하고 자신의 이익만을 위해 악한 일을 도모합니다. 하나님은 가난하고 도움이 필요한 사람들을 돌보십니다. 이런 이들을 대적하거나 외면하는 사람은 하나님을 대적하는 것입니다. 하나님은 악한 사람들을 징벌하시고, 그들의 악한 행실의 열매를 맛보게 하십니다. 악한 자들에 대한 하나님의 심판은 내세에서만 일어나는 것이 아니라 오늘날에도 계속 되고 있습니다. 이것이 하나님의 의이고 하나님의 나라입니다. 이 세상은 날이 갈수록 선과 악의 기준이 애매해지고 있습니다. 그러나 우리는 하나님의 선이 승리하는 것을 날마다 보게 될 것입니다.

°°°제 눈을 열어 하나님의 선을 바라보고 갈망하게 하소서.

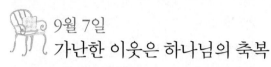

9월 7일
가난한 이웃은 하나님의 축복

귀를 막고 가난한 자가 부르짖는 소리를 듣지 아니하면 자기가 부르짖을 때에도 들을 자가 없으리라(21:13)

가난한 사람들을 외면하는 사람은 하나님을 외면하는 사람입니다. 하나님은 가난한 사람들만 위하지는 않으시지만 가난한 사람들의 편에 서시는 분이기 때문입니다. 자본주의 경제 체제 속에서 편안하게 살아가는 사람들은 가난을 경쟁에서 낙오한 사람들의 자업자득으로 생각하곤 합니다. 그러나 가난은 남보다 더 많이 가지려는 인간의 욕심이 빚은 무한 경쟁 때문에 인간 세상에 들어온 악입니다. 가난한 사람은 낙오자가 아니라 피해자입니다. 그래서 자비의 하나님은 가난한 사람들을 돌보십니다. 하나님은 가난을 싫어하십니다. 모든 사람이 여유 있게 살기를 원하십니다.

거지 나사로를 돕지 않은 부자는 고통스러운 지옥에 떨어졌습니다. 거지와 함께 있는 하나님을 영접하지 않은 불신에 대한 심판이었습니다. 종교 개혁자 칼빈은, 전능하신 하나님이 가난을 이 세상에서 제거하지 않으신 것은 가난한 이웃을 사랑함으로써 하나님에 대한 사랑을 증명하게 하시려는 것이라고 말했습니다. 가난한 사람이 도움을 청하는 소리에 귀를 막는 사람은 가난한 사람을 도우라는 하나님의 명령에 귀를 막는 것입니다. 그런 사람은 자신이 가난해져서 도움이 필요할 때 사람들에게 외면받게 됩니다.

***주변에 있는 가난한 이의 얼굴에서 예수님의 얼굴을 발견하게 하소서.

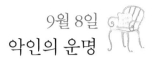

악인의 운명

악인은 의인의 속전이 되고 사악한 자는 정직한 자의 대신이 되느니라(21:18)

아하수에로 왕이 페르시아 제국을 다스리던 시절, 하만은 권력 서열 2위였습니다. 그는 하나님 이외의 어떤 신이나 사람에게도 절을 할 수 없다는 모르드개를 미워했습니다. 그래서 모르드개의 동족 유대인을 멸절하기로 작정하고 간교한 말로 왕의 허락을 받아냈습니다. 또 모르드개를 반역자로 몰아 높은 나무에 매달아 죽이려 했습니다. 이 사실을 알게 된 왕은 하만이 꾸민 유대인 대학살 음모를 중지시켰습니다. 그리고 모르드개를 매달려고 한 나무에 하만을 달아 죽였습니다. 하나님만을 경외하는 모르드개를 수치스럽게 죽이려고 했던 하만이 죽고 만 것입니다(에 7:10).

'의인의 속전', '정직한 자의 대신'은 의인이 지불해야 하는 죄의 대가나 보상금이 아니라 악인이 의인에게 덮어씌우려 했던 올무를 뜻합니다. 하나님의 진리와 거룩함에 어긋나는 사람은 상대방에게 전가하려던 것을 고스란히 자신이 떠안게 됩니다. 악인이 죄의 대가를 치루지 않는 것처럼 보일 때도 있지만, 더딜지라도 악인은 반드시 자신의 올무에 걸리게 되고 의인은 보호받습니다. 악한 세상에서 성도가 할 일은 믿음으로 인내하며 잠잠히 기다리는 것입니다. 하나님이 어떻게 악인을 벌하고 의인을 보호하시는지 보게 될 것입니다.

✱✱✱세상의 악한 현상에 현혹되지 않고 의로우신 하나님을 보게 하소서.

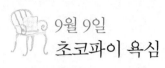

9월 9일
초코파이 욕심

지혜 있는 자의 집에는 귀한 보배와 기름이 있으나 미련한 자는 이것을 다 삼켜 버리느니라(21:20)

한 엄마가 일주일치 간식으로 초코파이 두 상자를 사왔습니다. 세 명의 자녀에게 일곱 개씩 나눠주고 일주일 동안 어떻게 먹는지 관찰했습니다. 큰아들은 하루 만에 다 먹어버렸고, 둘째 아들은 사흘을 넘기지 못했습니다. 막내 딸아이는 하루에 하나씩 책상 서랍에서 꺼내 먹었습니다. 주말이 되자 딸아이는 군침을 흘리며 나눠먹자고 애원하는 오빠들을 위해 초코파이 하나를 세 조각으로 공평하게 나누었습니다. 다음날 두 아들은 딸아이가 서랍에 넣어둔 초코파이 두 개를 훔쳐먹으려다 엄마에게 들켜 혼이 났습니다. 엄마가 딸에게 물어보았습니다. "넌 어떻게 하루에 하나씩만 먹을 수 있었니?" 딸은 "나도 하루에 다 먹고 싶었지만 나머지 6일 내내 후회할 것 같아서 참았어요." 하고 대답했습니다. 그러면서 오빠들한테도 나눠주었습니다.

미련한 사람은 자기 욕심에 따라 살아갑니다. 욕심은 이웃 사랑을 막는 죄악입니다. 죄악을 따르는 사람은 하나님의 축복을 지속적으로 받을 수 없습니다. 지혜로운 사람은 욕심이 아니라 하나님의 말씀을 따르고 자신과 다른 사람들의 필요를 살피며 살아갑니다. 그런 사람들에게 하나님은 사랑을 나눌 수 있도록 곳간을 축복해주십니다.

●●●하나님이 주신 것에 감사하며 이웃의 필요를 살피는 지혜를 주소서.

272

9월 10일
승리의 기도

공의와 인자를 따라 구하는 자는 생명과 공의와 영광을 얻느니라 지혜로운 자는 용사의 성에 올라가서 그 성이 의지하는 방벽을 허느니라(21:21-22)

남북전쟁이 한창이던 1863년 3월 30일, 아브라함 링컨 대통령은 이렇게 말했습니다. "우리는 하나님 앞에 겸허한 자세로 국가적 죄를 고백하고 자비와 용서를 구해야 합니다." 노예제도 폐지에 반대하는 남부 연합군과의 전쟁이 위기에 빠졌을 때 링컨 대통령은 상원의 요청을 받아들여 그해 4월 30일을 '국가적 겸비를 위한 금식과 기도의 날'로 선포했습니다. 링컨 대통령은 전 국민에게 하루 동안 금식하면서 하나님의 축복을 잊어버리고 교만했던 죄를 고백하고 용서를 구하자고 호소했습니다. 2년 뒤 그는 전쟁에서 승리하고 노예제도는 폐지되었습니다.

지혜로운 자는 자기 능력과 부와 지식을 의지하지 않고 하나님의 은혜를 구합니다. 이러한 사람은 난공불락의 요새처럼 보이는 '용사의 성'을 일시에 허물어버립니다. 그리고 모든 승리는 하나님이 그분의 이름을 위해서 하신 것이라고 고백합니다. 우리 앞에 있는 '용사의 성'을 허물고 정복할 수 있는 길은 하나님의 전신갑주를 입는 것입니다(엡 6:11). 우리의 삶에서 일어나는 크고 작은 전쟁의 배후에는 영적 싸움이 있습니다. 그러므로 전쟁의 승리는 하나님의 능력에서 온다는 사실을 잊지 말아야 합니다.

•••용사의 성에 부딪힐 때 그 자리에서 하늘의 은혜를 구하게 하소서.

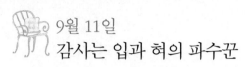

9월 11일
감사는 입과 혀의 파수꾼

입과 혀를 지키는 자는 자기의 영혼을 환난에서 보전하느니라(21:23)

아인슈타인의 제자가 물었습니다. "어떻게 하면 선생님 같은 위대한 과학자가 될 수 있습니까?" "입은 적게 움직이고 머리를 많이 움직여라." 아인슈타인이 대답했습니다. 쓸데없이 이 말 저 말 하지 말고 자기 일에 몰두하라는 말입니다. 말을 배우는 데는 2년이 걸리지만 침묵을 배우는 데는 60년이 걸린다는 이야기가 있습니다. 야고보서 기자는 "혀는 능히 길들일 사람이 없나니 쉬지 아니하는 악이요 죽이는 독이 가득한 것이라"(약 3:8)고 했습니다.

신앙이 성숙한지는 말 한 마디만 들어보면 알 수 있습니다. 성경은 악한 말이나 독한 말, 음탕한 말을 하지 말라고 가르칩니다. 사도 바울은 "감사하는 말을 하라"(엡 5:4)고 권면합니다. 자기 상황에 불만이 있는 사람은 부정적이고 파괴적인 말을 합니다. 형통한 날에는 기뻐하고 곤고한 날에는 되돌아 보는(전 7:14) 사람은 사려 깊은 말을 합니다. 자기 십자가를 짊어지고 자기를 부인하는 그리스도의 제자는 아무리 힘든 상황에도 하나님의 뜻을 발견하고 선한 말을 합니다. 부드러운 말에는 뼈를 꺾는 힘이 있습니다(잠 25:15).

***오늘도 선한 말, 감사의 말, 격려의 말, 용기를 주는 말만 하게 하소서.

찬양대를 군대 앞에 내세운 전략

지혜로도 못하고, 명철로도 못하고 모략으로도 여호와를 당하지 못하느니라
싸울 날을 위하여 마병을 예비하거니와 이김은 여호와께 있느니라(21:30-31)

전쟁에 대비해 군사와 병기를 준비하되, 승리는 전적으로 하나님께 맡기
라는 말은 참 실천하기 어렵습니다. 엄청난 병사와 군비를 보면서 간절하
게 하나님께 승리를 구하는 사람이 몇이나 될까요? 그러나 전쟁의 승패는
우리에게 달려 있지 않고 오직 하나님께 있다는 점을 성경과 역사는 증거
하고 있습니다. 유다의 여호사밧 왕이 벌떼 같은 군사를 앞세운 암몬과
모압의 공격을 받았을 때, 여호와께서는 야하시엘을 통해 "두려워하거나
놀라지 말라 이 전쟁은 너희에게 속한 것이 아니요 하나님께 속한 것이니
라"(대하 20:15) 하고 전하셨습니다. 여호사밧은 찬양대를 군대 앞에 내세워
하나님께 감사 찬송을 부르게 했습니다. 이 전략은 상식을 벗어난 것이었
습니다. 그런데 그때 자중지란(自中之亂)이 일어나 같은 편끼리 서로 쳐서
죽였습니다. 유다 군인은 손끝 하나 대지 않고 전쟁에서 승리했습니다(대
하 20:1-30).

우리의 하루하루는 크고 작은 전쟁의 연속으로 점철되어 있습니다. 하나
님께 도움을 구하면 전쟁의 승리를 예감할 수 있습니다. 그러므로 우리는
날마다 하나님의 지혜와 명철과 모략을 간구해야 합니다.

***삶에서 도전받을 때마다 여호와의 지혜와 명철과 모략을 주소서.

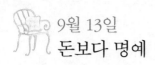

9월 13일
돈보다 명예

많은 재물보다 명예를 택할 것이요
은이나 금보다 은총을 더욱 택할 것이니라(22:1)

1982년 9월 29일, 미국 시카고에서 일곱 명이 타이레놀을 먹고 죽었습니다. 누군가 약국 진열대에 있는 타이레놀 캡슐을 열고 독극물을 넣은 것이었습니다. 제조회사인 존슨앤존슨은 즉시 판매를 중지하고 미 전역에서 타이레놀을 수거해 폐기했습니다. 이 때문에 회사는 1억 달러 이상의 손해를 입었습니다. 그 이후로 존슨앤존슨은 열심히 연구하여 현재 형태의 안전한 타이레놀을 개발했습니다. 그리고 믿을 만하고 양심적인 회사라는 칭찬을 받았습니다. 존슨앤존슨은 꾸준히 성장해 미국에서 가장 도덕적이고 성공적인 기업들 가운데 하나로 사랑받고 있습니다.

우리가 땀 흘려 일한 대가로 돈을 벌지만, 돈은 본질적으로 하나님이 주신 선물입니다. 돈을 바르게 벌어 바르게 쓰면 세상에서 좋은 평판을 얻게 됩니다. 그러려면 바른 사고방식을 가져야 합니다. 돈은 하나님의 선물이라는 믿음을 가져야 합니다. 이 믿음을 가진 사람은 돈을 주신 하나님의 뜻을 생각하며 신중하게 사용합니다. 하나님을 바라보면 돈보다 더 소중한 명예를 얻을 수 있습니다.

***돈을 주신 하나님의 뜻을 생각하며 사용하게 하소서.

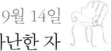

9월 14일
아름다운 부자와 가난한 자

가난한 자와 부한 자가 함께 살거니와 그 모두를 지으신 이는 여호와시니라(22:2)

어떤 사람은 부자로 살고 어떤 사람은 가난하게 사는 것은 하나님의 창조 섭리가 아니라 인간의 죄 때문에 일어난 재물의 편중 현상입니다. 오늘 말씀은 이러한 죄 이전에 모든 사람은 하나님이 친히 지으셨고, 사랑과 존중을 받을 만한 존재라는 사실을 가르치고 있습니다.

그러므로 부자나 가난한 자나 하나님을 경외하고 이웃을 사랑하며 다른 사람을 향한 책임을 다해야 합니다. 부자는 가난한 자를 동일한 피조물로 여겨 너그러운 마음으로 재물을 나눠 쓰고, 그들을 보호해야 합니다. 가난한 자는 피해의식을 버리고 부자를 이 땅에 두신 하나님의 뜻을 생각하여 그들의 재산을 존중해야 합니다. 경주 최 부잣집은 쌀을 연간 3천 석 생산하면 천 석은 집안을 위해, 천 석은 손님들을 위해, 천 석은 불우한 이웃을 위해 사용했다고 합니다. 그리고 흉년에는 이웃의 논밭을 사들이지 않았다고 합니다. 이 집안은 가난한 이웃들에게 칭송받으며 9대 동안 진사를 지내고 12대 동안 만석 농사를 지었다고 합니다. 하나님의 자녀인 우리는 어찌 해야겠습니까?

°°°이웃을 하나님의 피조물로 동등하게 바라보게 하소서.

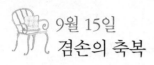

9월 15일
겸손의 축복

겸손과 여호와를 경외함의 보상은 재물과 영광과 생명이니라(22:4)

오늘 말씀에서 겸손은 사람들 앞에 자신을 낮추는 겸양의 자세를 의미하는 것이 아닙니다. 하나님 앞에서 자신의 부족함과 연약함을 온전히 고백하고 오직 하나님만 바라보며 도우심을 구하는 것을 말합니다. 겸손한 사람은 여호와를 경외합니다. 이러한 사람에게 하나님은 재물과 영광과 생명을 선물로 주십니다.

예수님은 팔복을 선포하면서 "온유한 자는 복이 있나니 그들이 땅을 기업으로 받을 것"(마 5:5)이라고 말씀하셨습니다. 양이 목자만을 바라보듯 순결한 눈으로 하나님만을 바라보는 온유한 사람에게 풍요로운 땅을 분깃으로 주신다는 뜻입니다. 왕위를 계승한 솔로몬은 수많은 백성들의 송사를 듣고 잘 처리할 수 있도록 '듣는 마음'(obedient heart)을 달라고 하나님께 간구했습니다. 하나님이 주시는 지혜에 순종하는 마음을 달라고 한 것입니다. 하나님은 재물이나 장수보다 순종의 마음을 요청한 솔로몬에게 부귀와 영광은 물론 장수까지 약속하셨습니다(왕상 3:4-15). 우리는 그리스도를 통해 하나님만 바라보며 도움을 간구하는 사람에게 넘치도록 채워주시는 하나님의 약속을 받았습니다. 하나님의 전능하신 손 아래서 겸손하게 기다립시다. 때가 되면 우리를 높이실 것입니다(벧전 5:6).

***오직 하나님만 바라보며 하나님의 도움으로 살게 하소서.

오바마 대통령

마땅히 행할 길을 아이에게 가르치라 그리하면
늙어도 그것을 떠나지 아니하리라(22:6)

어린아이나 청소년들은 순수하지만 매우 이기적인 면도 있습니다. 아이의 순수함을 믿고 그냥 두면 필시 죄인의 길로 가게 됩니다. 모든 사람은 죄인이기 때문입니다. 그러나 잘 지도하면 곧 알아듣고 올바른 길로 돌아섭니다. 이것이 어른과 젊은이들의 차이입니다. 어릴 때부터 의의 길을 걸어가도록 가르쳐야 합니다. 어린 시절부터 하나님 말씀에 헌신하면, 성장한 후에도 의의 길에서 벗어나지 않습니다.

미국의 제44대 대통령 버락 오바마는 어릴 때부터 외할머니에게서 "언제 어디서든지 정의의 편에 서서 어려운 사람들을 도우라"는 가르침을 받았습니다. 청소년 시절에는 방황하기도 했지만 잘 극복하여 시카고 남부의 흑인 밀집 지역에서 불우한 흑인들을 교육하고 도와주었습니다. 오바마가 대통령이 될 수 있었던 것은 어려운 이웃을 향한 헌신 때문이었습니다. 할머니의 헌신과 교육이 미국 대통령을 키워낸 것입니다. 중요한 것은 그가 대통령이 되었다는 것이 아니라 그 자리에서 의로운 일을 하는 것입니다. 우리는 자녀들을 의의 길로 인도하고 가르치면, 때가 되었을 때 하나님이 그들을 쓰신다는 사실을 오바마 대통령에게서 배웁니다.

●●●자녀들에게 하나님의 나라와 의를 먼저 가르치게 하소서.

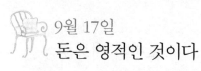

9월 17일
돈은 영적인 것이다

선한 눈을 가진 자는 복을 받으리니 이는 양식을 가난한 자에게 줌이니라(22:9)

스웨덴의 한 지방 신용조합인 JAK은행은 이자를 주고받지 않는 금융 시스템을 운영하고 있습니다. 자본주의 경제 체제의 근간인 이자 개념이 아예 없는 것입니다. 이 은행은 지역 주민들과 지역 공동체가 건강하게 성장하도록 재정 활동을 지원하는 것을 목표로 합니다. 이윤은 거의 제로에 가깝지만 꾸준히 성장하고 있습니다. 이 은행이 이자를 받지 않는 것은 '이자는 없는 사람의 돈을 있는 사람들에게 집중시키는 비윤리적 제도'라는 믿음 때문입니다. 이자는 빚진 사람에게 빚을 더 지게 합니다. 빚의 속박에 묶여 있는 채무자는 채권자의 지배를 받습니다. 그래서 하나님은 고대 이스라엘 백성이 동족끼리 이자를 주고받는 행위를 금하셨습니다. 부자는 가난한 자(빚쟁이)를 억압하지만, 하나님은 이런 부자를 징계하십니다. 반면 가난한 자에게 너그럽게 양식을 나눠주는 사람에게는 보상해주십니다.

세상 사람들은 돈을 가치중립적인 것으로 생각하지만 돈처럼 가치지향적인 것도 없습니다. 돈은 사람을 노예로 만들 수도 있고 사람에게 사랑을 베풀 수도 있습니다. 돈은 재앙을 가져오기도 하고 축복을 가져오기도 합니다. 그러므로 돈은 영적인 것이라는 사실을 잊지 말아야 합니다.

°°°제게 주신 재물을 나눔으로 하나님의 자비와 축복을 받게 하소서.

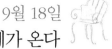

9월 18일
죄와 싸워야 은혜가 온다

거만한 자를 쫓아내면 다툼이 쉬고 싸움과 수욕이 그치느니라(22:10)

한 은퇴 목사님이 이렇게 회고했습니다. "내 목회 인생에서 단 한 명도 교회에서 치리하지 않게 해달라는 기도에 하나님께서 응답해주셨다." 그분은 문제를 일으킨 성도를 용서해달라고 장로님들 앞에 무릎을 꿇기도 했습니다. 값 없이 용서해주신 주님의 은혜가 교회에 넘치게 하겠다는 뜻이었습니다. 그러나 은혜를 받기 전에 반드시 거쳐야 할 단계가 있습니다. 죄를 인식하고 미워하며 죄에서 벗어나려 애써야 합니다. 그리스도인은 계속해서 죄와 치열하게 싸워야 합니다. 죄를 없애려는 노력 없이는 진정한 은혜를 체험할 수 없습니다.

교회도 마찬가지입니다. 교회 안에 있는 죄와 싸워야 은혜가 임합니다. 성도들의 관계에 상처를 내는 사람들이 진정으로 회개하지 않으면 과감하게 교회에서 잘라내야 합니다. 사랑은 불법과 불의를 포용하는 것이 아니라 하나님의 정의와 공의를 흘러가게 하는 것입니다. 사도 바울은 어머니와 음행한 성도를 교회에서 쫓아내지 않은 고린도교회를 책망했습니다 (고전 5:1-2). 적은 누룩이 온 덩어리에 퍼지는 것을 우려했기 때문입니다. 교회가 성장하는 것보다 더 중요한 것은 복음의 순수성을 지키는 것입니다. 싸움과 수욕을 일삼는 악을 제거해야 교회가 성숙해질 수 있습니다.

°°°교회 안에서 사단의 씨를 분별할 수 있도록 지혜를 주소서.

엄마 치맛자락을 붙잡은 아이처럼

내가 네게 여호와를 의뢰하게 하려 하여
이것을 오늘 특별히 네게 알게 하였노니(22:19)

프랑스의 사제이며 루이 14세의 손자를 개인 교습했던 프랑수아 페넬롱은 "하나님의 생명이 급류처럼 당신을 통해 흘러가게 하라"고 말했습니다. 우리가 마음 문을 열고 하나님을 믿고 의지하면, 우리 자신이 아니라 우리 안에 계시는 하나님이 큰 물길을 이루어 우리 인생을 살아가실 것입니다.

솔로몬이 인생에서 일어나는 수많은 일들을 소재로 잠언을 기록한 이유는 단 한 가지입니다. 그는 이 세상에서 가장 중요하고 확실한 지혜는 여호와를 의뢰하는 것이라고 말합니다. 의뢰한다는 것은 어린아이가 엄마와 떨어지지 않으려고 엄마 치맛자락을 꽉 붙잡듯 무엇인가를 붙잡고 대롱대롱 매달리는 것을 의미합니다. 세상에서 가장 지혜롭고 부요했던 솔로몬은 하나님의 지혜의 말씀에 귀를 기울이고, 마음 깊이 간직하며, 입술로 암송하고 묵상하는 것이 가장 현명한 삶이라고 했습니다. 세상의 지혜와 자신의 경험에 매달리지 말고, 오직 여호와 하나님만 붙잡고 그분이 인도하시는 대로 순종하며 갑시다. 하나님은 음침한 사망의 골짜기에서도 우리 손을 놓지 않고 앞장서 가실 것입니다. 이것이 가장 안전하고 행복한 삶입니다.

***매 순간 여호와 하나님만 의지하는 용기와 지혜의 마음을 주소서.

9월 20일

연약한 자의 보호자이신 하나님

약한 자를 그가 약하다고 탈취하지 말며 곤고한 자를 성문에서 압제하지 말라 대저 여
호와께서 신원하여 주시고 또 그를 노략하는 자의 생명을 빼앗으시리라(22:22-23)

제1차 세계대전 이후 승전국들은 전쟁으로 인한 경제적 위기를 돌파하기
위해 패전국 독일에게 감당할 수 없는 전쟁보상금을 요구했습니다. 독일
의 권력자들은 심각한 정치적 경제적 혼란을 피하기 위해 유대인들을 희
생양으로 삼았습니다. 승전 연합국들은 독일을 약탈했고, 독일은 힘없는
유대인들을 압제했습니다. 죄의 본능이 적나라하게 드러난 것입니다. 유
대인들을 핍박하는 독일을 바라보며 독일의 본회퍼 목사님은 "하나님이
짓밟혔다"고 한탄했습니다.

자신의 권세를 이용해 약자와 곤고한 자를 핍박하는 것은 하나님에 대한
도전입니다. 하나님은 그들의 고난을 지켜보시고, 이들을 괴롭히는 자들
을 반드시 징벌하십니다. 하나님을 경외하는 사람은 연약한 사람과 곤경
에 빠진 사람을 잘 도와줍니다. 마음속으로 '내가 먼저 살아야'생각하
는 사람은 이웃에게 눈을 돌리지 않습니다. 그러나 '하나님이 보고 계신
다'고 믿는 사람은 이웃의 연약함을 그냥 지나치지 못합니다. 창기와 세
리와 죄인들의 친구였던 예수님의 마음속에 무엇이 있었겠습니까? 오직
자기를 이 땅에 보내신 하나님의 뜻만 있었습니다.

***연약한 자를 돌보시는 하나님이 마음에서 떠나지 않게 하소서.

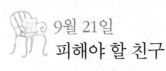

9월 21일
피해야 할 친구

노를 품는 자와 사귀지 말며 울분한 자와 동행하지 말지니 그의 행위를 본받아 네 영혼을 올무에 빠뜨릴까 두려움이니라(22:24-25)

친구는 유유상종입니다. 서로 비슷한 사람끼리 친구가 됩니다. 마음속에 분노나 울분이 가득한 사람과 가까이하면 안 됩니다. 그런 사람은 생각나는 대로 말하고, 자신의 욕망에 대한 끝없는 갈증이 있으며, 파괴적인 행동으로 주위 사람들에게 해를 가합니다. 자신의 처지를 되돌아보고 반성하거나 감사할 줄도 모릅니다. 이런 사람과 친구하면 우리도 비슷한 사람이 됩니다. 함께 욕하고 함께 비난하면서 멸망의 길로 가게 되는 것입니다. 어쩔 수 없이 그런 사람을 옆에 두어야 한다면, 우리가 그 사람을 하나님의 사람으로 변화시키든지 아니면 우리가 분노의 종으로 전락하든지 둘 중의 하나가 될 것입니다.

오래 전에 어린이 유괴 살인범을 인터뷰한 적이 있습니다. 그의 눈은 적개심과 분노로 이글거리고 있었습니다. 어릴 때 부모에게 버림받아 길거리에서 지냈는데, 자연스럽게 주위에 소매치기들이 몰려들었다고 합니다. 그들과 함께 부모와 사회에 대한 분노를 터뜨리며 범죄의 소굴로 들어갔고, 죄를 지어도 죄책감을 느끼지 못했다고 합니다. 분노가 양심을 어둡게 했기 때문입니다. 그러나 늘 감사하고 만족하는 친구를 만나면 우리의 마음도 밝아지고 즐거워집니다.

***좋은 친구와 함께 하나님께 더 가까이 다가가게 하소서.

빚보증은 위험한 자기 과신

너는 사람과 더불어 손을 잡지 말며 남의 빚에 보증을 서지 말라 만일 갚을 것이
네게 없으면 네 누운 침상도 빼앗길 것이라 네가 어찌 그리하겠느냐(22:26-27)

빚보증을 서지 말라는 말은 빚보증뿐 아니라 자신이 감당할 수 없는 일을
함부로 하지 말라는 뜻도 포함합니다. 자기의 능력을 넘어 욕심을 부리거
나 상대방의 능력을 무시하고 다른 사람에게 책임을 지우는 상거래 또는
채권·채무 계약에 대한 따끔한 경고입니다. 채권자는 수단과 방법을 가
리지 않고 빌려준 돈의 원금뿐 아니라 이자까지 받아내려 합니다. 솔로몬
은 돈을 빌리거나 빌려줄 때는 갚을 수 있는 범위 안에서 해야 한다고 가
르칩니다. 물론 갚을 능력이 없는 가난한 사람에게는 되돌려 받을 기대를
하지 말고 여윳돈을 빌려줘야 합니다.

사리 분별없이 돈을 마구 빌리거나 빌려주는 것은 가정뿐 아니라 사회를
위태롭게 합니다. 2008년 가을, 세계 경제를 강타한 미국의 서브프라임모
기지 파산 사건은 갚을 능력이 없는 수많은 사람들에게 무분별하게 돈을
빌려준 금융기관의 탐욕 때문에 일어났습니다. 돈이나 명예에 대한 욕심
때문에 무리하게 보증을 서면 비참한 상황에 빠질 수도 있습니다. 부족하
면 하나님의 자비를 구하며 열심히 일하고 검소하게 살아야 합니다. 이것
이 최고 갑부였던 솔로몬이 깨달은 하늘의 지혜입니다.

•••제 욕심과 명예 때문에 가족과 사회가 해를 받지 않게 하소서.

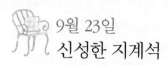

9월 23일
신성한 지계석

네 선조가 세운 옛 지계석을 옮기지 말지니라(22:28)

이스라엘 민족은 각 부족별로 정해진 땅에서 살았습니다. 여호수아는 가나안 땅을 정복하고 제비를 뽑아 열두 부족에게 땅을 나눠주었습니다. 그리고 땅의 경계에 돌을 세워 각자의 소유권을 표시했습니다. 이 돌이 지계석인데 마음만 먹으면 밤에 몰래 움직일 수 있는 것이었습니다. 그러나 하나님은 경계표를 옮기지 말라고 명령하셨습니다(신 19:14). 하나님이 정해주신 땅을 침범하는 것은 신성모독 죄에 해당합니다. 이스라엘 백성에게 땅은 하나님이 주신 축복입니다. 지계석을 옮겨 자기 땅을 늘리는 것은 하나님의 축복을 가로채는 심각한 죄악입니다.

지계석을 움직이지 말라는 말씀은 우리 삶의 영적 육적 부분에서 하나님의 주권을 인정하며 살라는 것입니다. 하나님을 믿는 사람은 다른 사람의 소유에 대해 욕심을 부리지 않습니다. 자기 재산을 늘리기 위해 정당하지 않은 방법으로 다른 사람의 소유를 탐하는 것은 하나님에 대한 도전입니다. 참된 성도는 다른 사람의 소유를 인정하고 존중합니다.

***이웃의 정당한 재산을 시기하거나 넘보지 않게 하소서.

숙련된 달란트의 축복

네가 자기의 일에 능숙한 사람을 보았느냐
이러한 사람은 왕 앞에 설 것이요 천한 자 앞에 서지 아니하리라(22:29)

제럴드는 배 안의 주방에서 하루 종일 감자 껍질을 벗겼습니다. 다른 선원들은 산더미처럼 쌓인 감자를 보며 대충대충 했지만 제럴드는 정성스럽게 껍질을 벗겼습니다. 그가 손을 댄 감자는 깨끗하고 완벽해서 음식을 만드는 사람이나 먹는 사람들이 감탄할 정도였습니다. 제럴드가 선원들과 해운회사들 사이에서 '감자의 왕'으로 소문나기 시작하자, 많은 식당에서 그의 감자를 공급받기 원했습니다. 결국 그는 런던에서 최고급 레스토랑에 최고급 감자를 공급하는 사업으로 성공하여 큰 명성을 떨쳤습니다.

달란트는 하나님이 주신 것입니다. 아무리 작은 달란트라도 최선을 다해 솜씨를 익히고 발휘하면 소문이 나게 되어 있습니다. 이 소문을 들은 사람들은 이 사람을 서로 데려가기 위해 노력할 것이고, 그는 부와 명예를 얻게 됩니다. 하나님은 모든 사람에게 달란트를 주셨습니다. 그리고 우리가 달란트를 이용해서 우리의 주인이신 하나님을 기쁘게 하기를 바라십니다(마 25:14-30). 하나님은 충성스럽게 숙련한 달란트를 통해 세상을 축복하시고 우리 자신을 축복하십니다. 우리는 어떤 달란트를 받았든지 불평하지 말고 감사해야 합니다. 하나님이 주신 것이기 때문입니다.

•••하나님이 주신 달란트를 소중히 여기며 잘 가꾸게 하소서.

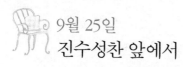

9월 25일
진수성찬 앞에서

네가 관원과 함께 앉아 음식을 먹게 되거든 삼가 네 앞에 있는 자가 누구인지를 생각하며 네가 만일 음식을 탐하는 자이거든 네 목에 칼을 둘 것이니라(23:1-2)

먹기를 탐하는 사람은 자신의 욕망을 절제할 줄 모르는 사람입니다. 때와 장소를 가려 적절히 음식을 먹을 줄 알아야 합니다. 그렇지 않으면 음식이 사람을 통제해 마음에 숨겨진 욕심의 본능을 노출시키게 됩니다. 탐심은 하나님을 바라보는 마음의 눈을 어둡게 합니다. 목에 칼을 들이대면서까지 탐심을 억제해야 하는 데는 충분한 이유가 있습니다.

다니엘과 세 친구가 좋은 예입니다. 당대 최고 권력자이던 바벨론 느부갓네살 왕의 음식과 포도주를 먹을 수 있다는 것은 그 자체가 권력의 상징이었습니다. 그러나 다니엘과 세 친구는 왕의 음식과 포도주를 거부하고 야채와 물만 먹었습니다. 그들에게는 음식보다 더 중요한 하나님이 계셨기 때문입니다. 기름진 음식과 포도주는 끝없는 영토 확장을 위한 전쟁과 잔인성으로 소문난 느부갓네살 왕의 욕심을 상징하는 것이었습니다. 이러한 음식을 탐닉하게 되면 늘 배가 부릅니다. 배부른 사람은 마음의 배도 불러 복음에 귀를 막고, 하나님의 은혜로운 구원을 잃어버리게 됩니다. 반대로 하나님이 내 안에 계시면 맛있는 음식보다 유익한 음식을 구하고, 식사 매너도 달라집니다.

°°°때와 장소를 가려 음식에 대한 욕망을 통제할 수 있는 지혜를 주소서.

허망한 돈

부자 되기에 애쓰지 말고 네 사사로운 지혜를 버릴지어다
네가 어찌 허무한 것에 주목하겠느냐 정녕히 재물은 스스로 날개를 내어
하늘을 나는 독수리처럼 날아가리라(23:4-5)

미국의 건설업자 잭 휘태커 씨는 2002년에 3억 1천490만 달러의 로또에 당첨되어 '세계 최대 행운의 사나이' 라는 부러움을 샀습니다. 그러나 5년 만에 '세계 최대 불운의 사나이' 로 전락했습니다. 엄청난 돈을 손에 쥐자 사업을 게을리하고 술집과 도박장을 오가며 당첨금을 탕진했습니다. 그의 집에는 도둑이 자주 들었고, 심지어 그의 집에서 딸의 남자 친구가 살해되기도 했습니다. 갑자기 생긴 큰 돈을 감당하지 못해 한 인간이 망가지는 것을 보며, 미국의 언론은 '갑자기 손에 쥔 일확천금은 행운일까 재앙일까? 라는 의문을 던졌습니다.

부자를 꿈꾸는 사람은 어쩌다 자기 손에 들어온 돈이 순식간에 허공으로 날아가는 것을 볼 때가 있을 것입니다. 이런 돈의 배후에는 사탄이 있습니다. 의로운 방법으로 땀 흘려 번 돈은 하나님의 축복이기 때문에 결코 사라지지 않습니다. 그러나 일확천금을 꿈꾸거나 불의의 방법으로 돈을 손에 쥔 사람은 소중한 인간관계와 건전한 인생관을 한꺼번에 잃을 수도 있습니다. 돈의 허망함을 겪지 않으려면 돈을 하나님 앞에 굴복시켜야 합니다.

°°°하나님이 허락하신 돈 외에는 눈길도 주지 않게 하소서.

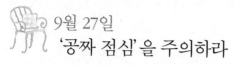

9월 27일
'공짜 점심'을 주의하라

악한 눈이 있는 자의 음식을 먹지 말며 그의 맛있는 음식을 탐하지 말지어다 대저
그 마음의 생각이 어떠하면 그 위인도 그러한즉 그가 네게 먹고 마시라 할지라도
그의 마음은 너와 함께하지 아니함이라(23:6-7)

마음에 꿍꿍이가 있는 사람들이 대접하는 향응이나 봉투에는 대가가 있
기 마련입니다. 이들이 대접하는 음식에는 함정이 숨어 있기 때문에 많이
먹을수록 몸과 영혼에 해롭습니다. 이들은 대접한 비용보다 훨씬 더 많은
이득을 얻어내려는 속내를 숨기지만 곧 드러나고 맙니다. 그러나 이들의
마각이 드러날 때는 이미 늦습니다. 먹은 것을 토해내는 것은 물론 먹지
않은 것까지 지불해야 하는 비참한 신세에 빠지게 되니까요. 미국 워싱턴
정가에는 '공짜 점심'은 없다는 속설이 있습니다. 이해타산을 철저히 따
지는 정치 외교의 세계에서 사심 없이 대접하는 사람은 없다는 뜻입니다.

솔로몬은 이런 사람들이 대접하는 음식은 먹지 말라고 경고합니다. 복 있
는 사람은 악인들의 꾀를 따르지 아니하고 죄인들의 길에 서지 아니하며
오만한 자의 자리에 앉지 않습니다(시 1:1). 악인, 죄인, 오만한 자가 누구입니
까? 마음에 하나님이 없는 사람입니다. 하나님을 경외하는 사람은 이웃
을 자기 몸처럼 사랑하기에 대가를 바라고 환대를 베풀지 않습니다. 베풀
때는 비용이나 대가를 생각해서는 안 됩니다.

***대가를 바라는 향응을 거절하고 순수하게 대접하는 지혜를 주소서.

미련한 자를 대할 때

미련한 자의 귀에 말하지 말지니
이는 그가 네 지혜로운 말을 업신여길 것임이니라(23:9)

전도서 기자는 "잠잠할 때가 있고 말할 때가 있으며"(전 3:7)라고 말합니다. 아무리 좋은 말이라도 때와 장소와 상대를 가리라는 충고입니다. 예수님도 제자들에게 거룩한 것을 개에게 주지 말고, 진주를 돼지에게 던지지 말라고 하셨습니다. 그들이 제자들을 상하게 할 수도 있기 때문입니다(마 7:6). 예수님은 서기관들과 바리새인들의 도전에 정면으로 대립하신 적이 없습니다. 오히려 쉬운 비유를 사용하시거나 촌철살인(寸鐵殺人)의 말씀으로 문제의 핵심을 깨닫게 해주셨습니다. 이처럼 지혜로운 자는 말하기 전에 상대방의 영적인 상태를 잘 살펴보아야 합니다.

미련한 사람은 하나님이 없다고 말합니다. 이런 사람은 애굽의 바로처럼 자신의 완악함 때문에 마음이 굳어져 더욱 미련해집니다. 이런 사람들은 많은 말로 설득하는 것보다 영혼 구원을 위해 기도하고, 하나님의 능력으로 영적인 자극을 받도록 간구하는 것이 더 유익할 것입니다. 이단 신앙을 가진 사람을 토론으로 이길 수는 있어도 변화시키기는 어렵습니다. 차라리 따뜻하게 대해주어 그리스도의 진정한 사랑을 느끼게 하는 것이 낫지 않을까요?

✦✦✦영혼이 닫힌 사람들에게 말보다 능력과 사랑을 보여주게 하소서.

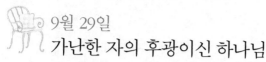

9월 29일
가난한 자의 후광이신 하나님

옛 지계석을 옮기지 말며 고아들의 밭을 침범하지 말지어다 대저 그들의 구속자는 강하시니 그가 너를 대적하여 그들의 원한을 풀어 주시리라(23:10~11)

이스라엘 백성은 가나안에 정착한 후 집안별로 땅을 분배받았습니다. 그 소유권을 나타내는 지계석은 그들이 하나님을 떠나 우상을 숭배하고 사회가 부패하면서 자꾸 침범당했습니다. 이것은 십계명 중 제10계명을 어기는 것이었습니다. 고대 중근동 지역에서는 가난하고 힘없는 자들을 보호하는 책임이 왕과 그 신하들에게 있었습니다. 그런데 오늘 말씀은 이들이 제대로 보호받지 못하면 하나님이 나서서 보호하시고 착취자들을 심판하신다고 말합니다. 하나님은 숨겨놓은 의인들을 통해서 이들을 보호하십니다.

영국이 산업화 사회로 접어들던 18세기 후반, 평화롭게 살던 아프리카인들은 유럽의 노예 사냥꾼들에게 붙잡혀 시장으로 팔려나왔습니다. 영국인들은 노예들을 탄광과 공장 등에서 짐승처럼 부리면서 먹을 것도 제대로 주지 않았습니다. 당시 사회에서는 노예들의 처우 개선을 요구하는 목소리가 높았지만, 정부나 교회는 들은 체도 하지 않았습니다. 하나님은 윌리엄 윌버포스와 동료들을 국회로 보내 30년에 걸쳐 노예 해방을 위한 입법투쟁을 벌이게 하셨습니다. 그리고 노예제도를 폐지하게 하셨습니다. 하나님은 자신이 부여한 권리를 박탈당한 사람들의 편에 있다는 사실을 입증한 것입니다.

***가난하고 힘없는 사람 뒤에 계신 하나님을 잊지 않게 하소서.

자식을 살리는 채찍질

아이를 훈계하지 아니하려고 하지 말라 채찍으로 그를 때릴지라도 그가 죽지 아니하리라 네가 그를 채찍으로 때리면 그의 영혼을 스올에서 구원하리라(23:13-14)

초등학생인 두 아들이 싸우고 있었습니다. 형이 약을 올리자 동생이 대들었습니다. 서재에 계시던 아버지가 두 아들을 불러 무릎을 꿇게 했습니다. 아버지는 실망한 표정으로 말했습니다. "형은 동생을 돌보고 동생은 형을 존경하라는 아버지의 가르침을 무시했구나. 오늘은 약속대로 체벌을 하겠다." 아버지는 회초리로 큰아이는 열 대, 작은 아이는 다섯 대를 때렸습니다. 그리고 형제우애에 대해 훈계한 후 아이들의 머리에 손을 얹고 간절히 기도했습니다. 다음날 저녁 아버지는 온 가족을 데리고 나가 맛있는 것을 사주고, 전날의 체벌에 대한 의미를 다시 설명해주었습니다. 아이들은 절대로 싸우지 않겠다고 약속했습니다.

어린 자녀들의 마음에 잡초가 뿌리 내리지 않도록 훈계해야 합니다. 훈계가 효과 없으면 매를 들어야 합니다. 그러나 매를 때린 뒤에는 반드시 아이들을 위해 기도하고 안아주며 상처 난 곳을 치료해주어야 합니다. 잔인한 체벌은 자녀의 마음에 분노를 심어주지만, 따뜻한 체벌은 부모의 사랑을 느끼게 합니다. 잔인한 체벌은 아이를 죽게 하지만, 따뜻한 체벌은 아이에게 생명을 찾아줍니다. 귀한 자식일수록 따뜻한 체벌로 의인의 길을 가게 하는 것이 부모의 지혜입니다.

***소중한 자녀에게 사랑의 채찍을 아끼지 않게 하소서.**

지혜로 여는 매일 묵상 10월

"집은 지혜로 말미암아 건축되고 명철로 말미암아 견고하게 되며
또 방들은 지식으로 말미암아 각종 귀하고
아름다운 보배로 채우게 되느니라"
(잠 24:3-4)

Proverbs

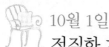

10월 1일
정직한 자녀는 부모의 기쁨

내 아들아 만일 네 마음이 지혜로우면 나 곧 내 마음이 즐겁겠고 만일 네 입술이 정직을 말하면 내 속이 유쾌하리라(23:15-16)

자녀를 키우는 부모는 언제 가장 기쁠까요? 명문대에 합격하거나 좋은 직장에 들어갈 때일까요? 부모에게 용돈을 잘 줄 때일까요? 하나님을 경외하는 부모는, 자녀가 하나님을 의식하며 정직하게 살아갈 때 믿음직스럽고 기쁩니다. 자신을 의지할 때는 거짓말도 하게 됩니다. 그러나 기도에 응답하시는 하나님을 의뢰하면 정직하게 됩니다.

제 아들이 열세 살이었을 때 일입니다. 그 아이가 스키장 매표소에서 나이를 한 살 속여 2만 원이나 싼 값에 리프트 티켓을 산 것입니다. 아이들은 집에 와서 자랑삼아 떠벌렸고, 순간 제 얼굴은 일그러졌습니다. "2만 원에 영혼을 팔았느냐? 정직은 돈으로 살 수 없는 무한한 가치다. 당장 스키장에 사과 편지를 보내고 2만 원을 돌려주어라." 어안이 벙벙해진 아들은 억지로 스키장에 사과 편지를 써서 보냈습니다. 그리고 한 달 뒤에 답장이 왔습니다. "당신의 정직함에 깊은 감명을 받았습니다. 정직은 우리 사회를 지탱하는 큰 힘입니다. 당신의 아버지와 함께 다시 우리 스키장을 방문해주십시오." 편지 안에는 무료 리프트 티켓이 들어 있었습니다. 아들은 이 사건 이후 정직을 생명처럼 소중히 여기게 되었습니다. 이제는 아들이 정말 멋있어 보입니다. "나의 방패는 마음이 정직한 자를 구원하시는 하나님께 있도다"(시 7:10).

***정직한 부모가 되어 자녀에게 정직을 가르치게 하소서.

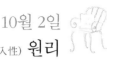

마음의 불가입성(不加入性) 원리

네 마음으로 죄인의 형통을 부러워하지 말고 항상 여호와를 경외하라 정녕히 네 장래가 있겠고 네 소망이 끊어지지 아니하리라(23:17-18)

물리학에 '불가입성(不加入性)의 원리'라는 것이 있습니다. 한 공간에 두 물체가 동시에 들어갈 수 없다는 뜻입니다. 예를 들면, 빈 컵에는 공기만 들어 있습니다. 그런데 컵 안에 물을 가득 채우면 공기는 밀려서 밖으로 나가게 됩니다. 공기와 물이 컵 안에 공존할 수 없는 것입니다. 우리의 마음도 마찬가지입니다. 죄인의 형통을 부러워하는 마음과 하나님을 경외하는 마음은 공존할 수 없습니다. 불의한 방법을 동원해서 성공한 사람을 시기하거나 부러워하는 사람의 마음에는 하나님의 선을 사모하는 믿음이 자리 잡을 수 없습니다. 반대로 오직 하나님의 의만을 추구하는 사람에게는 악한 생각이 뿌리내릴 수 없습니다.

하나님은 인격적인 분이십니다. 그분은 우리에게 의의 길을 요구하시며 분명한 약속을 덧붙이십니다. 우리가 하나님을 경외하면 우리 인생에 축복의 열매를 풍성하게 주시겠다고 말입니다. 믿음의 조상 아브라함과 이삭과 야곱은 죄인의 형통을 부러워하지 않고 오직 하나님의 약속을 믿음으로 '험악한 세월'(창 47:9)을 보냈습니다. 그리고 결국 하나님의 축복을 맛보았습니다. 우리의 장래와 소망은 하나님 안에서만 찾을 수 있습니다.

°°°세상의 성공보다 하나님을 경외함에서 오는 소망을 체험하게 하소서.

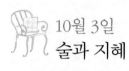

10월 3일
술과 지혜

술을 즐겨 하는 자들과 고기를 탐하는 자들과도 더불어 사귀지 말라 술 취하고 음식을 탐하는 자는 가난하여질 것이요 잠자기를 즐겨 하는 자는 해어진 옷을 입을 것임이니라(23:20-21)

하나님은 우리가 여유 있게 즐기며 살 수 있도록 많은 것을 주셨습니다. 우리는 하나님이 주신 것을 감사하며 즐기면 됩니다. 참된 즐김은 육신의 욕심과 쾌락을 충족시키는 것이 아니라 이웃을 사랑하고 하나님을 영화롭게 하는 데 있습니다. 그러나 사람들은 너무 쉽게 '적절히'의 선을 넘어 과하게 즐깁니다. 사탄은 술과 고기를 먹는 사람에게 항상 "조금만 더, 조금만 더!"라며 충동합니다. 술을 즐기고 고기를 탐하는 사람은 자기 통제력을 잃고 중독에 빠집니다. 자기를 기다리는 가족을 생각하지 않습니다. 잠을 자는 것도 마찬가지입니다. 잠은 하나님이 우리에게 맡겨주신 일을 성실하게 하기 위해 꼭 필요한 휴식입니다. 그러나 필요 이상으로 자면 가난해집니다. 배가 부르면 머리가 텅 비고, 잠을 많이 자면 게을러집니다. 이런 사람들과 사귀면 같은 사람이 됩니다.

즐길 것이 너무 많은 현대 세계는 중독의 삶을 선전합니다. 하나님을 마음에서 밀어내고 그 자리를 술과 고기와 마약과 수면 등으로 채우라고 유혹합니다. 하지만 잠시의 즐거움 뒤에는 긴 허무만 남습니다. 술을 즐기는 사람 주변에는 술친구만 남습니다. 그러나 지혜를 사모하는 사람에게는 경건한 사람이 찾아옵니다. 어떤 사람을 찾아가시겠습니까?

***지혜의 말씀으로 경건한 친구를 사귀게 하소서.

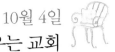

가정은 제자를 키우는 교회

너를 낳은 아비에게 청종하고 네 늙은 어미를 경히 여기지 말지니라 의인의 아비는
크게 즐거울 것이요 지혜로운 자식을 낳은 자는 그로 말미암아 즐거울 것이니라
(23:22, 24)

자녀가 부모를 공경해야 하는 이유는 단순히 낳아주신 분들이기 때문이
아닙니다. 하나님이 정해주신 권위 질서를 지키라는 명령이기 때문입니
다. 이 권위 질서가 유지되어야 하나님의 말씀이 후손에게 전승됩니다.
부모의 가장 중요한 임무는, 하나님이 주신 권위로 하나님의 진리와 지혜
와 훈계와 명철을 자녀에게 가르치는 것입니다. 자녀는 하나님의 명령에
순종해 부모의 가르침을 순전하게 받아들이고, 악한 세상에서 의롭고 지
혜롭게 살아야 합니다. 부모는 말씀대로 살아가는 자녀를 자랑스러워합
니다. 이런 가정은 은혜와 평강이 넘치고 주위의 칭찬이 끊이지 않습니
다. 가정은 가장 확실한 그리스도의 제자를 키울 수 있는 교회입니다. 청
교도들은 가정을 작은 교회로, 아버지를 담임목사로 생각했다고 합니다.

가장 좋은 자녀 교육은, 부모와 자녀가 한자리에 앉아 말씀을 배우고 기
도하며 가정 예배를 드리는 것입니다. 가정 예배를 드리는 가정은 식구들
이 와서 잠만 자는 하우스(house)가 아니라 따뜻한 생명을 느낄 수 있는 홈
(home)이 됩니다. 이런 가정에서 자란 자녀들이 부모를 기쁘게 하고 하나님
을 기쁘게 합니다.

•••아무리 바쁘고 힘들어도 자녀들과 함께 예배드리게 하소서.

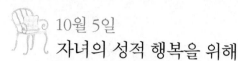

10월 5일
자녀의 성적 행복을 위해

내 아들아 네 마음을 내게 주며 네 눈으로 내 길을 즐거워할지어다 대저 음녀는 깊
은 구덩이요 이방 여인은 좁은 함정이라 참으로 그는 강도같이 매복하며 사람들 중
에 사악한 자가 많아지게 하느니라(23:26-28)

영국 노팅엄에 사는 40대 남자가 창녀를 사서 열네 살짜리 아들에게 성적
경험을 시키려다 함정수사를 펴던 경찰에 붙잡힌 사건이 있었습니다. 법
원은 아버지에게 "아들을 보살피는 당신의 의무에는 아들의 도덕성을 지
켜주는 것도 포함되어 있다"고 따끔한 판시를 내렸습니다.

하나님은 부모가 자녀에게 모범을 보이며 가르칠 것을 요구하십니다. 자
녀는 보고 들은 대로 행합니다. 자칫하면 우리 자녀들이 음녀와 정숙하지
않은 여자(이방 여인)에 빠질 수도 있습니다. 돈과 쾌락을 추구하는 관계에서
는 성적 갈증을 풀 수 없습니다. 하나님은 남자와 여자가 만들어가는 사
랑의 관계에서만 성적 행복을 얻도록 만드셨습니다. 이런 관계에서는 서
로 인격적으로 성숙해지지만, 인격적 관계를 거부하는 음녀에게서 얻는
순간의 성적 쾌락에는 어떤 유익함도 없습니다. 사탄은 성적 행복과 성적
쾌락의 구분을 모호하게 함으로써 사람들의 영혼을 혼탁하게 하고 가정
과 사회를 파괴합니다. 자녀의 진정한 행복을 위해 부모가 순결한 삶의
모범을 보이며 기도해야 합니다. 이는 치열한 영적 싸움입니다.

***자녀가 저를 보고 성적 순결을 배워 행복에 이르게 하소서.

알코올중독

재앙이 뉘게 있느뇨 근심이 뉘게 있느뇨 분쟁이 뉘게 있느뇨 원망이
뉘게 있느뇨 까닭 없는 상처가 뉘게 있느뇨 붉은 눈이 뉘게 있느뇨 술에 잠긴 자에
게 있고 혼합한 술을 구하러 다니는 자에게 있느니라(23:29-30)

술은 뱀과 같습니다. 물리면 치명적입니다. 알코올중독은 재미삼아 마시
는 첫 잔에서부터 시작됩니다. 사람들은 자기 의지로 적당히 즐기며 술을
통제할 수 있다는 자신감을 가지고 술잔을 들지만 쉽게 통제력을 잃어버
릴 수 있습니다. 사탄은 이러한 사람 속에 들어가 입으로 굽은 말을 하게
하면서 계속 술을 찾게 만듭니다. 롯은 술에 취해 두 딸과 동침하여 두 아
들을 낳았습니다. 이들은 대대로 아브라함의 후손들과 싸우는 모압과 암
몬 족속의 조상이 되었습니다.

술 자체가 나쁜 것이 아니라 술을 통해 우리를 유혹하는 사탄의 능력을
과소평가하고 자신을 과신하는 것이 문제입니다. 그래서 사도 바울은 "그
런즉 너희가 먹든지 마시든지 무엇을 하든지 다 하나님의 영광을 위하여
하라"(고전 10:31)고 말했습니다. 술을 마셔야 할 때는 그 술이 하나님의 영
광을 위한 것이 되도록 먼저 기도해야 합니다. 술자리에서 기도하는 사람
은 거의 없습니다. 그만큼 술은 하나님과 멀리 있는 것입니다. 그러나 기
도해야 합니다. 우리 힘으로는 절제할 수 없지만 성령은 하실 수 있습니
다. 자신이 없다면 술을 멀리하는 것이 지혜로운 방법입니다.

✳✳✳먹고 마시고 무엇을 하든지 성령 충만을 받게 하소서.

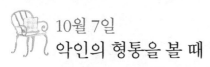

10월 7일
악인의 형통을 볼 때

너는 악인의 형통함을 부러워하지 말며 그와 함께 있으려고 하지도 말지어다 그들
의 마음은 강포를 품고 그들의 입술은 재앙을 말함이니라(24:1-2)

명절이 가까워 오면 농부는 수퇘지에게 먹이를 많이 줍니다. 수퇘지는 게
걸스럽게 다 먹고는 꺼억 소리를 내며 벌렁 드러누워 잡니다. 옆에서 이
것을 지켜보는 암퇘지는 안달입니다. 먹이를 빼앗아 먹고 싶은데 여물통
이 가로 막혀 침만 흘리며 소리를 지릅니다. 뒤룩뒤룩 살이 찐 수퇘지는
명절이 지나고 나면 보이지 않습니다. 명절에 주인이 잡아먹은 것입니다.
수퇘지는 죽을 줄도 모르고 주는 대로 다 먹었던 것입니다.

악인의 형통을 보면서 실망하는 때가 있습니다. 이스라엘 찬양대장 아삽
도 "내가 악인의 형통함을 보고 오만한 자를 질투하였음이로다"(시 73:3) 하
고 고백했습니다. 부동산 투기로 떼돈을 버는 사람들을 부러워하고 질시
합니다. 이중장부로 세금을 떼어먹고 이윤을 남기는 사람을 뒤따라갑니
다. 하나님은 악인의 형통을 그냥 놔두십니다. 언젠가는 그 형통이 재앙
으로 변할 것을 아시기 때문입니다. 악인의 형통은 그 자체가 하나님의
심판입니다. 그들의 마음에는 포악한 생각이, 입술에는 파괴적인 말이 가
득합니다. 아삽의 마지막 고백입니다. "하나님의 성소에 들어갈 때에야
그들의 종말을 내가 깨달았나이다"(시 73:17). 하나님 안에 있는 우리는 악인
의 형통을 바라보거나 동참할 이유가 없습니다.

•••악인의 형통함을 경멸하고 오직 믿음으로 사는 의인을 흠모하게 하소서.

10월 8일
풍성한 가정을 세우려면

집은 지혜로 말미암아 건축되고 명철로 말미암아 견고하게 되며 또 방들은 지식으로 말미암아 각종 귀하고 아름다운 보배로 채우게 되느니라(24:3-4)

가나안 땅을 목전에 둔 이스라엘에게 하나님이 말씀하셨습니다. "네가 네 하나님 여호와의 말씀을 청종하면 … 네 몸의 자녀와 네 토지의 소산과 네 짐승의 새끼와 소와 양의 새끼가 복을 받을 것이며 네 광주리와 떡 반죽 그릇이 복을 받을 것이며 네가 들어와도 복을 받고 나가도 복을 받을 것이니라"(신 28:2-6). 신실하신 하나님은 제사장 나라로 택하신 백성들에게 그들이 부르심을 감당할 수 있도록 모든 조건들을 만족시켜주십니다. 하나님의 말씀을 청종해야 복을 받습니다. 말씀을 청종한다는 것은 하나님이 주시는 복으로만 살겠다는 믿음의 고백입니다. 자신이 얻기 원하는 복에 먼저 눈을 두는 것은 불신앙입니다. 하나님의 말씀에 마음을 쏟는 것이 우선입니다.

하나님은 집이 세워지고 견고해지며 보배로 채워지는 것을 우리보다 더 원하십니다. 문제는 우리가 정욕으로 쓰려고 구하는 태도입니다. 하나님 말씀에 순종하여 객을 대접한 사르밧 과부처럼, 말씀에 감동받아 전 재산을 사회에 기부한 록펠러처럼 여호와 하나님을 먼저 찾아야 합니다. 그러면 하나님은 우리의 빈 방을 하늘의 보배로 풍성하게 채워주십니다. 하나님의 약속은 변하지 않습니다. 그렇다면 내 눈과 마음은 어디를 향해야 할까요?

•••마음 문을 열어 하나님의 지혜를 먼저 바라보게 하소서.

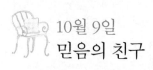

10월 9일
믿음의 친구

지혜 있는 자는 강하고 지식 있는 자는 힘을 더하나니 너는 전략으로 싸우라 승리는 지략이 많음에 있느니라(24:5-6)

대학 시절에 신앙 훈련을 받은 학생들 가운데 졸업하고도 순수한 신앙을 유지하는 학생은 5퍼센트 내외라고 합니다. 졸업 후 치열한 경쟁 사회에서 신앙이 변질되고 심지어 신앙을 버리는 경우도 적지 않습니다. 그런데 캐나다 밴쿠버에서 만난 30대 초반의 그룹은 달랐습니다. 그들은 매월 정기적으로 만나 서로 멘토링하고 격려하며 기도하고 말씀을 연구하고 꿈을 나누며 우정을 키워갔습니다. 직장생활을 하면서 함께 복음의 열정을 키우고 선교를 꿈꾸며 그리스도의 제자로 살아가려는 노력이 무척 아름다워 보였습니다. 한 형제는 이렇게 고백했습니다. "저 혼자였다면 결혼 생활의 위기를 극복하기 힘들었을 것입니다. 믿음의 친구들이 있었기에 고비마다 도움을 받고 주님의 사랑을 더 알게 되었습니다."

지붕을 뚫고 예수님께 중풍병자를 데려온 친구들을 기억하나요? 믿음의 친구는 정말 소중합니다. 우리의 삶은 요람에서 무덤까지 영적 싸움입니다. 이 싸움에서 이길 수 있는 방법은 믿음의 친구들과 함께 어깨동무하며 주님의 뒤를 따라가는 것입니다. 이 친구들이 바로 전략과 지략입니다. 좋은 전략과 지략이 많아야 영적 싸움에서 이길 수 있습니다.

＊＊＊평생을 함께할 아름다운 믿음의 동역자를 만나게 하소서.

리더의 조건

지혜는 너무 높아서 미련한 자가 미치지 못할 것이므로
그는 성문에서 입을 열지 못하느니라(24:7)

대통령에 당선된 아브라함 링컨은 새먼 체이스 상원의원을 재무장관에
임명했습니다. 그러자 참모들이, 체이스 의원은 대통령보다 학식과 능력
이 뛰어나 부담스러운 인물이라며 재고를 요청했습니다. 링컨은 체이스
의원과 같은 사람들이 더 있는지 물어보았습니다. 그 이유를 묻자 이렇게
대답했다고 합니다. "그런 사람들이 있으면 모두 장관에 입각시키려고 합
니다." 자기보다 뛰어난 사람이나 정적들을 요직에 앉히는 링컨의 용인술
은 정평이 나 있습니다. 링컨의 포용력은 어디서 나올까요? 바로 겸손한
신앙에서 나오는 것입니다. 링컨은 하나님 앞에서는 모든 사람이 부족하
고 하늘의 지혜가 필요하다는 것을 알았던 것입니다.

하늘로부터 난 지혜는 성결하고, 화평하며, 관용하고, 양순하며, 긍휼과
선한 열매가 가득하고, 편견과 거짓이 없습니다(약 3:17). 이런 지혜를 갖춘
사람이라야 성문(공공 정책을 입안하는 장소)에서 말할 자격이 있습니다. 미련한
자는 이런 지혜를 이해하지 못합니다. 그들이 지도자가 되면 공동체에 악
이 스며듭니다. 하나님을 경외하는 겸손한 자만이 참된 지도자가 될 수
있습니다.

•••가정과 직장과 교회에서 하나님의 선을 행하는 자가 되게 하소서.

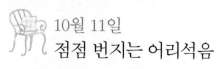

10월 11일
점점 번지는 어리석음

악행하기를 꾀하는 자를 일컬어 사악한 자라 하느니라 미련한 자의 생각은 죄요 거만한 자는 사람에게 미움을 받느니라(24:8-9)

악행하기를 꾀하는 자, 미련한 자, 거만한 자는 자신을 지나치게 중시하고 다른 사람은 무시하는 어리석음에 사로잡혀 있습니다. 자신의 유익을 위해 공동체에 손해를 끼칩니다. 안타깝게도 사회적 책임이 있는 공적인 자리에도 이런 사람들이 점점 많아지고 있습니다. 사회 전체적으로 옳고 그름에 대한 판단력이 흐려지고, 건강한 사회적 비전이 사라져가고 있습니다. 대통령을 지낸 사람들도 무력으로 권력을 잡았거나 재임 기간 중에 부적절한 돈을 받았거나 오만방자한 태도 때문에 국민의 비판을 받았습니다. 지도자들의 어리석은 행위는 자라나는 세대에게 부정적인 영향을 미칩니다. 반면 지혜로운 지도자는 자신을 돌보기 전에 애정과 긍휼한 마음으로 국민을 돌봅니다.

좋은 지도자를 키워내려면 사회적으로 악한 사람, 미련한 사람, 거만한 사람을 미워하고 배척하는 사회적 합의가 뚜렷해야 합니다. 그리고 하나님이 주시는 순결한 지혜를 사모하고, 이런 지혜를 가진 사람을 존경하는 명백한 도덕적 기준이 있어야 합니다. 불행하게도 우리는 반대 방향으로 가고 있습니다. 그러나 희망은 있습니다. 주의 법도를 사모하는 주의 자녀들이 빛과 소금의 역할을 하기 때문입니다.

***여호와의 율법을 사랑하고 존경하며 아끼고 실천하는 종이 되게 하소서.

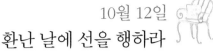

환난 날에 선을 행하라

너는 사망으로 끌려가는 자를 건져주며 살륙을 당하게 된 자를
구원하지 아니하려고 하지 말라(24:11)

종교개혁 시대에 박해를 받던 한 성도가 체포하러 온 사람을 피해 꽁꽁
얼어붙은 호수 위로 도망가고 있었습니다. 그런데 뒤쫓던 사람이 살얼음
판을 밟아 그만 물에 빠지고 말았습니다. 성도는 주저하지 않고 되돌아가
그 사람을 건져냈습니다. 그러고는 붙잡혀 재판에 회부되었습니다. 잡히
면 죽을 것을 알면서도 왜 도와주었냐고 재판장이 묻자 성도는 이렇게 대
답했습니다. "이 땅에서 일찍 죽는 것이 하나님의 심판을 받는 것보다 낫
기 때문입니다."

어려움에 봉착한 사람을 보면 도와주어야 합니다. 설사 원수라 할지라도
도움의 손길을 내밀어야 합니다. 그것이 하나님이 기뻐하시는 선한 행위
입니다. 죽을 위험에 처한 사람이라면 더욱 도와야 합니다. 하나님의 선
은 내가 죽고 내 안에 그리스도가 살지 않으면 결코 실천할 수 없습니다.
하나님은 자신을 죽이는 사람을 통해 그분의 나라와 의를 세상에 드러내
십니다. 하나님은 자신을 드리는 사람에게 놀라운 힘을 주셔서 선을 행할
수 있게 하십니다. 이런 사람이 하나님의 제사장입니다.

•••악한 세상에서 선을 행할 수 있는 용기와 믿음을 주소서.

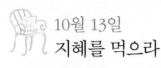

10월 13일
지혜를 먹으라

내 아들아 꿀을 먹으라 이것이 좋으니라 송이꿀을 먹으라 이것이 네 입에 다니라 지혜가 네 영혼에게 이와 같은 줄을 알라 이것을 얻으면 정녕히 네 장래가 있겠고 네 소망이 끊어지지 아니하리라(24:13-14)

성경에서 지혜, 즉 하나님의 말씀은 흔히 꿀로 비유됩니다. 시편 기자도 "주의 말씀의 맛이 내게 어찌 그리 단지요 내 입에 꿀보다 더 다니이다"(시 119:103) 하고 고백합니다. 하지만 꿀을 먹기 전에는 그 맛을 알 수 없습니다. 사울 왕의 아들 요나단이 전쟁 중에 배가 고파서 송이꿀을 먹고는 기운을 차리고 눈이 밝아졌습니다. 말씀을 먹으면 영적 안목이 밝아져 세상의 허탄한 것들을 뚫고 우리를 향하신 하나님의 뜻을 발견하게 됩니다. 또 우리 삶의 모든 불안함과 소용돌이를 잠재우는 참된 소망을 얻게 됩니다.

말씀을 먹는다는 것은 말씀에 촉촉하게 젖어 자연스럽게 말씀에 순종하는 것을 의미합니다. 이스라엘의 제사장들이 말씀에 순종해 요단강에 발을 담그지 않았다면, 이스라엘 백성은 결코 가나안 땅에 들어갈 수 없었을 것입니다(수 3:1-17). 젖과 꿀이 흐르는 땅을 선물로 받으려면 말씀을 먹어야 했습니다. 성경에 먼지가 뽀얗게 쌓인 가정에는 장래와 소망이 없습니다. 성경을 읽고 자신을 말씀에 비추어보십시오. 그리고 말씀대로 사십시오. 영혼의 희열을 느끼게 될 것입니다. 말씀이 송이꿀보다 더 달게 느껴질 것입니다.

***매일 온전히 순종함으로 달콤한 말씀을 맛보게 하소서.

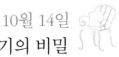

칠전팔기의 비밀

대저 의인은 일곱 번 넘어질지라도 다시 일어나려니와
악인은 재앙으로 말미암아 엎드러지느니라(24:16)

하나님의 지혜를 사랑하는 의인에게 나쁜 소식과 좋은 소식이 있습니다.
나쁜 소식은, 의인의 삶에는 어려움이 끊이지 않는다는 것입니다. 예수님
을 영접하면 인생의 고통과 불행이 오지 않을 것이라고 생각하십니까? 어
쩌면 더 많은 문제가 따를지도 모릅니다. 세상에는 악인이 참 많습니다.
이들의 존재 이유는 의인을 괴롭히는 것입니다. 그러므로 하나님의 지혜
를 따르는 사람은 이 세상에서 태평성대를 누리며 살기 어렵습니다. 하나
님의 마음에 합한 사람, 다윗을 기억하십니까? 그의 인생은 죽는 순간까
지 전쟁과 모반과 질시와 실수로 점철되었습니다.

좋은 소식은, 악인이 아무리 쓰러뜨리고 멸망시키려 해도 의인에게는 다
시 일어날 힘과 소망이 있다는 것입니다. 지쳐서 하나님의 손을 놓아버리
고 싶을 때도 있을 것입니다. 그러나 하나님은 우리의 손목을 꼭 붙잡고
놓지 않으십니다. 이것은 하나님의 약속이고 하나님의 자존심입니다. 이
러한 믿음을 잃지 않는다면 우리에게 패배란 없습니다. 다윗은 간음한 후
밧세바의 남편을 살해했습니다. 그러나 다윗이 죄를 회개하자 하나님은
그를 일으켜 세워주셨습니다. 악인은 한 번의 재앙에도 치명적인 상처를
입고 다시 일어나지 못할 것입니다.

***오늘도 나의 손을 붙잡으시는 하나님을 잊지 않게 하소서.

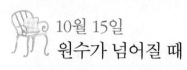

10월 15일
원수가 넘어질 때

네 원수가 넘어질 때에 즐거워하지 말며 그가 엎드러질 때에 마음에 기뻐하지 말라
여호와께서 이것을 보시고 기뻐하지 아니하사 그의 진노를 그에게서 옮기실까 두
려우니라(24:17-18)

사울 왕이 죽었다는 소식을 듣고 다윗이 흘린 눈물은 아름답고 순수한 것
이었습니다. 자신을 죽이려고 지독하게 쫓아다녔던 사울은 '원수'가 아
니라 '하나님이 기름 부으신 왕'이었습니다. 그의 통곡은 하나님의 보좌
를 움직였습니다. 다윗의 마음이 하나님의 영으로 가득한 것을 보신 하나
님은 그에게 이스라엘의 왕위를 허락하셨습니다.

원수가 넘어지고 엎드릴 때 기뻐하지 않고 긍휼한 마음을 갖는 것은, 하
나님의 왕 같은 제사장이요 거룩한 나라로 택하심을 받은 우리의 가장 큰
특권입니다. 제사장은 죄인들을 위해 일합니다. 즐거워하는 자와 함께 즐
거워하고 우는 자와 함께 웁니다(롬 12:15). 그리고 모든 사람에게 하나님의
사랑을 전합니다. 제사장이 제 역할을 하지 않으면, 하나님의 진노를 자
기 머리로 돌리게 됩니다. 어떻게 원수를 사랑할 수 있을까요? 우리의 힘
과 의지로는 불가능합니다. 오직 성령에 사로잡힐 때 가능합니다. 경쟁자
가 곤경에 처하면, 고소해 하지 않고 진심으로 아파하며 그를 위해 기도
하고 도와주어야 합니다. 설령 그것이 자신에게 손해가 되더라도 말입니
다. 이것이 바로 놀라운 하나님의 은혜입니다. 자신을 핍박하는 사람을
축복하는 것처럼 큰 은혜는 없습니다.

***다른 사람의 불행을 기회로 삼지 않게 하소서.

10월 16일
어리석은 분노

> 너는 행악자들로 말미암아 분을 품지 말며 악인의 형통함을 부러워하지 말라 대저
> 행악자는 장래가 없겠고 악인의 등불은 꺼지리라(24:19-20)

어느 섬에 있는 침묵 기도원에서 30대 초반의 여자분을 만났습니다. 그분은 아버지 때문에 고통스러워했습니다. 아버지는 병들어 죽어가는 엄마를 버리고 돈 많은 여자를 만나 부자로 살면서 매년 해외여행을 다녔습니다. 전처 자식들에게 등록금은커녕 생활비도 주지 않았습니다. 그 여자분의 얼굴에는 분노가 서려 있었습니다. "하나님은 왜 이런 나쁜 사람을 벌하지 않으십니까? 왜 이런 사람이 잘 살도록 내버려두십니까? 공의로운 하나님은 어디 가셨습니까? 그런 하나님을 어떻게 믿나요?"

형통해 보이는 악인에게 분노하는 것은 하나님께 불공평하다고 반발하는 것입니다. 하지만 악인의 성공은 그 자체가 하나님의 심판입니다. 자신의 성공에 도취되어 하나님께 돌아와 영생 얻을 기회를 영영 잃어버리기 때문입니다. 이들의 번영도 오래 가지 않습니다. 선하신 하나님이 내버려두지 않으십니다. 그들이 안간힘을 다해 지키는 재물의 등불은 하나님의 입김만 닿아도 꺼집니다. 악인을 보며 내뱉는 불평과 분노는 하나님에 대한 죄악이며 세상에 또 하나의 악을 만들어내는 것입니다. 오직 우리는 여호와 앞에 잠잠히 참고 기다려야 합니다(시 37:7).

···나를 타인과 비교하여 하나님께 불평하지 않게 하소서.

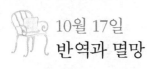

10월 17일
반역과 멸망

내 아들아 여호와와 왕을 경외하고 반역자와 더불어 사귀지 말라 대저 그들의 재앙
은 속히 임하리니 그 둘의 멸망을 누가 알랴(24:21-22)

하나님이 이 세상에 세우신 질서를 거부하는 것은 '내가 생각하고 믿는
것이 옳다' 는 자기중심적 태도에서 비롯합니다. 이것은 선악과를 따먹으
라고 하와를 유혹한 사탄이 가장 원했던 것입니다. 그렇다고 사람의 모든
반역 행위가 하나님을 대적하는 것은 아닙니다. 하나님을 거부하는 악한
질서와 제도와 사람에게는 당연히 반역해야 합니다. 성경이 말하는 반역
은 하나님의 선을 거부하고 자신의 욕심을 채우려는 것을 말합니다. 이들
에게 재앙과 멸망은 정해진 것입니다.

김영삼 전 대통령이 전두환, 노태우 전 대통령들의 12.12 군사쿠데타를
처벌하기 위해 제정한 5.18특별법은 '성공한 쿠데타는 처벌할 수 없다' 는
검찰의 논리를 무너뜨렸습니다. 아무리 성공한 정권이라도 불법으로 권
력을 얻었다면 처벌해야 합니다. 가정과 직장과 교회에서도 마찬가지입니
다. 하나님이 정해놓으신 정당한 권위를 어기는 자녀와 직원과 성도들
은 하나님을 반역하는 것임을 깨달아야 합니다. 세상의 모든 불안과 분쟁
이 여기에서 시작됩니다. 가정과 직장과 교회와 나라에 평화가 깃들려면
하나님과 그분이 세우신 왕을 경외하고, 하나님의 선한 법과 질서와 권위
를 분별하여 지키는 것이 중요합니다.

***하나님과 권위자들에 대한 경외심으로 우리의 믿음을 증거하게 하소서.

10월 18일

선한 재판

재판할 때에 낯을 보아 주는 것이 옳지 못하니라 악인에게 네가 옳다 하는 자는
백성에게 저주를 받을 것이요 국민에게 미움을 받으려니와(24:23-24)

분쟁이 생겼을 때 가장 억울한 일은, 상대방이 옳은 것을 잘못된 것이라
주장하고 잘못된 것을 옳은 것이라고 우기는 것입니다. 그런데 이보다 더
기막힌 일은 법원과 같은 제3자마저 진실을 외면하고 일방적인 판결을 내
리는 것입니다. 많은 사람들이 사건 자체보다도 불공정 판결 때문에 화병
에 걸립니다. 힘 있는 사람들 편에 서서 유죄 여부를 판단하고 형량을 조
절하는 사람은 모든 국민들에게 외면당합니다. 이런 사람들은 하나님의
심판을 받습니다. 그러나 공정한 재판관은 모든 사람의 기쁨입니다.

1988년 서울 북가좌동의 한 주택에서 일가족 인질 사건이 있었습니다. 범
인 지강헌 씨는 큰 종이에 '유전무죄(有錢無罪), 무전유죄(無錢有罪)'라고 써서
유리창에 내걸었습니다. 엉터리 사법제도를 고발한 것입니다. 그는 세 번
에 걸친 556만 원의 절도 사건으로 구속되어 17년 형을 선고받았습니다.
그런데 당시 대통령의 동생은 600억 원을 횡령하고도 7년 형을 선고받았
습니다. 재판하는 사람은 솔로몬처럼 하나님의 지혜로 재판해야 합니다.
공평한 재판, 공평한 중재, 공평한 말이 사람을 세우고 하나님의 선을 이
루기 때문입니다.

•••편견을 버리고 공정한 말과 태도를 갖비 하소서.

10월 19일
가정 세우기 우선순위

네 일을 밖에서 다스리며 너를 위하여 밭에서 준비하고
그 후에 네 집을 세울지니라(24:27)

어떤 연인들은 사랑의 열병에 사로잡혀 아무런 준비 없이 결혼부터 합니다. 그러면 신혼에 어려움이 많습니다. 지혜로운 연인들은 가정을 꾸리기 위해 필요한 것을 준비합니다. 결혼생활에 돈이 가장 중요한 것은 아니지만, 직장과 생활비를 마련하지 못하면 결혼 이후에도 부모님께 손을 내밀게 됩니다. 매사에는 우선순위가 있습니다. 예수님도 망대를 지으려면 먼저 비용을 계산하는 것이 우선이라고 말씀하셨습니다(눅 14:28-30).

가족을 먹여 살리고 번성하게 하는 일은 하나님이 첫 사람 아담에게 주신 사명이었습니다. 이 사명을 완수하려면 먼저 돈을 벌어 작은 기반이라도 만들어야 합니다. 돈이 모이면 밭을 사서 농사를 지어 먹을거리를 조달하고, 그 다음에 집을 짓고 가정을 세워야 합니다. 이 원리는 농업에 종사하는 사람뿐 아니라 모든 사람에게 적용됩니다. 경제적 기반을 마련하지 않고 가정을 세우려는 성급한 사람이나 게으른 사람은 하나님이 주신 사명을 감당할 수 없습니다. 하나님은 한 걸음 한 걸음 자신을 준비하는 성실한 사람에게 일을 맡기십니다. 작은 일에 충성된 사람이 큰일도 충성스럽게 해낼 수 있으니까요.

•••작은 일에 충성되어 하나님의 신뢰를 얻게 하소서.

10월 20일

예수님 사전에 '보복'은 없다

너는 그가 내게 행함같이 나도 그에게 행하여
그가 행한 대로 그 사람에게 갚겠다 말하지 말지니라(24:29)

예수님은 십자가에서 아무 죄 없이 죽어가면서도 자기를 해하는 사람들을 위해 기도하셨습니다. 그것이 우리를 향한 하나님의 뜻이기 때문입니다. 배반과 보복으로 멍든 사람들에게, 하나님은 자신을 해치는 사람을 포용하고 사랑하는 '하나님의 선'을 보여주셨습니다. 예수님은 제자들에게 선을 행하라고 부탁하셨습니다. 하나님은 "원수를 갚지 말며 동포를 원망하지 말며 네 이웃 사랑하기를 네 자신과 같이 사랑하라"(레 19:18)고 명령하셨습니다. 하나님은 악한 세상에 '선'을 불어넣기 위해 우리를 부르셨습니다. 원수를 갚기 위해 거짓 증언하는 것은 치명적인 죄악입니다. 우리에게는 원수 갚을 권리가 없습니다. 그 일은 하나님의 권리이자 의무입니다.

손양원 목사님의 두 아들이 여순반란사건 때 공산주의자의 손에 죽어가는 모습은 예수님의 마지막과 비슷했습니다. "예수 믿고 회개하시오. 하나님, 저들의 죄를 용서하여 주옵소서." 손 목사님은 두 아들을 죽인 범인 안재선을 양자로 삼아 목회자로 키웠습니다. 악을 선으로 갚은 하나님의 숭고한 뜻을 실천한 것입니다. 하나님의 사랑을 체험하면 보복이라는 단어는 사라지고 오직 하나님의 뜻에 눈이 멀게 됩니다.

●●●제가 억울할 때 제 원수를 위해 눈물 흘리는 예수님을 발견하게 하소서.

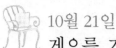
10월 21일
게으름, 가난의 속성 비료

내가 게으른 자의 밭과 지혜 없는 자의 포도원을 지나며 본즉 가시덤불이 그 전부에 퍼졌으며 그 지면이 거친 풀로 덮였고 돌담이 무너져 있기로(24:30-31)

마틴 루터가 설교 중에 이런 비유를 했다고 합니다.

사탄이 어느 날 악마들을 모아놓고 '사업보고회'를 열었습니다. 세 악마가 공작 결과를 보고했습니다. 첫째 악마가 "저는 많은 성도들을 사막 한 가운데서 죽게 했습니다." 하고 보고하자, 사탄은 화를 내면서 "그래서 어쨌다는 거냐? 그들은 다 구원받았는데…." 하며 꾸짖었습니다. 둘째 악마는 "저는 성도들이 탄 배를 폭풍 가운데 침몰시켰습니다." 하고 자랑했고, 사탄은 또 화를 냈습니다. 셋째 악마가 "저는 십 년 동안 한 성도를 택해 집중적으로 게으름을 훈련시켰더니, 더 이상 교회도 가지 않고 일하러 가지도 않으면서 침대에서 잠만 잡니다." 하고 말했습니다. 사탄은 크게 웃으며 "정말 잘했다. 한 영혼이 우리 지옥에 오게 되었구나." 하면서 큰 잔치를 벌였답니다.

게으름은 우리를 가난하게 만들고 우리 영혼을 잡초 밭으로 만드는 속성 비료입니다. 우리의 육신과 영혼을 부지런히 갈고 닦지 않으면 하나님이 주신 옥토와 포도원은 가시덤불과 돌밭으로 변합니다. 이런 곳에는 아무리 씨앗을 뿌려도 열매가 맺히지 않습니다. 하나님은 아담에게 열심히 밭을 갈아 가족뿐 아니라 하나님이 창조하신 동물들까지 먹이라는 소명을 주셨습니다. 아담의 소명은 곧 우리의 소명입니다. 게으름은 하나님의 소명을 거부하는 것이고, 성실함은 하나님의 지혜입니다.

***하나님이 주신 소명을 위해 오늘도 성실히 일하게 하소서.

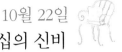

리더십의 신비

일을 숨기는 것은 하나님의 영화요 일을 살피는 것은 왕의 영화니라 하늘의 높음과 땅의 깊음같이 왕의 마음은 헤아릴 수 없느니라(25:2-3)

어린 아들에게 아빠는 무한한 신비의 대상입니다. 아들이 먹고 싶은 것을 사주시는 아빠의 지갑은 요술 방망이 같습니다. 아이를 번쩍 안아 올리시는 아빠의 힘이 어디서 나오는지 알 수 없습니다. 아이가 지쳐서 잠들기 전까지 아빠는 결코 주무시지 않고, 아이가 일어나면 아빠는 항상 깨어 계십니다. 아이는 아빠를 닮은 사람이 되고 싶습니다.

하나님과 우리의 관계가 그렇습니다. 일을 숨기는 것이 하나님의 영화라는 말은, 하나님이 심술궂게 뭔가를 꼭꼭 숨기신다는 말이 아니라 하나님의 일은 우리의 이해를 뛰어넘는 신묘한 영역에 속해 있다는 것을 의미합니다. 좋은 리더십을 가진 왕은 숨겨진 하나님의 지혜를 깨닫고 나라를 다스립니다. 선한 왕의 지혜는 무궁무진해 보이고 신비로워 보입니다. 임금은 하늘이 낸다고 합니다. 많은 사람을 다스려야 하는 리더는 이 세상의 지식과 재주가 아니라 하나님의 마음을 가져야 합니다. 좋은 부모가 되려면 자녀들을 향한 하나님의 사랑을 깊이 깨달아야 합니다. 이런 리더와 부모에게는 하늘의 높음과 땅의 깊음 같은 신비로움이 있습니다. 하나님을 아는 지식이야말로 리더십의 알파와 오메가입니다.

°°°하늘의 신비로 가정과 이웃과 사회에서 좋은 리더가 되게 하소서.

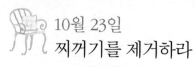

10월 23일
찌꺼기를 제거하라

은에서 찌꺼기를 제하라 그리하면 장색의 쓸 만한 그릇이 나올 것이요 왕 앞에서
악한 자를 제하라 그리하면 그의 왕위가 의로 말미암아 견고히 서리라(25:4-5)

가락지를 만들 때 장인은 금을 녹여 불순물을 태웁니다. 금이 빨갛게 달
궈지면 집게로 집고 망치로 수십 번을 내리칩니다. 망치질을 해야 녹지
않은 불순물이 충격을 받아 밖으로 튀어나가고 둥근 가락지 모양이 나옵
니다. 가락지에 불순물이 남아 있으면 다시 녹여 망치질을 합니다. 이런
과정을 반복해야 순도 99.9%의 금가락지를 만들 수 있습니다.

찌꺼기 같은 죄악을 우리의 마음과 사회에서 제거하지 않으면, 우리는 하
나님의 복을 전하는 왕과 제사장과 예언자의 소명을 감당할 수 없습니다.
강한 나라는 강력한 군사력을 가진 나라가 아니라 정직하고 소명감에 넘
치는 공직자들을 가진 나라입니다. 영국을 유럽의 1등 국가로 올려놓은
것은 산업혁명 같은 정치 경제 혁명이 아닙니다. 존 웨슬리, 찰스 웨슬리,
조지 휫필드, 존 뉴튼 같은 종교 지도자들이 주도한 영적 대각성 운동 때
문이었습니다. 이들이 외친 그리스도의 복음이 도덕성을 회복시켜 신사
의 나라 영국을 일으켰습니다. 참된 영적 부흥은 사회의 찌꺼기를 태우는
역할을 합니다. 개인의 영적 부흥도 마찬가지입니다. 사회의 부패를 아무
리 한탄해봐야 아무런 변화도 없을 것입니다. 복음으로 '내 죄악'을 먼저
태워 정결케 해야 합니다.

***복음의 부흥으로 정결한 삶을 살게 하소서.

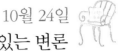

품위 있는 변론

너는 이웃과 다투거든 변론만 하고 남의 은밀한 일은 누설하지 말라 듣는 자가 너를 꾸짖을 터이요 또 네게 대한 악평이 네게서 떠나지 아니할까 두려우니라(25:9-10)

다른 사람과 변론할 때 반드시 지켜야 할 법칙이 있습니다. 삼사일언(三思一言)입니다. 한 번 말하기 전에 세 번은 생각하라는 공자의 가르침입니다. 이 말이 진실한지, 이 말이 꼭 필요한지, 이 말이 친절한 표현인지를 생각해야 합니다. 조급한 마음에 사안과 상대를 충분히 고려하지 않고 서둘러 변론에 나서면 허점을 보여 결국 망신을 당하게 됩니다. 자신에게 유리하다고 하여 상대방의 사적인 비밀까지 누설하면 신용 없는 사람이 됩니다. 그러므로 변론할 때는 정중하고 절제되고 단아한 말을 써야 합니다. 다투는 일은 화해하고 이해함으로써 해결할 수 있지만, 한번 발설한 비밀은 치유될 수 없는 아픔을 남깁니다.

다툼은 원수를 친구로 만들 수 있는 기회기도 합니다. 인격적인 변론으로 상대방의 마음을 열어 좋은 친구가 되는 경우도 있습니다. 자신을 취조한 경찰과 평생 좋은 관계를 맺는 피의자들의 이야기를 가끔 듣습니다. 취조 과정이 인격적이었기 때문입니다. 우리 성도들은 변론에서 하나님의 은혜를 경험할 수 있습니다. 하나님은 목적을 달성하기 위해 선한 방법을 사용하는 사람들에게 위로와 힘이 되어 주십니다. 하나님은 변론 자체보다 변론하는 과정을 보십니다.

✱✱✱조급해지기 쉬운 변론에서 하나님의 선을 먼저 생각하게 하소서.

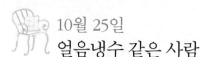

10월 25일
얼음냉수 같은 사람

충성된 사자는 그를 보낸 이에게 마치 추수하는 날에 얼음냉수 같아서 능히 그 주인의 마음을 시원하게 하느니라 선물한다고 거짓 자랑하는 자는 비 없는 구름과 바람 같으니라(25:13-14)

지도자에게는 많은 수의 부하보다 충직한 부하 한 명이 훨씬 유익합니다. 다윗이 전쟁 중에 베들레헴 성문 옆에 있는 우물물을 먹고 싶다고 했습니다. 베들레헴에는 적군 블레셋 병사들이 진을 치고 있었습니다. 그까짓 우물물은 마셔도 그만 안 마셔도 그만이었습니다. 그런데 다윗의 부하들은 지도자를 즐겁게 하고 싶은 마음 하나로 적진 한가운데로 들어가 물을 구해왔습니다. 다윗은 부하들의 충성심에 감동을 넘어 아픔을 느꼈습니다. 다윗은 그 우물물을 부하들의 피라고 생각했습니다. 그만큼 부하들을 소중히 여겼습니다(삼하 23:13-17). 그들은 추수하는 날에 마시는 얼음냉수처럼 마음을 흡족하게 하는 부하들이었습니다.

예수님은 자기를 보내신 하나님의 뜻을 행하기 위해 십자가 위에서 아무 말 없이 죽으셨습니다. 그분은 한 번도 약속을 지키지 않으신 적이 없고, 사명을 게을리한 적이 없으셨습니다. 약속하고 지키지 않는 사람은 비를 내리지 않고 그냥 지나가는 구름이나 바람과 같습니다. 비는 생명입니다. 충성스러운 부하는 생명을 가져옵니다. 거저 은혜를 받았으니, 이제 우리가 거저 충성을 드릴 차례입니다.

***목숨 다해 주님의 명령을 지키는 충성스러운 제자가 되게 하소서.

10월 26일
뼈를 꺾는 부드러운 말

오래 참으면 관원도 설득할 수 있나니 부드러운 혀는 뼈를 꺾느니라(25:15)

가장 설득력 있는 말은 친절하고 부드러운 말입니다. 흥분해서 거칠게 말하다 보면 혀가 굳어지고 말문이 닫힙니다. 그러나 감정을 절제하고 상대를 배려하며 하나님께 먼저 상담하는 사람의 말에는 끌립니다. 하나님의 은혜가 담겨 있기 때문입니다. 하나님의 언어는 언제나 친절하고 사랑이 넘칩니다. 우리 같은 죄인을 참으시고 기다리시고 안아주시는 하나님의 말씀은 귓가에 부는 봄바람처럼 부드럽습니다. 하나님의 말씀은 우리의 뻣뻣한 뼈를 꺾어 겸손케 하십니다. 하나님의 말씀을 우리의 말로 삼을 때 우리는 상대의 완고한 마음으로 인해 실족하지 않습니다. 부드러운 말은 사람의 마음을 활짝 열게 합니다.

외국 여행을 하다보면 기상 악화나 정비 문제로 비행기가 제시간에 뜨지 못해 환승할 비행기를 놓치거나 중요한 약속을 지키지 못할 때가 있습니다. 어떤 사람들은 곧잘 담당 직원에게 언성을 높이고 짜증을 냅니다. 그러면 직원은 마음을 닫아버리고 상대조차 하지 않으려 합니다. 그러나 현실을 받아들이고 기도하는 마음으로 직원에게 친절히 말을 건네면 하나님의 심정이 전달될 것입니다. 우리가 부드러운 말을 하면 나머지는 하나님이 다 알아서 하십니다. 우리는 보고 즐기면 됩니다.

••• 하나님이 제 입술의 파수꾼이 되어 주소서.

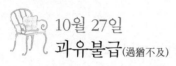

10월 27일
과유불급(過猶不及)

너는 이웃집에 자주 다니지 말라 그가 너를 싫어하며 미워할까 두려우니라(25:17)

무슨 일이든 지나치면 미치지 못한 것과 같습니다. 외국에서 케이크를 사 먹어본 한국인들은 처음에는 대개 구토증을 느낍니다. 설탕을 탐닉하는 사람들이나 먹을 수 있을 정도로 답니다. 어른 아이 할 것 없이 이런 케이크를 좋아하는 것을 보면 비만과 당뇨 같은 성인병이 왜 많은지 이해가 됩니다. 지나친 설탕 때문에 몸이 병들어갑니다. 친구와의 사귐도 이와 같습니다. 너무 자주 친구 집에 드나들면 친구와 그 가족들이 불편함을 느끼고 짜증을 내게 됩니다.

매사에 극단을 피하고 온건한 자세로 절제하는 것이 영육 간에 유익합니다. 우리는 하나님이 지으신 세계의 청지기로 창조되었습니다. 너무 부족하거나 넘치는 것은 게으름이나 탐욕으로 청지기 소명을 왜곡하고 있다는 신호입니다. 극단은 항상 죄의 유혹에 노출되어 있습니다. 우리는 건강한 생명을 유지하기 위해 세상의 것을 필요한 만큼만 사용하고, 건강한 생태계를 유지할 수 있도록 협조해야 합니다. 온건과 절제는 인간과 자연이 건강하게 조화를 이루며 하나님께 영광을 올려드릴 수 있는 덕목입니다.

***모든 면에서 온건과 절제의 미덕을 발휘할 수 있는 능력을 주소서.

10월 28일
진실하지 않은 친구

환난 날에 진실하지 못한 자를 의뢰하는 것은 부러진 이와 위골된 발 같으니라
마음이 상한 자에게 노래하는 것은 추운 날에 옷을 벗음 같고
소다 위에 식초를 부음 같으니라(25:19-20)

진실하지 않은 사람을 옆에 두면, 곤경에 처할 때 크게 후회합니다. 이런 사람은 불리한 상황에 처하면, 자신을 믿어주던 사람을 도와주지 않거나 심지어 해칠 수도 있습니다. 친구라고 생각했던 사람이 마음에 상처를 주는 경우가 적지 않습니다. 다윗도 곤경 중에 자기를 책망하고 얕보는 사람은 원수가 아니라 "나의 동료, 나의 친구요 나의 가까운 친우로다"(시 55:13)라고 한탄했습니다. 감옥에 갇힌 바울도 전에 함께했던 많은 사람들이 그를 떠났다고 안타까워했습니다(딤후 4:16). 진정한 친구는 어려울 때 함께 울어주고 기쁠 때 함께 웃어주는 사람입니다. 그러나 우리가 의지할 분은 신실하신 하나님입니다. "하나님은 우리의 피난처시요 힘이시니 환난 중에 만날 큰 도움이시라"(시 46:1).

어려운 상황에 처했을 때 진실하게 도와줄 수 있는 친구를 구별하는 방법이 있습니다. 나를 해롭게 하는 사람에 대해 험담을 늘어놓는지, 아니면 하나님에 대한 믿음을 권면하는지 들어보면 됩니다. 진실한 사람은 진실하고 선한 말을 먼저 합니다. 그리고 떠나지 않습니다. 진실한 친구를 얻으려면 내가 먼저 진실한 친구가 되어야 합니다.

●●●믿음의 눈을 주셔서 진실한 친구를 사귀게 하소서.

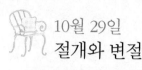

10월 29일
절개와 변절

먼 땅에서 오는 좋은 기별은 목마른 사람에게 냉수와 같으니라
의인이 악인 앞에 굴복하는 것은 우물이 흐려짐과 샘이 더러워짐과
같으니라(25:25-26)

일제 강점기에 순교하신 주기철 목사님의 아들 주광조 장로님이 이런 회
고를 했습니다. "아버님 주기철 목사님은 7년 동안 일본과 투쟁하면서 단
한 번도 공개적으로 '조선 독립'을 외치지 않았고 일왕을 비난하지도 않
았습니다. 그런데 일제는 약하게 보이는 아버님을 계속 잡아들여 지독하
게 고문하고 때렸습니다. 당시 조선 독립을 외쳤던 많은 애국지사들은 변
절하고 일제에 굴복했습니다. 일제는 이런 사람들을 무서워하지 않았습
니다. 말없이 십자가만 바라보며 일제의 악에 굴복하지 않던 목사님 같은
사람을 가장 무서워했습니다."

주기철 목사님의 인내와 절개는 조선 독립에 목말라하는 사람들에게는
냉수와 같은 기쁜 소식이었습니다. 그러나 "오늘 ○○○가 변절했다"는
뉴스는 생명과 같은 샘을 더럽히는 용서받지 못할 짓이었습니다.

성도는 세상 사람들이 기쁜 소식을 기다리고 있음을 잊지 말아야 합니다.
세상의 악에 굴복하지 않는 기쁜 소식 말입니다. 악과 타협하고 굴복하는
것은 하나님과 세상 사람들을 배신하고 믿음을 변절하는 것입니다. 우리
는 십자가 능력을 힘입어 우리를 바라보는 이들에게 생명수 같은 소식을
전하도록 부르심을 받았습니다. 하나님은 이를 위해 우리와 함께 일하십
니다.

°°°악인 앞에 굴복하지 않게 하소서.

화려한 영예의 함정

미련한 자에게는 영예가 적당하지 아니하니 마치 여름에 눈 오는 것과
추수 때에 비 오는 것 같으니라 까닭 없는 저주는 참새가 떠도는 것과
제비가 날아가는 것같이 이루어지지 아니하느니라(26:1-2)

여름에 내리는 눈과 추수 때 오는 비는 농작물을 상하게 합니다. 마찬가
지로 미련한 자에게 잘못 부여된 영예는 그 자신뿐 아니라 사회에도 해롭
습니다. 미련한 사람은 십자가 진리를 비웃기 때문에 이웃을 위해 자기를
희생하기보다 자기를 위해 이웃을 희생시킵니다. 이들이 의인에게 까닭
없이 퍼붓는 저주는 들을 가치도 두려워할 필요도 없습니다. 축복과 고난
을 주시는 분은 오직 하나님밖에 없습니다. 미련한 자에게는 오직 채찍과
재갈과 막대기가 필요합니다. 징벌이 아니라 깨달음을 위한 자극들 말입
니다. 하나님이 주시는 고통의 채찍은 미련한 우리의 마음에 지혜의 빛을
비춰주는 기회가 됩니다.

돈 많이 버는 사람, 외모가 출중한 사람, 명문대를 나온 사람, 좋은 회사
에 다니는 사람들을 선망하는 시대입니다. 하나님의 관점에서 볼 때 이들
은 불필요하게 많은 영예를 누리고 있습니다. 성도는 세상과 사람 보는
시각을 바꿔야 합니다. 가난하지만 품위 있게 살아가는 사람, 못생겼지만
진실한 사람, 대학을 다니지 않았지만 성실한 사람, 작은 회사를 다니지
만 겸손한 사람, 이런 사람들에게 영예를 돌리는 자가 똑똑한 하나님의
사람입니다.

***십자가의 눈으로 영예로운 사람을 존경하는 지혜를 주소서.

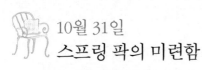

10월 31일
스프링 팍의 미련함

미련한 자 편에 기별하는 것은 자기의 발을 베어 버림과
해를 받음과 같으니라(26:6)

아프리카 칼라하리 사막에 스프링 팍이라는 영양이 삽니다. 스프링 팍은
수만 마리씩 떼를 지어 바닷가 절벽 아래로 떨어져 죽는 경우가 많다고
합니다. 서로 맛있는 풀을 먹으려다 죽게 되는 것입니다. 선두에 선 영양
들이 좋은 풀을 발견하면, 뒤따르던 영양들이 앞에 있는 풀을 차지하려고
뜁니다. 또 그 뒤에 있는 영양들이 더 앞으로 가기 위해서 뜁니다. 나중에
는 모든 영양들이 이유도 모르고 무한 질주를 하다 바닷가 절벽에 이르지
만, 가속도를 줄이지 못해 모두 절벽 아래로 떨어지고 맙니다.

미련한 자의 편을 들고 뒤따라가는 것도 이와 같습니다. 무한 경쟁 사회
에서 사람들은 이기기 위해 무조건 뛰어야 한다는 강박증을 가지고 있습
니다. 너무 바빠서 '왜, 어떻게, 어디로, 누구와 함께?'라는 질문을 하고
답변을 생각할 여유가 없습니다. 그러다 건강을 해치고, 가정에 문제를
일으키고, 사회를 어지럽힙니다. 그리고 결국에는 인생의 허무함으로 괴
로워합니다. 그러나 하나님의 지혜에 귀를 기울이면 우리의 일과 삶의 의
미를 깨닫게 됩니다. 좋은 방향을 잡고 선한 방법으로 목적지까지 안전하
게 가는 길을 택하게 되는 것입니다.

***주님의 지혜로 미련한 자의 손길을 과감히 뿌리치게 하소서.

326

November *Daily Bible of the Proverbs*

지혜로 여는 매일 묵상 11월

"자기의 죄를 숨기는 자는 형통하지 못하나
죄를 자복하고 버리는 자는 불쌍히 여김을 받으리라"
(잠 28:13)

Proverbs

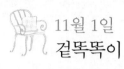

11월 1일
겉똑똑이

개가 그 토한 것을 도로 먹는 것같이 미련한 자는 그 미련한 것을 거듭 행하느니라
네가 스스로 지혜롭게 여기는 자를 보느냐 그보다 미련한 자에게 오히려 희망이 있
느니라(26:11-12)

미련한 사람은 같은 잘못이나 실수를 반복합니다. 미련의 세계에 갇혀 있
기 때문입니다. 미련한 사람보다 더 소망이 없는 사람은 자신이 지혜롭다
고 믿는 사람입니다. 자신이 가장 똑똑하다고 여기는 사람은 다른 사람의
의견을 무시할 뿐 아니라 하나님의 지혜에도 콧방귀를 뀝니다. 이런 사람
은 결정적인 실수 하나에 무너지는 겉똑똑이입니다. 삼인행 필유아사언
(三人行 必有我師焉)이라고 했습니다. 세 사람이 길을 가면 그 가운데 반드시
스승이 있다는 말인데, 누구에게든지 배울 점이 있다는 뜻입니다. 하물며
우리를 창조하신 하나님께 배워야 할 지혜는 얼마나 풍성하겠습니까?

지혜로운 사람은 실수하지 않는 사람이 아니라 실수에서 교훈을 얻고 같
은 실수를 반복하지 않는 사람입니다. 바둑 실력을 높이려면 복기를 통해
서 실패 원인을 발견하고 대비책을 연구해야 합니다. 인생 실력은 실패를
성공의 어머니로 삼는 지혜에서 비롯됩니다. 우리는 모두 하나님 앞에 실
수투성이며 죄인입니다. 미련한 사람의 마음과 행동에서는 악취가 납니
다. 그러나 하나님을 의지하는 사람에게서는 기분 좋은 향기가 점점 짙어
집니다.

••• 하나님의 지혜에 마음을 열고 오늘의 실수에서 배우게 하소서.

영적 감기 바이러스

문짝이 돌쩌귀를 따라서 도는 것같이 게으른 자는 침상에서 도느니라 게으른 자는
그 손을 그릇에 넣고도 입으로 올리기를 괴로워하느니라 게으른 자는 사리에 맞게
대답하는 사람 일곱보다 자기를 지혜롭게 여기느니라(26:14-16)

잠언 기자는 게으른 사람을 미련한 사람과 동일시합니다. 게으른 사람은
하나님의 지혜와 명철로 앞서나가지 않고 자신의 부족한 능력을 탓하며
움직이지 않으려 합니다. 게으른 사람은 마음의 두려움(사자) 때문에 주저
앉아 안락함(침대)에 머물러, 자기를 최고로 아는 우물 안 개구리로 전락합
니다. 게으름은 영혼까지 파괴합니다. 사소한 감기를 빨리 잡지 못하면
몸이 쓰러지는 것처럼, 게으름은 허약한 영혼을 쓰러뜨리는 영적 감기 바
이러스입니다.

게으름은 생활 습관의 문제 이전에 믿음의 문제입니다. 게으름은 세상이
주는 두려움을 이기지 못하여 머뭇거립니다. 하지만 그리스도는 "두려워
말라. 내가 세상을 이기었노라." 하고 선포하셨습니다. 그리스도를 앞세
우고 뒤따라가는 믿음의 삶을 살지 못하기 때문에 수많은 그리스도인들
이 영적 게으름을 피우며 영적 싸움을 포기합니다. 이런 모습은 주변 사
람들에게 실망감을 안겨주어 복음과 교회를 외면하게 합니다. 바위처럼
커 보이는 장애물 앞에 주저앉아 있을 시간이 없습니다. 앉게 되면 눕고
싶고, 누우면 일어나기 싫습니다. 게으른 생각이 들 때마다 찬양합시다.
"허락하신 새 땅에 들어가려면 맘에 준비 다하여 힘써 일하세."(통일찬송가
382장).

***날마다 주저앉으려는 마귀의 음모를 이기고 앞으로 나아가게 하소서.

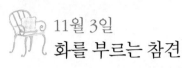

11월 3일
화를 부르는 참견

길로 지나가다가 자기와 상관없는 다툼을 간섭하는 자는 개의 귀를 잡는 자와 같으니라(26:17)

바둑이나 장기를 둘 때 꼭 훈수를 두는 사람이 있습니다. 객관적 입장에서 자신이 옳다고 생각하는 것에 어긋나면 참지 못하는 사람도 있습니다. 때로는 도움이 되기도 하지만 짜증스럽기도 합니다. 이들은 또 다른 분쟁이나 불편함을 야기하기도 합니다. 그래서 가만히 있는 개의 귀를 잡아당겨 물리는 것처럼 오히려 스스로 해를 입습니다. 이 개는 집에서 키우는 애완용 개가 아니라 거리나 야산에 방치된 들개를 의미합니다.

우리는 하나님의 관점에서 보면 한참 모자란 사람들입니다. 쓸데없이 참견하는 사람은 자신을 의인으로 착각하고 자기 의를 상대에게 강요하는 피곤한 존재입니다. 전도서 기자의 권면에 귀를 기울여봅시다. "지나치게 의인이 되지도 말며 지나치게 지혜자도 되지 말라 어찌하여 스스로 패망하게 하겠느냐"(전 7:16). 이 말씀은 명백한 죄악에도 눈을 감고 적당히 살라는 것이 아니라 자신의 죄를 먼저 생각하는 마음으로 상대를 대하라는 것입니다. 율법을 타인에게 먼저 적용하면 분쟁이 발생하지만, 자신에게 먼저 적용하면 평화가 싹틉니다. 자기 생각에 맞지 않더라도 자신과 관련된 일이 아니라면 그냥 넘어가는 것이 지혜롭습니다. 판단은 내가 아니라 하나님이 하신다는 사실을 기억하면서 말입니다.

***다른 사람의 분쟁이나 잘못에서 저 자신의 죄를 먼저 살피게 하소서.

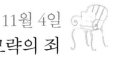

11월 4일
중상모략의 죄

나무가 다하면 불이 꺼지고 말쟁이가 없어지면 다툼이 쉬느니라
숯불 위에 숯을 더하는 것과 타는 불에 나무를 더하는 것같이
다툼을 좋아하는 자는 시비를 일으키느니라(26:20-21)

다툼을 조장하는 중상모략가들이 있습니다. 이들은 자신의 이익을 위해 또는 습관적으로 다른 사람에 대해 나쁜 말을 퍼뜨립니다. 귀가 얇은 사람은 이들의 말에 솔깃해져서 소문을 부풀려 전합니다. 사람들이 이런 소문을 별식처럼 먹게 되면 공동체에 불신의 영이 퍼집니다. 중상모략은 피해자를 파괴시키려는 목적이 뚜렷한 죄악입니다. 사도 바울은 집집마다 돌아다니며 쓸데없는 말을 하고 분란을 일으키는 젊은 과부들에게 경고합니다. "대적(사탄)에게 비방할 기회를 조금도 주지 말기를 원하노라"(딤전 5:14).

탤런트 최진실 씨의 자살은 터무니없는 소문을 인터넷에 퍼뜨린 한 여인의 악행에서 시작되었습니다. 많은 누리꾼들은 이 소문을 여기저기 사이트에 옮겼습니다. 최진실 씨에 대한 일말의 동정심이나 연민은 물론 양심의 거리낌도 없이 말입니다. 그 결과는 최 씨의 안타까운 죽음으로 이어졌습니다. 우리 사회가 얼마나 중상모략에 인이 박혀 있는지를 반증해주는 사건이었습니다. 하나님은 그들의 죄악을 일일이 기억하실 것입니다. 중상모략은 유혹의 강도가 무척 강합니다. 우리는 맞서 싸워 반드시 물리쳐야 합니다.

●●●악한 소문이 아니라 자비의 마음을 전하는 자가 되게 하소서.

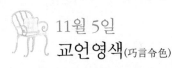

11월 5일
교언영색(巧言令色)

온유한 입술에 악한 마음은 낮은 은을 입힌 토기니라 원수는 입술로는 꾸미고 속으로는 속임을 품나니 그 말이 좋을지라도 믿지 말 것은 그 마음에 일곱 가지 가증한 것이 있음이니라(26:23-25)

남의 환심을 사려고 교묘한 말과 번지르르한 얼굴로 아첨하는 것을 교언영색이라고 합니다. 마음에는 칼을 갈고 있지만, 겉으로는 듣기 좋은 말과 웃음으로 상대를 홀리는 소인배를 말합니다. 듣기 좋은 말이 나쁜 것이 아니라, 말과 속마음이 다른 상태가 나쁜 것입니다. 깨진 도자기를 은 찌꺼기로 아무리 교묘히 포장해도 그 도자기는 깨진 것입니다. 전문가는 한 번만 두들겨 보아도 온전한 것인지 깨진 것인지 구분합니다. 마찬가지로 안목이 있는 사람은 말의 성찬 뒤에 가려진 속마음을 꿰뚫어봅니다.

어떻게 이런 안목을 가질 수 있을까요? 그리스도의 십자가를 통해서 하나님과 화목하고 하나님의 마음과 눈을 가지면 세상과 사람을 바라보는 눈이 예리해집니다. 시각이 바뀌기 때문입니다. 어둠 속에서는 어둠을 깨닫지 못합니다. 빛 아래 있는 사람만 어둠의 죄를 인식할 수 있습니다. 악을 가려내려면 선을 알아야 합니다. 교언영색한 사람을 가려내려면 하나님의 진리와 선의 입장에 서 있어야 합니다. 그러면 말에 속지 않고 흔들리지 않는 지혜를 배우게 됩니다. 외모와 달변을 중시하는 자기 PR의 시대를 사는 성도는 그 어느 때보다 가짜와 진짜를 구분할 수 있는 영적 실력을 가져야 합니다.

***화려한 말보다 진실한 마음을 볼 수 있는 영적 안목을 주소서.

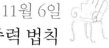

죄의 중력 법칙

속임으로 그 미움을 감출지라도 그의 악이 회중 앞에 드러나리라 함정을 파는 자는
그것에 빠질 것이요 돌을 굴리는 자는 도리어 그것에 치이리라(26:26-27)

어느 날 농부가 도끼 자루를 만들려고 은행나무 앞으로 왔습니다. 은행나
무는 자기 목숨이 위태로운 것을 알고 농부에게 말했습니다. "아저씨, 저
산 위에 가면 올리브 나무가 있어요. 그 나무가 도끼 자루로는 최고예요."
농부는 그 말을 듣고 올리브 나무를 잘랐습니다. 그리고 도끼 자루를 만
들어 은행나무를 찍었습니다. 악한 사람은 자기 꾀에 넘어간다는 교훈을
담은 이솝 우화의 내용입니다.

공중에 돌을 던지는 자는 자기 머리에 맞을 것이고, 뒤통수를 치는 자는
자신이 다치게 됩니다. 구덩이를 파는 자는 그 안에 갇히게 되고, 그물을
치는 자는 그 속에 걸려듭니다. 죄는 반드시 대가를 받는다는 점에서 중
력의 법칙과도 같습니다. 아무리 양심에 화인 맞은 사람이라도 하나님 앞
에서 받아야 하는 심판은 피할 수 없습니다(고전 3:13-15). 세금을 내지 않으
려고 허위로 신고하는 사람은 자신의 존엄성을 스스로 내버리고 천민처
럼 살아갑니다. 죄를 용서받은 성도는 다시 죄 짓는 것에 대해 심각한 거
부반응을 보입니다. 참된 성도는 결코 잔꾀를 부리지 않고, 손해를 보더
라도 정직하고 우직하게 살아갑니다.

°°°사소한 죄에도 민감하게 회개하게 하소서.

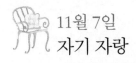

11월 7일
자기 자랑

너는 내일 일을 자랑하지 말라 하루 동안에 무슨 일이 일어날는지 네가 알 수 없음
이니라 타인이 너를 칭찬하게 하고 네 입으로는 하지 말며 외인이 너를 칭찬하게
하고 네 입술로는 하지 말지니라(27:1-2)

미혼 남녀가 '가장 싫어하는 유형의 상대'는 자기 자랑을 늘어놓는 사람
이라고 합니다. 자기 자랑을 하는 사람은 신나지만 듣는 사람은 짜증이
납니다. 이와 관련된 독일 속담이 있습니다. "자기 자랑에서는 썩은 냄새
가 나고, 낯선 자의 칭찬에서는 종소리가 들린다." 자랑거리가 아무리 객
관적이라 하더라도 자기 자랑은 듣기 싫습니다. 자기 입에서 나오는 자랑
은 교만이지만, 그것이 타인의 입을 통해 나오면 찬양입니다. 영국의 문
호 C. S. 루이스는 '교만이 기독교인의 가장 큰 적'이라고 지적했습니다.

자기 자랑은 자신의 업적과 의에 대한 다른 사람의 평가가 정당하지 않다
고 생각하기에, 스스로 자신을 외부에 알려 칭찬받으려는 행위입니다. 날
마다 그리스도의 십자가 공로가 필요한 죄인인 우리에게 무슨 업적과 의
가 있겠습니까? 우리에게 자랑할 만한 것이 있다면, 이는 모두 하나님의
은혜입니다. 사도 바울은 자기 자랑을 많이 했습니다. 하지만 자신의 의
와 강함이 아니라 자신의 연약함을 통해 드러나는 십자가의 의와 하나님
의 능력을 자랑했습니다. 우리의 자랑은 오직 주 안에서의 자랑이어야 합
니다(고전 1:31). 자기 자랑은 공동체에 냉소와 시기심을 퍼뜨리지만, 십자가
자랑은 은혜와 사랑을 불어넣습니다.

***자랑거리보다 연약함을 먼저 보는 성숙한 믿음을 주소서.

투기심, 살인의 영

돌은 무겁고 모래도 가볍지 아니하거니와 미련한 자의 분노는 이 둘보다
무거우니라 분은 잔인하고 노는 창수 같거니와 투기 앞에야 누가 서리요(27:3-4)

다윗은 오랜 세월 사울 왕의 투기심을 피해 도망다녔습니다. 다윗이 골리
앗을 이기고 돌아오자 사람들은 "사울이 죽인 자는 천천이요 다윗은 만만
이로다"(삼상 18:7)라며 환호했습니다. 그날 이후로 사울은 다윗을 투기심 어
린 눈으로 바라보았습니다. 사울은 소고를 치는 다윗을 죽이려고 창을 던
졌고, 군사를 동원해 정벌 전쟁을 벌이기도 했습니다. 그리고 다윗을 만
난 후로는 죽을 때까지 자신의 왕위를 빼앗길까봐 노심초사했습니다.

분노는 바위나 물 먹은 모래처럼 무겁지만 견딜 수 있습니다. 그러나 투
기하는 사람 앞에서는 아무도 견딜 수 없습니다. 투기심은 살인의 영입니
다. 투기하는 자는 자기 것을 꽉 쥐고 놓지 않으려 발버둥칩니다. 바리새
인들은 자신들의 권세를 빼앗길까 두려워 예수님을 죽였지만, 예수님은
자기 것을 다 내주고 십자가에서 사랑을 완성하셨습니다. 자기 것을 고집
할수록 우리 마음에는 투기심이 똬리를 틀게 됩니다. 그러나 궁궐과 권세
를 버리고 광야로 도망간 다윗처럼 자기 것을 포기하면, 우리 마음이 분
노와 투기에서 해방되어 자유로워집니다. 바리새인 같은 친구를 멀리하
고 예수님 같은 친구를 가까이 하면 행복해집니다.

●●●자기 소유에 초연했던 예수님 같은 친구를 사귀게 하소서.

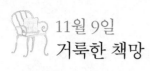

11월 9일
거룩한 책망

면책은 숨은 사랑보다 나으니라 친구의 아픈 책망은 충직으로 말미암는 것이나
원수의 잦은 입맞춤은 거짓에서 난 것이니라(27:5-6)

고든 맥도널드 목사님이 어느 날 교회 로비에서 한 중직자와 대화를 나누
고 있었습니다. 목사님은 교회로 들어오던 평신도 메릴린을 향해 간단히
인사를 건네고는 바로 고개를 돌려 중직자와 대화를 계속했습니다. 그러
자 메릴린이 이렇게 말했습니다. "목사님은 제 안부를 물었지만, 솔직히
저를 염려하고 대화할 시간은 없으시죠? 목사님은 중요한 사람만 만나시
니까요." 맥도널드 목사님은 그 짧은 '책망'을 듣고 충격을 받았다고 합
니다. 큰 교회 목사가 되고 싶은 야망을 들켜버렸기 때문입니다. 그 이후
로 그런 야망을 버렸다고 합니다.

책망은 비난과 다릅니다. 비난은 일방적으로 상대의 잘못을 지적하는 것
이지만, 책망은 사랑과 충성심에서 우러나는 충고입니다. 책망은 상대방
의 단점을 깎아내리기보다는 장점으로 승화시켜줍니다. 책망은 즉흥적인
반응이 아니라 기도와 사랑과 인내로 준비한 우정의 표현입니다. 책망은
아프지만 우리의 습관이 하나님의 의로 형성되도록 돕습니다. 예수님은
베드로에게 "사탄아 내 뒤로 물러가라"(막 8:33) 하고 책망하셨습니다. 이런
베드로가 역사상 최초로 그리스도에 대한 설교를 했습니다(행 2:14-36). 믿음
의 친구는 거룩하게 책망하고, 감사하게 책망을 받습니다. 이런 친구가
있다면 성공한 인생입니다.

●●●자기 의를 부인하고 그리스도의 의를 추구하는 마음을 주소서.

11월 10일
즐거운 나의 집

배부른 자는 꿀이라도 싫어하고 주린 자에게는 쓴 것이라도 다니라
고향을 떠나 유리하는 사람은 보금자리를 떠나 떠도는 새와 같으니라(27:7-8)

'즐거운 곳에서는 날 오라 하여도, 내 쉴 곳은 작은 집 내 집뿐이리…' 전 세계적으로 사랑받는 노래 "즐거운 나의 집"(Home Sweet Home)의 가사입니다. 이 노래의 작사자 존 하워드 페인(1791-1852)은 평생 독신으로 전 세계를 떠돌아다녔습니다. 그가 죽기 1년 전 친구에게 보낸 편지에 쓴 내용입니다. "세상의 모든 사람들에게 가정의 기쁨을 자랑스럽게 노래한 나지만, 아직껏 내 집이라는 맛을 모르고 지냈고, 앞으로도 맛보지 못할 것 같네." 그는 북아프리카 튀니지의 길거리에서 생의 마지막 순간을 맞았습니다. 그의 유해는 31년 뒤에야 한줌의 재로 고국에 돌아왔습니다.

가정은 하나님이 주신 최고의 안식처입니다. 아내와 남편, 자식, 부모에 만족하고 감사하지 못해 집을 떠나 방황하는 사람은 마치 정처 없이 떠도는 새처럼 처량합니다. 좋고 나쁜 것을 구별하지 못하여 건강한 인생을 살지 못합니다. 욕심이나 허기에 지배받는 사람은 마치 아버지 집을 떠난 탕자처럼 분별력이 없어집니다. 그래서 하나님이 가정에 가장 좋은 친구를 두셨지만, 마음의 눈이 멀어 깨닫지 못합니다. 하나님의 지혜로 분별력을 회복하고, 가정에서 가장 좋은 친구를 발견해봅시다.

••• 우리 가정이 감사와 기쁨과 그리움이 넘치는 우정의 샘물이 되게 하소서.

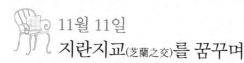

11월 11일
지란지교(芝蘭之交)를 꿈꾸며

기름과 향이 사람의 마음을 즐겁게 하나니 친구의 충성된 권고가 이와 같이 아름다우니라 네 친구와 네 아비의 친구를 버리지 말며 네 환난 날에 형제의 집에 들어가지 말지어다 가까운 이웃이 먼 형제보다 나으니라 (27:9-10)

"우리의 손이 비록 작고 여리나 서로를 버티어주는 기둥이 되어줄 것이며 … 눈빛이 흐리고 시력이 어두워질수록 서로를 살펴주는 불빛이 되어 주리라." 유안진 선생님이 〈지란지교를 꿈꾸며〉에서 좋은 친구를 예찬한 글귀입니다. 지란지교는 지초와 난초가 있는 방에 들어가 오래 앉아 있으면 향에 동화되어 향기를 맡지 못하는 것처럼, 착한 친구와 동화되어 착해지는 우정을 말합니다. 매년 많은 사람들이 우울증으로 자살하고 있습니다. 어려움을 함께할 친구가 없어 외로운 사람들이 우울증에 걸릴 확률이 높습니다. 친구 관계가 좋은 사람은 우울증에 잘 걸리지 않는다고 합니다.

다윗과 요나단처럼 충성된 권고를 하거나 환난 날에 도움을 줄 친구가 있습니까? 좋은 친구를 사귀는 가장 좋은 방법은 먼저 좋은 친구가 되어주는 것입니다. 아름다운 그리스도의 향기를 내는 사람에게는 지란지교의 친구가 다가올 것입니다. 부활하신 예수님이 베드로를 먼저 찾아와 "나를 사랑하느냐"고 물으셨습니다. 베드로는 그 의미를 잘 알고 있었습니다. 그리고 예수님의 최고의 친구가 되었습니다. 그리스도 안에서 선한 믿음의 친구가 세상에서 가장 아름다운 친구입니다.

***제가 먼저 친구에게 향기로운 영혼의 기쁨이 되게 하소서.

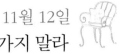

길이 아니면 가지 말라

슬기로운 자는 재앙을 보면 숨어 피하여도
어리석은 자들은 나가다가 해를 받느니라(27:12)

악을 피하고 선을 택하라는 주제가 잠언에 자주 나옵니다. 이것은 '길이 아니면 가지 말라'는 뜻입니다. 의가 아니면 행하지 말라는 권고입니다. 슬기로운 사람은 악한 길을 피할 줄 아는 분별력을 가지고 있습니다. 하지만 어리석은 사람은 분별력이 없어 악한 길을 따라가다 혹독한 대가를 치릅니다. 이 세상은 도덕적 분별력에 무관심하거나 냉소적입니다. 분명한 도덕적 기준이 없기에 "자기의 소견에 옳은 대로"(삿 21:25) 살아가는 어두운 세상입니다. 많은 젊은이들이 연봉이 높은 직장을 원합니다. 의롭게 돈을 버는 것에 대해 생각하는 사람은 많지 않습니다.

맨해튼의 젊고 유망한 여성들 가운데 직장을 등지고 수녀원으로 들어가는 수가 많아지고 있다고 합니다. 냉혹한 경쟁사회에 회의를 느끼고 진정한 삶의 의미를 찾는 사람이 늘고 있다는 뜻입니다. 무조건 세상을 등지는 것을 찬미하는 것은 아닙니다. 하지만 내 일터가 하나님의 의로운 길에서 멀어지고 있는데 내 힘으로는 어찌할 도리가 없다면 어떻게 해야 할까요? 길이 아닌 곳은 가지 말아야 합니다. 해롭기 때문입니다. 하나님이 의의 길을 보여주실 것입니다.

•••믿음의 용기를 주셔서 의롭지 않은 길에서 떠나게 하소서.

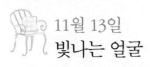

11월 13일
빛나는 얼굴

**철이 철을 날카롭게 하는 것같이
사람이 그의 친구의 얼굴을 빛나게 하느니라(27:17)**

인생을 살면서 산전수전을 겪다보면 얼굴에 그늘이 생기고 눈빛이 탁해집니다. 험한 일을 경험하면서 마음이 늙어가고 얼굴에서는 총기가 사라집니다. 그런데 120세를 산 모세의 마지막 모습은 눈이 흐리지 않았고 기력도 쇠하지 않았습니다(신 34:7). 사막 수도원을 창시한 수도사 안토니 (Anthony, AD 251-356)도 105세의 나이로 죽는 순간까지 빛나는 얼굴이었다고 합니다. 모세와 안토니는 곡절 많은 인생을 살았지만, 그들의 얼굴에서 고생으로 찌든 흔적을 찾기는 어려웠습니다. 그들의 마음에는 늘 생명의 근원이신 하나님이 있었기 때문입니다.

고매한 인격과 강인한 성품을 지닌 사람은 친구의 얼굴에 광채가 나게 합니다. 이런 친구는 칭찬에 인색하지 않고, 쓰디쓴 고언을 주저하지 않습니다. 하나님은 신실한 우리에게 이런 친구를 주실 것입니다. 이미 가장 좋은 친구 예수님을 주셨습니다. 예수님은 "나를 따르라"고 말씀하십니다. 그리고 그분을 따르는 자를 반복적으로 담금질해서 겉으로는 온화하지만 안으로는 강한 '세상이 감당할 수 없는 사람'으로 만드십니다. "나는 포도나무요 너희는 가지라 그가 내 안에, 내가 그 안에 거하면 사람이 열매를 많이 맺나니"(요 15:5).

***예수님을 닮은 친구를 주셔서 얼굴에서 광채가 나베 하소서.

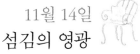

11월 14일
섬김의 영광

무화과나무를 지키는 자는 그 과실을 먹고
자기 주인에게 시중드는 자는 영화를 얻느니라(27:18)

1524년, 30만 명의 독일 농민들이 반란을 일으켰을 때, 마틴 루터는 농민들에게 무기를 내려놓고 집으로 돌아가라고 했습니다. 그러나 그들은 계속 영주들과 싸웠습니다. 루터는 영주들에게 강제 진압할 천부의 권리가 있음을 천명했습니다. 결국 영주들의 피비린내 나는 진압으로 10만 명의 농민들이 죽었습니다. 루터는 로마서 13장과 고린도전서 7장에 근거해서 하나님이 각 사람에게 주신 터전이 각자의 소명이라고 설파했습니다. 영주는 농민을 보살피는 영주로서, 농민은 영주를 섬기는 농민으로서 소명에 충실해야 한다는 것입니다. 농민전쟁의 평가와 상관없이 루터의 소명관은 기독교 역사에 큰 영향을 미쳤습니다.

현대인들은 '내 선택으로' 오늘 이 자리에 왔으므로 '내 선택으로' 언제든지 옮길 수 있다고 생각합니다. 하지만 '하나님의 뜻'에 따라 오늘의 직장과 학교, 가정, 공동체에 있게 된 것입니다. 쉽게 직장을 옮기고 이혼을 생각하는 사람들은 '하나님의 뜻'을 발견하고 인내하려 하지 않습니다. 이런 사람들은, 농부가 묵묵히 무화과나무를 가꿔 그 열매를 따먹는 즐거움을 얻지 못합니다. 오늘날 우리가 할 일은 우리와 관계를 맺고 사는 사람들을 의와 자비로 섬기며 살아가는 것입니다. 이런 사람들에게는 존경과 칭찬이 따를 것입니다.

•••저를 향한 하나님의 뜻을 발견하며 충성스러운 하루를 살게 하소서.

11월 15일
사람의 눈, 마음의 눈

스올과 아바돈은 만족함이 없고 사람의 눈도 만족함이 없느니라(27:20)

경제 불황인데도 해마다 쇼핑 중독자들이 는다고 합니다. 그들은 자신을 제어하지 못하고 눈에 보이는 대로 물건을 사야 일시적이나마 마음의 안정을 느낍니다. 미국에는 천만 명이 넘는 쇼핑 중독자들이 있는데, 미국 보건당국은 이들을 정신질환자로 분류했습니다. 왜 그까짓 물건 하나 절제하지 못할까요? 스올과 아바돈이 끝없이 죄인들을 삼키는 것처럼, 제어 장치 없는 마음의 눈이 만족할 줄을 모르기 때문입니다.

마음의 만족이 있어야 우리의 눈이 비로소 자유해집니다. 마음의 만족은 우리 마음 안에서 얻을 수 없습니다. 그래서 외부에서 만족을 얻으려다 중독에 걸리는 것입니다. 하지만 만족의 샘물이 있습니다. "내게 오는 자는 결코 주리지 아니할 터이요 나를 믿는 자는 영원히 목마르지 아니하리라"(요 6:35)고 말씀하신 그리스도입니다. 그리스도는 브레이크 없는 자동차처럼 질주하는 우리 마음에 늘 "잠깐만!" 하고 제동을 거십니다. 그리고 십자가 사랑을 보여주십니다. 이 사랑은 "주는 것이 받는 것보다 복이 있다"(행 20:35)는 주님의 가르침입니다. 우리의 갈증은 끝없이 받으려는 마음에서 옵니다. 그렇다면 우리의 만족은 끝없이 주려는 마음에서 올 것입니다. 십자가는 자신을 내어줌으로써 영혼의 안식을 줍니다.

***우리 마음이 그리스도로만 만족하게 하소서.

11월 16일
칭찬이라는 함정의 시험

도가니로 은을, 풀무로 금을, 칭찬으로 사람을 단련하느니라(27:21)

3톤이 넘는 육중한 범고래가 수면 위를 힘차게 뛰어올라 재주를 부리는 모습을 본 적이 있습니까? 고래가 수면 위로 2~3미터를 뛰어오르는 비밀은 무엇일까요? 조련사의 아낌없는 칭찬입니다. 미국의 한 기업가가 범고래의 비밀에 착안해 쓴 「칭찬은 고래도 춤추게 한다」(Whale Done!)는 한때 베스트셀러였습니다. 칭찬이 사람들에게 긍정적인 동기를 부여한다는 주제의 책입니다. 하지만 칭찬에는 양면성이 있습니다.

이스라엘의 거짓 선지자들은 부패한 재판관을 향해 의로운 지도자라고 칭찬했습니다. 타락한 지도자들에게 칭찬은 반성과 회개의 기회를 상실하고 멸망의 길로 가는 함정이었습니다. 예수님은 이 역사적 교훈을 잊지 않으셨습니다. "모든 사람이 너희를 칭찬하면 화가 있도다 그들의 조상들이 거짓 선지자들에게 이와 같이 하였느니라"(눅 6:26). 타인의 칭찬에서 자기 의를 찾으려는 순간 우리는 타락합니다. 참된 의인은 사람들이 칭찬하는 의와 업적은 그리스도에게서 온 것임을 알기에 모든 공로를 그리스도에게 돌립니다. 우리는 살면서 많은 칭찬을 듣습니다. 칭찬은 낙담한 자에게 용기를 줄 수도 있지만 교만한 자를 타락하게도 만듭니다. 따라서 칭찬을 가리는 훈련이 필요합니다. 칭찬의 훈련은 도가니로 은을 연단하고, 풀무로 금을 연단하듯 우리의 신앙 인격을 연단합니다.

••• 타인의 칭찬을 자랑하지 않고 그리스도의 의를 자랑하게 하소서.

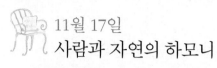

11월 17일
사람과 자연의 하모니

풀을 벤 후에는 새로 움이 돋나니 산에서 꼴을 거둘 것이니라 어린 양의 털은
네 옷이 되며 염소는 밭을 사는 값이 되며 염소의 젖은 넉넉하여
너와 네 집의 음식이 되며 네 여종의 먹을 것이 되느니라(27:25-27)

첫 사람 아담과 하와는 "생육하고 번성하여 땅에 충만하라, 땅을 정복하
라, 바다의 물고기와 하늘의 새와 땅에 움직이는 모든 생물을 다스리라"
(창 1:28)는 사명을 받았습니다. '다스리다'는 왕이 백성을 다스릴 때 사용하
는 단어입니다. 권위적인 지배가 아니라 백성들이 평화롭고 조화롭게 살
도록 섬기고 돕는 다스림이어야 합니다. 하나님은 아담과 하와가 잘 다스
릴 수 있도록 모든 채소와 열매 맺는 모든 나무를 먹을거리로 주겠다고
약속하셨습니다(창 1:29). 사람과 자연의 관계는 좋은 목자와 좋은 양떼의
관계와 같습니다. 양떼의 형편을 부지런히 살피고 소떼에 마음을 두는 신
실한 목자에게 자연은 풀과 꼴, 염소의 젖과 같은 먹을거리를 제공해줍니
다. 또 어린 양의 털과 염소처럼 옷과 재산이 되는 것들을 줍니다. 이것이
자연을 창조하신 하나님의 아름다운 섭리입니다.

하나님이 주신 지혜로 맡은 일을 잘 감당하는 신실한 목자는 넉넉히 공급
받습니다. 땅이 성실한 농부에게 좋은 먹을거리를 생산하게 하듯, 하나님
의 공급도 변함없고 중단되지 않습니다. 그러나 자기 야망과 욕심으로 얻
은 재물과 면류관은 오래 가지 않습니다. 하나님의 것이 아니기 때문입니
다. 오직 하나님의 지혜와 순리만이 영원히 지속됩니다.

***욕심을 버리고 자연에 깃든 하나님의 섭리에 순응하게 하소서.

죄와 벌

악인은 쫓아오는 자가 없어도 도망하나 의인은 사자 같이 담대하니라(28:1)

도스토예프스키의 소설 「죄와 벌」의 주인공 라스콜리니코프는 '선과 악의 구분은 절대적인 것이 아니고 인간의 자의적인 판단에 따른 것'이라는 자기 확신으로, 고리대금업을 하는 노파와 그의 동생을 죽였습니다. 범행 전에는 이 살인이 범죄가 아니라 비범한 사람의 영웅적인 행동이 될 것이라고 믿었지만, 범행 이후 그는 심한 죄책감에 쫓기며 정신착란증과 고독감으로 고통을 겪습니다. 그는 결국 순수한 창녀 소냐의 품에 안겨 모든 죄를 고백하고, 경찰에 자수하여 벌을 받은 후에야 죄책감에서 해방됩니다.

하나님을 경외하는 소냐에게 중요했던 것은, 라스콜리니코프가 받아야 할 벌이 아니라 하나님의 마지막 심판이었습니다. 그러나 인간의 이성과 의지를 최종 판단의 근거로 믿었던 라스콜리니코프는 가인처럼 쫓기며 살았습니다. 결국 소냐를 통해 하나님을 발견하고 그는 경찰에 자수한 것이지요. 이처럼 하나님이 아닌 다른 것을 최종 심판자로 여기는 사람은 평생 쫓기고 시달리며 삽니다. 반면 하나님의 사랑에 의지하는 사람은 하나님이 방패와 산성이 되어주시기 때문에 젊은 사자처럼 담대하게 삽니다. "사랑 안에 두려움이 없고 온전한 사랑이 두려움을 내쫓나니 두려움에는 형벌이 있음이라"(요일 4:18).

°°°모든 일에서 최종 기준은 하나님의 심판이 되게 하소서.

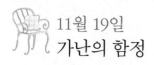

11월 19일
가난의 함정

가난한 자를 학대하는 가난한 자는 곡식을 남기지 아니하는 폭우 같으니라(28:3)

상대방의 사정을 잘 안다는 것이 긍정적인 결과를 내면 얼마나 좋을까요? 그러나 안타깝게도 그 반대의 경우가 많습니다. 찰스 디킨스의 소설 「올리버 트위스트」는 이러한 현실을 고발합니다. 올리버는 고아와 빈민의 자녀들을 수용한 구빈원에서 태어났습니다. 구빈원은 아이들에게 중노동을 시키고 학대하면서 도망가지 못하도록 감시했습니다. 그곳을 도망친 올리버는 런던으로 갔지만 소매치기단에 들어가서 억울하게 동료의 죄를 뒤집어쓰고 경찰에 체포됩니다. 가난한 사람들의 세상에는 불의가 기승을 부립니다. 상대방의 작은 재산이나 기회를 빼앗아 자신의 가난을 극복해보려는 이기심이 지배하기 때문입니다. 가난한 자의 착취는 부자의 착취보다 더 악하고 잔인합니다. 부자의 착취는 이삭이라도 흘리지만, 가난한 자의 착취는 추수철에 곡식을 남기지 않는 폭우처럼 파괴적입니다.

하나님은 가난한 사람을 보호해주겠다고 약속하셨습니다. 그 약속은 오직 하나님께 도움을 구하고 의로운 길을 걸어가는 사람에게만 해당됩니다. 가난에 처한 사람들은 자신의 가난이 이웃에게 해가 되지 않도록 특별히 주의를 기울여야 합니다. 가난한 자는 부자보다 훨씬 더 쉽게 사탄의 먹잇감이 된다는 사실을 잊지 말아야 합니다.

***가난하든 부유하든 하나님의 의의 길을 걷게 하소서.

율법을 버리면

율법을 버린 자는 악인을 칭찬하나 율법을 지키는 자는 악인을 대적하느니라 악인은 정의를 깨닫지 못하나 여호와를 찾는 자는 모든 것을 깨닫느니라(28:4-5)

종교개혁의 오랜 전통을 자랑하던 독일 루터교회는 히틀러의 나치정권이 들어서자 혼란에 빠진 독일을 구원할 '하늘이 내린 지도자' 라며 히틀러를 찬양했습니다. 결국 루터교회는 나치 정부의 지원을 받아 생명을 부지하는 제국교회로 전락하고 말았습니다. 이에 반발한 교회들은 그리스도만을 신앙의 유일한 근거로 고백하는 '고백교회' 를 세워 나치에 대항했습니다. 고백교회의 공동 창립자 디트리히 본회퍼 목사는 나치 정부가 유대인을 박해하자 "독일이 하나님의 율법을 버렸다. 독일은 죽었다"는 묵상을 자신의 성경에 기록했습니다. 또 이웃나라 스위스에서 독일 교회를 지켜본 신학자 칼 바르트는 하나님의 말씀만이 신앙과 삶의 유일 기준이라는 명제에 기초해 교의학이라는 대작을 남겼습니다. 루터교회는 나치 정부의 출현이라는 현실 앞에서 율법을 만지작거리다 놓아버리고 히틀러의 열렬한 찬양자가 되었습니다. 그러나 율법을 마지막까지 지킨 사람들은 나치와 히틀러에 저항했습니다.

율법은 하나님의 말씀입니다. 이 말씀을 버리면 정의의 기준이 사라져 하나님의 정의를 깨닫지 못하고 악인을 칭찬하게 됩니다. 그러나 율법을 굳건히 지키는 자는 하나님의 정의를 배반하는 악인에 대항할 수밖에 없습니다. 정의는 하나님의 성품 가운데 하나이기 때문입니다.

●●●목숨을 다해 하나님의 율법을 지키게 하소서.

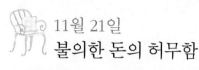

11월 21일
불의한 돈의 허무함

중한 변리로 자기 재산을 늘이는 것은 가난한 사람을 불쌍히 여기는 자를 위해 그 재산을 저축하는 것이니라(28:8)

유럽의 중세시대에 있었던 일입니다. 한 부호 상인이 죽기 직전에 전 재산을 교회에 헌납하면서 신학생 교육에 써달라고 유언했습니다. 이 상인은 당시 교회가 구약 율법(출 22:25; 레 25:36-37; 신 23:20)을 근거로 금지했던 이자놀이로 재산을 늘렸습니다. 자신의 영혼이 지옥에 떨어질 것이 두려웠던 그는 마지막 자선 행위로 가난한 신학생들에게 재산을 투자한 것입니다. 당시에는 이런 일이 종종 있었습니다. 요즘 교회는 이자를 정당한 것으로 인정하기에 이런 일이 없지만, 당시에는 구약성경을 문자 그대로 해석해 이자를 죄악시했습니다.

해석의 차이에도 불구하고, 이자에 관한 성경구절들은 불의하게 모은 돈은 영혼을 만족시킬 수 없으며 허무하고 불안하다고 훈계합니다. 마지막 순간까지 불의한 재물을 움켜쥐고 있는 사람은 자기 영혼의 운명을 경시하는 어리석은 사람입니다. 불의는 언젠가 들통나며, 불의로 모은 돈도 추징되어 올바른 곳에 사용됩니다. 하나님의 정의는 승리하기 때문입니다. 반면 정의롭게 번 돈은 그 자체가 영혼에 만족을 줍니다. 그리고 이런 돈은 의미 있게 사용됩니다. 속죄하는 마음으로 뒤늦게 기부하는 것보다, 적은 돈이지만 정의롭게 벌어 사용하는 것을 하나님은 더 기뻐하십니다.

***불의한 돈을 부러워하지 않고 정의로운 돈을 사모하게 하소서.

11월 22일
응답받는 기도

사람이 귀를 돌려 율법을 듣지 아니하면 그의 기도도 가증하니라(28:9)

우리는 흔히 기도를 하나님께 대한 우리의 간구라고 생각합니다. 그러나 기도는 우리에 대한 하나님의 간구입니다. 우리는 기도를 통해서 우리의 소원을 이루려고 합니다. 물론 하나님은 우리의 기도를 들으시지만 항상 구한대로 응답하지는 않으십니다. 하나님이 원하시는 기도는 따로 있습니다. 우리의 뜻이 아니라 하나님의 뜻이 이뤄지도록 간구하는 것입니다. 기도는 우리 자신을 하나님의 뜻에 헌신하는 행위입니다. 그러므로 우리는 기도하기에 앞서 말씀을 통해 계시해주시는 하나님의 뜻이 무엇인지 잘 알아야 합니다. 하나님은 우리의 기도를 통해 세상에 선을 행하기 원하십니다.

말씀에 귀를 막고 자기 뜻대로 사는 사람의 기도는 하나님의 뜻과 반대되는 경우가 많습니다. 자녀를 향한 부모의 뜻은 그들이 올바르고 건강하게 자라는 것입니다. 만약 자녀가 주먹 세계에 들어가게 해달라고 간구한다면 어떤 부모가 흔쾌히 받아들이겠습니까? 하나님의 말씀에 합당한 기도를 하고 기도한 대로 살아가는 것이 진실한 기도입니다. 하나님의 이름을 거룩히 여기고, 하나님의 나라가 임하고, 하나님의 뜻이 이뤄지기를 소망할 때, 우리의 기도는 크게 역사할 것입니다. 하지만 우리가 하나님의 교훈에 귀를 막아버리면, 하나님도 우리의 기도에 귀를 막으십니다.

•••우리의 기도가 마음의 소원이 아니라 말씀의 고백이 되게 하소서.

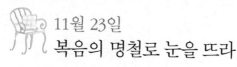

11월 23일
복음의 명철로 눈을 뜨라

부자는 자기를 지혜롭게 여기나
가난해도 명철한 자는 자기를 살펴 아느니라(28:11)

일제시대 때 백 마지기의 논밭을 소유한 부자가 있었습니다. 머슴 출신인 그는 억척같이 일해서 부를 쌓았고, 고리대금으로 돈을 긁어모으기 시작했습니다. 그는 부자 되는 소원을 이루었을 뿐 아니라 자기를 업신여기던 사람들이 고리로 돈을 꾸어가는 것을 보고 만족했습니다. 그러던 어느 날 갑자기 모든 재산을 걸인과 가난한 사람들에게 나눠주고, 빚 문서도 불태워버렸습니다. 그리고 가난한 수도자로 살면서 그리스도의 사랑을 실천했습니다. 그가 바로 한국의 성자 이세종(1880-1942)입니다. 그가 갑자기 변한 이유는 무엇일까요? 그는 아들을 낳기 위해 무당이 말한대로 산당을 짓다가, 우연히 목수가 읽던 성경을 읽게 되었던 것입니다. 그리고 성경의 첫 구절 "태초에 하나님이 천지를 창조하시니라"에 영안이 열려 계속 읽다가 그리스도의 십자가에 담긴 하나님의 사랑을 깨달은 것입니다. 재물이 하나님의 명철에 비하면 아무것도 아니라는 사실을 알게 된 것이지요.

세상은 부자의 지혜를 사랑합니다. 그러나 하나님의 명철을 받은 가난한 자는 더 이상 부를 좇지 않습니다. 우리 모두 이세종 같은 수도자가 될 수는 없지만, 하나님이 주신 명철로 부자의 지혜를 비웃을 수 있는 대범한 신앙은 충분히 사모할 만합니다.

***재물을 자랑하는 지혜를 경멸하고 하늘의 명철을 사모하게 하소서.

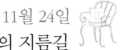

11월 24일
회개는 성공의 지름길

자기의 죄를 숨기는 자는 형통하지 못하나
죄를 자복하고 버리는 자는 불쌍히 여김을 받으리라(28:13)

40대 후반의 두 남자가 한 동네에 살았습니다. 사업을 하는 남자는 항상 자신만만했습니다. 누군가 복음을 전하면 "나는 죄를 안 짓는다"며 신의 존재를 부정했습니다. 다른 한 사람은 전처와 이혼하고 재혼한 대학 연구원이었습니다. 두 번째 결혼생활이 원만치 못한 이 남자는 자기 모습을 숨기지 않았습니다. 항상 "내 잘못이 크다"며 하나님께 자비와 도움을 구했습니다. 그런데 사업가가 갑자기 이혼을 했습니다. 아내에게 용서받지 못할 죄를 지었기 때문입니다. 이후 사업가는 이웃들과 점점 멀어져갔고, 연구원은 일이 잘 풀리는 것을 볼 수 있었습니다.

하나님은 '죄를 짓지 않는 사람' 보다 '죄를 회개하는 사람' 을 기뻐하십니다. 죄를 짓지 않는다고 주장하는 것 자체가 큰 죄입니다. 마음이 돌덩어리처럼 굳어져 의로우신 하나님을 부인하고 자기 죄를 숨기기 때문입니다. 이런 사람의 인생은 어둠이 지배하기에 가식적일 수밖에 없습니다. 반면 죄를 회개하는 것은 의로우신 하나님을 찬양하고 인정하며 경외하는 예배 행위입니다. 회개하는 사람은 자기 죄를 미워하고 버림으로써 하나님의 자비로운 용서를 받습니다. 그리고 의를 따라가기에 하나님과 사람들 앞에서 겸손하고 떳떳합니다.

•••죄를 자복하고 버림으로 주님의 자비로운 용서를 받게 하소서.

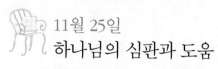
11월 25일
하나님의 심판과 도움

사람의 피를 흘린 자는 함정으로 달려갈 것이니 그를 막지 말지니라 성실하게 행하는 자는 구원을 받을 것이나 굽은 길로 행하는 자는 곧 넘어지리라(28:17-18)

빛의 원수인 어둠은 더 짙은 어둠을 부릅니다. 죄 없는 사람의 피를 흘리게 한 사람의 양심은 급속도록 어두워집니다. 이런 양심은 공의와 정의를 만나면 바퀴벌레처럼 어둠을 찾아 급히 도망갑니다. 아무리 큰 죄인이라도 선과 악을 구분할 수 있는 양심이 있어 자신의 죄를 인식할 수밖에 없습니다. 선악의 기준인 하나님의 말씀이 세상에 선포된 이상 모든 사람은 양심의 심판에서 자유로울 수 없습니다. 회개하지 않는 죄인은 더 깊은 죄악의 함정으로 빠져 들어가며, 이런 사람이 달려가는 멸망의 길은 아무도 막을 수 없습니다. 그는 하나님의 심판에 따라 자기 길을 갈 뿐입니다.

그러나 허물없이 살아가는 성실한 사람은 유혹이나 곤경에 닥쳤을 때 하나님의 도움을 받습니다. 인간에 대한 하나님의 의무는 선한 사람을 돕는 것입니다. 하나님은 한 번도 자기 의무를 게을리하신 적이 없으십니다. 그래서 죄인들이 지배하는 세상에도 여전히 선이 존재하고 생명의 영이 살아있는 것입니다. 성실한 성도는 하나님의 도우심으로 그리스도 안에서 생명의 영으로 살아갑니다. 하지만 고의로 하나님의 선한 길을 구부려 훼손된 길을 선택하는 사람은 영영 일어나지 못하는 저주의 영에 사로잡힌 문화를 생산하게 됩니다.

***항상 어둠의 함정을 경계하고 주님의 도움을 받게 하소서.

도시와 시골의 속도

자기의 토지를 경작하는 자는 먹을 것이 많으려니와 방탕을 따르는 자는
궁핍함이 많으리라 충성된 자는 복이 많아도
속히 부하고자 하는 자는 형벌을 면하지 못하리라(28:19-20)

'더 빨리, 더 많이, 더 높이'를 강조하는 도시의 삶은 속도전입니다. 도시
인들은 타인보다 더 월등해지기 위해 끝없이 경쟁합니다. 이런 경쟁 속에
는 속임, 부정, 뇌물, 욕심 같은 죄의 유혹이 많습니다. 도시화가 심화될
수록 도시의 경쟁 속도는 더 빨라지고 영혼은 메말라갑니다. 이 속도에
편승해 남보다 더 빨리 나아가고, 더 많이 가지고, 더 높이 올라가려는 사
람들에게서 영혼의 심각한 궁핍과 안식을 향한 갈증을 보게 됩니다.

반면 시골 농부는 자연에 순응하며 삽니다. 자연에게는 인간의 속임수가
통하지 않습니다. 노력한 만큼 얻습니다. 이것이 자연의 법칙이고 하나님
의 법칙입니다. 자연 속에서 속도를 내려는 인간의 시도는 재앙을 가져올
뿐입니다. 농사의 속도는 농부가 아니라 자연을 창조하신 하나님께 달려
있습니다. 그러므로 우리가 원하는 속도가 아니라 하나님이 정하신 속도
를 따라가는 것이 지혜롭습니다. 도시나 시골 어디에서 살든 하나님이 주
신 삶의 터전에서 정직하고 성실하며 충성되게 살아가는 것이 하나님의
속도입니다. 매일 하나님 앞에서 튼튼한 벽돌을 하나씩 쌓아가는 것이 축
복의 길인 것입니다.

•••하나님 앞에서 하루하루 정직하게 살게 하소서.

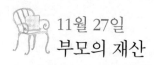

11월 27일
부모의 재산

부모의 물건을 도둑질하고서도 죄가 아니라 하는 자는
멸망 받게 하는 자의 동류니라(28:24)

장성한 자녀가 부모에게 경제적인 도움을 받으며 자립을 미루는 것은 하나님이 기뻐하시는 생활이 아닙니다. 부모에 대한 자녀의 의존도는 나라와 문화에 따라 다르지만, 대체로 20세 전후에 종결되어야 합니다. 그런데 요즘에는 대학을 졸업하고 심지어 결혼 후에도 부모에게 계속 의지하는 캥거루족이 늘고 있습니다. 불가피한 경우를 제외하고는 부모의 재산은 부모의 것이지 자녀의 것이 아닙니다.

하나님은 부모에게 자녀를 낳고 장성할 때까지 힘써 보호하고 양육하라는 의무를 주셨습니다(창 3:16-17). 부모는 자신이 들인 모든 비용과 노력을 생각해 노후를 자녀에게 의지하는 것이 당연하다고 생각하면 안 됩니다. 그것은 하나님이 맡기셨으니 하나님이 갚아주실 것입니다. 자녀들도 장성하여 결혼한 후에는 부모에 대한 의존을 끊고 부부가 스스로 살아야 합니다(창 2:24). 그리고 길러주신 부모님 돕는 것을 하나님의 명령으로 받들어야 합니다(출 20:12). 부모와 자녀가 의존심이 아닌 사랑으로 서로 대할 때 더 깊은 인격적인 관계로 발전할 것입니다.

***하나님을 경외하듯 부모를 공경하고 극진히 돕는 자녀가 되게 하소서.

11월 28일
하나님의 호혜주의(互惠主義)

**가난한 자를 구제하는 자는 궁핍하지 아니하려니와
못 본 체하는 자에게는 저주가 크리라(28:27)**

세상을 평화롭게 유지하는 원칙 가운데 하나가 호혜주의입니다. 이는 한 사람이 일방적으로 주기만 하거나 받기만 하지 않고 서로 주고받으며 공평하게 살아가는 방식을 말합니다. 보통 한번 대접받으면 자기도 대접해야 한다는 생각을 합니다. 이 원칙을 지키지 않으면 인색한 사람, 혹은 예의 없는 사람이라고 평가받습니다.

하나님도 호혜주의를 강조하며 여유 있는 사람들에게 가난한 자와 약자를 도우라고 명령하셨습니다. 이 명령을 지키지 않으면 이스라엘 민족처럼 하나님의 심판을 받게 됩니다(슈 7:9-14). 그러나 하나님의 호혜주의는 세상 개념과는 좀 다릅니다. 가난한 자는 도움을 받아도 갚을 길이 없습니다. 그러면 하나님이 보증인이 되어서 대신 갚아주십니다. 말하자면 성경의 호혜주의는 양자 관계가 아니라 삼자 관계인 셈입니다. 그래서 가난한 자를 구제하는 사람은 하나님이 준비하신 손길을 통해 훨씬 더 많이 돌려받습니다. 하나님은 인색한 분이 아닙니다. 무척 너그럽고 자비로우십니다. 마치 자녀가 친구에게 빌린 돈을 자비로운 아빠가 대신 갚아주면서 용돈까지 주는 것처럼 말입니다. 하지만 가난한 자의 어려움을 외면하는 사람은 하나님께 빚지는 것임을 기억해야 합니다.

•••구제는 선택이 아니라 의무라는 사실을 잊지 않게 하소서.

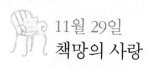

11월 29일
책망의 사랑

자주 책망을 받으면서도 목이 곧은 사람은
갑자기 패망을 당하고 피하지 못하리라(29:1)

하나님이 노아에게 비도 오지 않는 맑은 날에 방주를 짓게 하신 것은 세상 사람들을 향한 경고의 메시지였습니다. 하지만 그들은 120년 동안 조금씩 완공되어가는 방주를 보고서도 "먹고 마시고 장가들고 시집가는"(눅 17:27) 일에 인생을 허비하다 죽었습니다. 소돔 사람들도 롯을 찾아온 천사들에게서 하나님의 전갈을 받았지만 역시 "먹고 마시고 사고 팔고 심고 집을 짓던"(눅 17:28) 일에 몰두하다 하늘에서 떨어진 불과 유황에 진멸당했습니다. 죄를 떠나 하나님께 돌아오라는 책망의 말씀에 귀 기울이지 않은 결과입니다.

하나님은 지금도 성경 말씀을 통해 세상 모든 사람들의 죄를 책망하고 계십니다. '책망' 은 선의를 담아 잘못을 지적하고 개선을 요구하는 친절하고 부드러운 말입니다. 에베소교회를 향한 사도 바울의 질책에도 그들이 하나님 앞에서 거절당하지 않기를 바라는 간절한 소망이 담겨 있습니다. "너희는 열매 없는 어둠의 일에 참여하지 말고 도리어 책망하라 … 그러나 책망을 받는 모든 것은 빛으로 말미암아 드러나나니 드러나는 것마다 빛이니라"(엡 5:11,13). 책망은 사랑의 또 다른 표현입니다. 책망을 외면하면 갑자기 다가오는 패망을 피하지 못합니다. 책망은 부끄러운 것이 아니라 감사한 것입니다. 마음을 열고 책망을 받아들이는 사람은 복이 있습니다.

°°°제 죄를 기꺼이 인정하며 타인과 성령의 책망을 받아들이게 하소서.

부모의 즐거움

지혜를 사모하는 자는 아비를 즐겁게 하여도
창기와 사귀는 자는 재물을 잃느니라(29:3)

성 어거스틴의 어머니 모니카가 열병으로 죽기 전에 아들과 나눈 대화입니다. "사랑하는 아들아, 이제 나는 육신의 삶을 통해서는 아무런 기쁨도 찾을 수가 없단다. … 이 세상에서 더 이상 바랄 소망이 없구나. 내가 좀 더 살려고 애쓴 것은 오직 한 가지 이유 때문이었다. 이 어미가 죽기 전에 네가 그리스도인이 되는 모습을 꼭 봐야겠다는 생각뿐이었다. 이제 하나님께서 내 소망을 이루어주셨구나. 네가 세상 쾌락을 경멸하고 주님의 종이 되었으니 말이다. 이제 내가 이 땅에서 할 일을 다 했다."

열여섯의 나이에 창녀와 쾌락에 빠져 재산을 탕진하던 어거스틴을 바라보는 어머니의 가슴이 얼마나 아팠겠습니까? 하지만 모니카는 그리스도의 지혜가 가장 고귀하다는 것과 이런 지혜를 사랑하는 자녀야말로 부모에게 가장 큰 기쁨이라는 사실을 알았습니다. 그리고 이를 위해 쉬지 않고 기도했습니다. 요즘에는 자녀가 좋은 대학에 들어가고 능력 있는 배우자를 만나 넓은 집에 사는 것을 자녀양육의 목표로 여기는 철없는 부모가 많습니다. 그러나 이는 만족을 주기는커녕 갈증만 더할 뿐입니다. 그리스도 안에서 하나님의 지혜에 의지해 살아가는 것만이 온전한 만족을 줍니다. 이런 자녀가 부모의 참된 기쁨입니다.

••• 하나님의 지혜로 즐거움을 드리는 자녀가 되게 하소서.

December | *Daily Bible of the Proverbs*

지혜로 여는 매일 묵상 12월

"나를 가난하게도 마옵시고 부하게도 마옵시고 오직 필요한 양식으로
나를 먹이시옵소서 혹 내가 배불러서 하나님을 모른다
여호와가 누구냐 할까 하오며 혹 내가 가난하여 도둑질하고
내 하나님의 이름을 욕되게 할까 두려워함이니이다"

(잠 30:8-9)

Proverbs

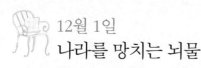

12월 1일
나라를 망치는 뇌물

왕은 정의로 나라를 견고하게 하나 뇌물을 억지로 내게 하는 자는 나라를 멸망시키느니라(29:4)

한 미국의 정치학자가 미국은 뇌물로 망할 것이라고 예견했습니다. 사실 미국은 뇌물로 망하는 것이 아니라 뇌물을 내게 하는 정치구조 때문에 망해 가고 있습니다. 클린턴, 닉슨, 존슨 같은 미국 대통령들이 미국 최대의 고질적인 문제인 의료보험제도를 개혁하려 했지만, 의료보험회사들의 조직적인 로비로 실패했습니다. 미국은 로비가 합법화된 나라로, 로비스트들이 워싱턴 정가를 장악하고 있습니다. 이는 권력을 잡고 있는 정치인들이 로비스트에게서 후원금(로비자금)을 받고 있기 때문입니다. 로비자금은 정의를 불의로, 불의를 정의로 둔갑시킵니다. 이로 인해 정의가 번번이 패배하는 일을 미국 정치에서 흔히 보게 됩니다. 미국에서 총기 사고, 대형 금융비리 사건들이 끊이지 않는 것도 같은 이유입니다.

정의는 하나님이 우리에게 원하시는 하나님의 속성입니다(미 6:8). 정의를 떠난 통치는 하나님을 떠난 것입니다. 정의가 없는 곳에는 뇌물과 같은 부정부패가 자랍니다. 그러나 하나님은 즉각 징벌하지 않으시고 스스로 망할 때까지 내버려두십니다. 이런 지옥 같은 세상에서 살아가는 것 자체가 하나님의 심판입니다. 물론 영원한 심판도 기다리고 있습니다. 하나님의 사람은 정의를 사랑하고 뇌물을 미워합니다. 정의는 영원한 생명의 증거입니다.

***어떤 뇌물의 유혹도 이겨낼 수 있는 믿음을 주소서.

가난은 영적 문제

의인은 가난한 자의 사정을 알아 주나 악인은 알아 줄 지식이 없느니라(29:7)

잠언은 의인과 가난한 자를 연계시키고 있습니다. 의인의 지표로 가난한 자의 구제를 들고 있습니다. 하나님은 왜 가난한 자들에게 관심이 많으실까요? 죄인의 구원은 영혼의 문제이자 육신의 문제이기 때문입니다. 청지기로서의 소명을 무시한 채 계속해서 이웃에 무관심하고 자기 욕망만 채우는 한 가난의 문제는 해결될 수 없습니다. 하나님이 우리 영혼을 구원하고자 하시는 것은 영생의 기쁨을 누리게 하기 위함입니다. 그런데 가난으로 고통받는 이웃을 보면서 영생의 기쁨을 누릴 수 있을까요? 구원받은 의인은 가난을 통분해하며 가난한 이웃에 관심과 자비를 갖게 됩니다.

예수님은 부자 청년에게 재산을 다 팔아 가난한 자들에게 나눠주고 자기를 따르라고 하셨습니다(눅 18:18-23). 율법을 다 지키고 있다고 자신한 청년의 의표(意表)를 찌른 것입니다. 율법에 나오는 가난한 자에 대한 책임을 지키지 않는 그의 죄 말입니다. 가난한 이웃에게 슬픔을 느끼지 않고 아무것도 하지 않는 부자 그리스도인들이 얼마나 많은가요? 잠언은 분명히 '악인은 가난한 자의 사정을 알 지식이 없다'고 말하고 있습니다.

***날마다 영적 안목이 자라나 가난한 이웃을 더 많이 사랑하게 하소서.

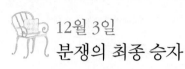

12월 3일
분쟁의 최종 승자

지혜로운 자와 미련한 자가 다투면 지혜로운 자가 노하든지 웃든지
그 다툼은 그침이 없느니라(29:9)

신실한 성도도 분쟁에 개입되는 경우가 자주 있습니다. 예의 없고 미련한 사람들은 목소리가 커야 이긴다고 생각하여 소란을 피우며 큰 소리로 다툽니다. 이런 험악한 분위기는 특히 우리나라 교통사고 현장에서 흔히 볼 수 있는데, 이와 대조적으로 서양의 교통사고 현장은 무척 조용합니다. 그들은 사고가 나면 제일 먼저 상대방의 안전 여부를 묻고 연락처를 나눈 뒤 몇 마디 대화한 후 헤어집니다. 핏대 올리는 싸움은 하지 않습니다. 분쟁 해결은 경찰과 보험회사, 목격자 증언에 맡기고 기다립니다. 공공기관과 재판장을 신뢰하기 때문입니다.

미련한 사람은 자기밖에 믿을 사람이 없다고 생각하여 자기를 변호하기에 바쁩니다. 그래서 자기에게 조금만 불리하다 싶으면 참지 못하고 비난하지요. 그러나 지혜로운 사람은 일일이 맞대응하지 않고 상대방이 지칠 때까지 하고 싶은 말을 하게 합니다. 보이는 재판장이 아니라 보이지 않는 하나님의 최종 판단을 더 신뢰하기 때문입니다. 분쟁의 최종 승자는 우리의 최종 심판자이신 하나님을 두려워하는 사람입니다.

***어리석은 자의 분쟁과 도전을 견디고 이겨낼 믿음을 주소서.

362

12월 4일
지도자의 거짓

관원이 거짓말을 들으면 그의 하인들은 다 악하게 되느니라(29:12)

"야곱의 우두머리들과 이스라엘 족속의 통치자들아 들으라 정의를 아는 것이 너희의 본분이 아니냐 너희가 선을 미워하고 악을 기뻐하여 내 백성의 가죽을 벗기고 그 뼈에서 살을 뜯어 그들의 살을 먹으며 그 가죽을 벗기며 그 뼈를 꺾어 다지기를 냄비와 솥 가운데에 담을 고기처럼 하는도다 … 야곱 족속의 우두머리들과 이스라엘 족속의 통치자들 곧 정의를 미워하고 정직한 것을 굽게 하는 자들아 원하노니 이 말을 들을지어다 시온을 피로, 예루살렘을 죄악으로 건축하는도다"(미 3:1-3, 9-10). 분노에 찬 미가 선지자가 묘사한 당시 사마리아와 예루살렘 사회의 타락한 모습입니다.

타락은 지도자에게서 시작됩니다. 지도자가 거짓된 증언을 좋아하면 아래 관원들은 지도자의 입맛에 맞추기 위해 거짓을 보고합니다. 백성들은 지도자와 관원의 학정을 피하기 위해 점차 거짓에 순치되어 갑니다. 이렇게 한 사회의 부패와 붕괴는 손쉽게 거짓을 선택하는 지도자에게서 시작됩니다. 라틴어에 이런 속담이 있습니다. "Qualis rex, talis grex." 백성은 왕을 닮아간다는 뜻입니다. 그러므로 지도자의 위치에 있을수록 하나님을 경외하는 믿음을 지녀야 합니다. 백성들 역시 지도자가 거짓에 눈감지 않도록 깨어 기도해야 합니다.

***우리의 지도자들이 목숨 걸고 정직을 지키게 하소서.

363

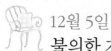

12월 5일
불의한 자도 사랑하시는 하나님

가난한 자와 포학한 자가 섞여 살거니와 여호와께서는 그 모두의 눈에 빛을 주시느니라(29:13)

중국의 한 지하교회 지도자가 공안에 붙들려 투옥되었습니다. 모진 고문을 받고 고생하는 그를 서방의 한 선교사가 방문했습니다. 선교사는 투옥된 지도자를 위로하면서 "중국의 복음화를 위해 중국 공산당 정부가 전복되기를 기도하겠습니다." 하고 말했습니다. 그러나 중국 교회 지도자는 손사래를 치며 이렇게 말했다고 합니다. "우리는 그들의 멸망이 아니라 그들의 축복을 위해 기도합니다." 하나님은 신자든 아니든 모든 중국인의 하나님이심을 알게 하고, 교회를 핍박하는 사람들도 복음을 받아들이도록 기도해 달라는 것이었습니다.

투옥된 그 지도자는 하나님의 사랑을 잘 알고 있었습니다. 하나님은 가난한 사람뿐 아니라 가난한 사람을 압제하는 사람에게도 빛을 내려주십니다. 빛은 피조물을 향한 하나님의 위대한 사랑입니다. 왜 불의한 자에게도 축복을 주시냐고 불평할 수 있습니다. 그러나 우리는 이 질문을 통해 우리의 이해를 넘어 존재하시는 하나님의 광대한 사랑과 지혜에 도달할 수 있습니다. '왜 죄 없는 내게 고통을 주십니까?' 하고 항의하던 욥이 결국 하나님을 만난 것처럼 말입니다. 자신의 어려운 처지에서 사랑의 하나님께 마음의 눈을 돌리면 불평과 부끄러움 대신 감사가 찾아올 것입니다. 빛은 작은 마음을 넓혀 주는 하나님의 지혜입니다.

°°°모든 이에게 빛을 주시는 광대한 사랑의 주님을 만나게 하소서.

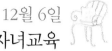

12월 6일
실패한 자녀교육

채찍과 꾸지람이 지혜를 주거늘
임의로 행하게 버려 둔 자식은 어미를 욕되게 하느니라(29:15)

현대 부모들은 학식은 높은데, 자녀교육은 그에 부응하지 못하고 있습니다. 베이비붐 세대는 학력도 높고 풍족함 속에서 자랐습니다. 그리고 부모가 된 후에는 풍요로움 속에서 자녀를 자유롭게 키웠습니다. 그러나 그들의 자녀교육 결과는 그리 좋지 못합니다. 자녀들은 이혼과 마약, 우울증 등으로 병들어가고 있으며, 신앙의 유산은 연기처럼 날아가 교회는 비어가고 있으니까요. 그리고 예전보다 효자가 늘었는지도 의문입니다.

엄격한 훈계 없이 금이야 옥이야 키운 자녀는 부모의 골칫덩이가 됩니다. 우리는 어른 아이 할 것 없이 본질적으로 죄인입니다. 그렇기 때문에 자녀의 생활을 그대로 내버려두면 사탄이 뿌리는 죄악의 씨앗이 자라나 악한 잡초 밭이 되고 맙니다. 그 마음에서 잡초를 뽑아내지 않으면 자녀에게 쏟았던 사랑의 비료는 잡초를 기르는 독약이 되고 말지요. 잡초를 뽑기 위해 부모는 채찍과 꾸지람으로 선악을 구분하는 훈련을 시켜야 합니다. 선악을 구분할 줄 아는 자녀는 성공과 영광으로 부모에게 기쁨을 주지만, 분별력 없는 자녀는 반복되는 실수와 실패로 근심과 수치를 안겨줍니다. 자녀교육의 가장 좋은 방법은 귀에 못이 박히도록 하나님 말씀을 읽어주는 것입니다.

°°°부모와 자녀가 함께 말씀을 배우는 평안과 기쁨의 가정이 되게 하소서.

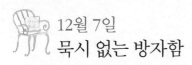

12월 7일
묵시 없는 방자함

묵시가 없으면 백성이 방자히 행하거니와
율법을 지키는 자는 복이 있느니라(29:18)

1970~1980년대에는 민주화 과정의 위기 때마다 고 김수환 추기경의 말씀에 귀를 기울였습니다. 그런 분들을 사회의 '어른'이라고 하는데, 큰 지혜를 가진 분이라는 존경의 표현입니다. 어른은 나가야 할 방향을 제시해 주고, 옳고 그름을 분명하게 구별해 줍니다. 어른이 없는 사회는 스스로 어른이라고 주장하는 소인배들 때문에 혼란스럽습니다. 여호수아가 죽은 뒤 이스라엘이 그랬습니다. "그 때에는 이스라엘에 왕이 없었으므로 사람마다 자기 소견에 옳은 대로 행하였더라"(삿 17:6). 현대 사회는 정의와 덕에 있어서 하나의 기준만을 인정하지 않고 다양성을 주장합니다. 전통보다는 개인의 신념이 우선이기에 너도 옳고 나도 옳다고 합니다. 이런 철학적 기반 위에 서 있는 삶은 불안할 수밖에 없습니다.

우리에게 가장 큰 어른은 하나님입니다. 하나님은 한 순간도 우리를 향한 묵시(계시의 말씀)를 회수하신 적이 없습니다. 우리가 귀 기울여 듣지 않고 멋대로 해석하고 활용하기 때문에 묵시가 없어 보이는 것입니다. 묵시를 듣지 않으면 사회가 건강해지지 않습니다. 그러나 묵시를 듣고 따르면 마치 무거운 바윗덩어리처럼 요동치 않고 평안합니다. 또 그들의 일상은 정돈되고 힘이 있습니다. 우리에게는 이런 어른 같은 친구가 필요합니다.

•••하나님 말씀에 육신을 복종시키는 어른의 믿음을 주소서.

말이 조급한 사람

네가 말이 조급한 사람을 보느냐
그보다 미련한 자에게 오히려 희망이 있느니라(29:20)

말이 조급한 사람은 구원의 희망이 가장 적은 사람입니다. 오늘 말씀에서 말이 조급하다는 뜻은 생각 없이 아무 말이나 지껄이는 것이 아닙니다. 오히려 반대의 의미로, 치밀하게 계획하여 거짓말을 꾸며내 회자시키는 것을 말합니다. 이런 사람이 가장 어리석은 사람입니다. 자신의 욕심을 채우는 데 급급한 나머지 자신의 말이 사회에 얼마나 해로운 영향을 미칠지는 고려하지 않기 때문입니다. 이런 사람은 아무리 선한 말도 곧이곧대로 듣지 않습니다. 하나님의 말씀도 마음에 들어올 리 없습니다. 구원을 스스로 거부하는 가장 어리석은 사람입니다.

캐나다의 어느 한인교회 목사님이 부임한 지 얼마 안 되어 사임했습니다. 신학박사 학위를 받은 설교와 가르침이 탁월한 분이었는데, 신문에 이 목사님의 비리를 고발하는 전면 광고가 실렸기 때문입니다. 이 광고는 모두 거짓으로 밝혀졌습니다. 교회를 좌지우지하던 한 장로가 자기 뜻을 따르지 않은 목사님을 쫓아내려고 고의로 꾸몄던 것입니다. 자신의 마음을 십자가 위에서 죽이고 하나님의 말씀에 복종시키지 않으면 누구나 이런 거짓된 말을 할 수 있습니다. 자신의 욕망에 스스로 노예가 되기 때문입니다.

***제 입에서 나오는 모든 말이 십자가에서 여과되게 하소서.

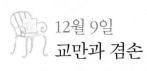

12월 9일
교만과 겸손

사람이 교만하면 낮아지게 되겠고 마음이 겸손하면 영예를 얻으리라(29:23)

교만과 겸손은 시대와 장소에 따라 의미가 변해 왔습니다. 그리스 로마시대에 겸손은 모욕을 의미했으며, 자신의 힘과 능력을 과시하며 공동체에 공헌하는 것은 명예로움을 의미했습니다. 그러나 성경에 따르면 교만은 자신의 죄를 부정하는 것입니다. 또 하나님이 주신 구원의 은혜를 거부하거나 무관심한 것을 의미합니다. 교만한 사람은 자신의 한계를 인정하지 않기에 다른 사람의 권리를 침해해도 부끄러워하지 않습니다. 반면 겸손한 사람은 자신의 죄를 인정하고 하나님을 의지합니다. 그리고 다른 사람의 영역을 침해하지 않습니다. 교만한 사람의 관심은 자신의 성공이지만, 겸손한 사람은 희생적 사랑을 추구합니다. 교만한 사람은 세상에서 자신의 모델을 찾지만, 겸손한 사람에게는 그리스도가 최고의 모델입니다.

노예해방의 선구자 윌리엄 윌버포스의 친구 윌리엄 피트는 24세의 나이에 영국 수상이 되어 17년 동안 집권했습니다. 그는 영국 교회의 회원이었지만 중생한 그리스도인은 아니었습니다. 임종하는 자리에서 그는 윌버포스의 손을 붙잡고 말했습니다. "난 자네가 부럽네. 죽는 것이 두려워. 하나님의 심판대 앞에 설 자신이 없어." 그는 눈을 감지 못한 채 숨을 거두었습니다. 하나님은 스스로 높이는 자를 낮추시고 낮추는 자를 높이십니다(마 23:12).

***매 순간 그리스도 앞에서 겸손을 배우게 하소서.

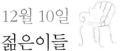

영혼을 미워하는 젊은이들

도둑과 짝하는 자는 자기의 영혼을 미워하는 자라
그는 저주를 들어도 진술하지 아니하느니라(29:24)

언젠가부터 조직폭력을 미화하는 분위기가 퍼지면서 청소년들이 어두운 세계의 유혹을 받고 있습니다. 공식적으로 부여받은 권위 없이 다른 사람의 신체를 상하게 하거나 재산에 해를 가하는 것은 제6계명과 제8계명을 어기는 것입니다. 또 부당하게 얻은 약탈물 가운데서 자신의 분깃을 얻으려는 것도 같은 죄를 범하는 것입니다. 쉽게 돈을 벌고, 멋있어 보여서 시작했다가는 거기서 벗어나기 어렵습니다. 이런 사람들에게는 사회가 정한 징계뿐 아니라 하나님의 심판도 있습니다.

고대 이스라엘에서는 자신이 본 것이나 알고 있는 것을 고백하지 않는 사람도 죄를 범한 사람과 동일하게 처벌받았습니다(레 5:1). 제9계명을 어긴 대가입니다. 도둑과 짝하는 사람은 재판장 앞에서 자신과 동료의 범행을 진술하지 않으려고 합니다. 벌 받을 것이 두렵기 때문이지요. 그런 자들의 말로는 자신의 영혼을 포기하는 비참함으로 끝납니다. '근묵자흑 근주자적(近墨者黑 近朱者赤)'이라는 말처럼 사람은 가까이 있는 사람을 닮아가게 됩니다. 지혜로운 사람은 도둑과 짝하지 않습니다. 하나님이 일거수일투족을 보고 계시는 분임을 알기에 자신의 영혼을 죄악의 세상에 팔 수 없기 때문입니다.

***죄를 죄로 깨닫고, 죄를 가까이 하지 않는 지혜를 주소서.

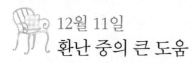

12월 11일
환난 중의 큰 도움

사람을 두려워하면 올무에 걸리게 되거니와
여호와를 의지하는 자는 안전하리라(29:25)

로마 가톨릭교회와 싸우던 루터는, 자기를 파문한 가톨릭교회가 언제 자신을 죽일지 모른다는 두려움으로 공포에 가득 차 있었습니다. 이를 본 아내 캐더린이 검은 상복을 입고 루터 앞에 섰습니다. 루터는 의아한 눈빛으로 "누가 죽었소?" 하고 물었습니다. 캐더린은 "하나님이 죽었어요." 하고 대답했습니다. 기 막혀 하는 루터를 향해 캐더린은 한 마디 덧붙였습니다. "당신의 얼굴을 보니 하나님이 죽었음이 분명해요." 하나님의 보호하심을 믿고 종교개혁을 시도한 루터가 사람들을 두려워하자 캐더린이 재치 있게 꼬집은 것입니다.

사람을 두려워하는 마음은 자기를 두렵게 하는 사람의 기준을 넘지 못합니다. 상대방의 힘이 자신보다 세다고 믿고, 상대방의 요구를 맞춰줄 수 없는 자신의 처지를 비관하며 두려움에 잠깁니다. 그나마 자신의 능력도 발휘하지 못한 채 실수만 연발합니다. 그러나 하나님을 의지하는 사람은 하나님의 무한하신 능력을 바라보기 때문에 두둑한 배짱을 갖게 됩니다. "하나님은 우리의 피난처요 힘이시니 환난 중에 만날 큰 도움이시라"(시 46:1). 아내에게 핀잔을 받은 루터는 이 말씀을 묵상하면서 용기를 얻었다고 합니다. 힘들 때 하늘을 바라보십시오. 그리고 하나님을 묵상하십시오. 지상의 어두운 그림자가 보이지 않을 것입니다.

***나를 위협하는 사람 뒤에 계신 하늘 아버지를 바라보게 하소서.

무지와 계시

나는 다른 사람에게 비하면 짐승이라 내게는 사람의 총명이 있지 아니하니라
나는 지혜를 배우지 못하였고 또 거룩하신 자를 아는 지식이 없거니와(30:2-3)

동방 최고의 의인이라 불렸던 욥은 말할 수 없는 고통 속에서 자신의 죄를 극구 부인하고 하나님을 원망했습니다. 그러나 친구들은 욥이 깨닫지 못한 죄가 분명히 있을 거라며 욥을 끈질기게 압박했습니다. 욥은 정말 죄가 없다며 완강히 버텼습니다. 그런 그에게 하나님이 나타나 물으셨습니다. "내가 땅의 기초를 놓을 때에 네가 어디 있었느냐"(욥 38:4). 계속되는 하나님의 질문 앞에서 욥은 한 마디 대답도 못했습니다. 하나님 앞에서 자신의 지혜와 지식은 실오라기 하나만도 못하다는 사실을 깨달았던 것입니다.

아굴은 잠언을 기록하기 전 자신의 무지를 고백합니다. 짐승처럼 사람의 총명도 없고, 지혜도 배우지 못했으며, 거룩하신 하나님을 아는 지식도 없다고 말합니다. 하나님의 계시의 말씀이 없으면 우리는 짐승만도 못하다는 고백이지요. 아굴은 욥이 뒤늦게 깨달은 지혜를 이미 알고 있었던 것입니다. 하나님의 계시가 없으면 인간은 불완전한 지식의 한계 속에서 좌절하고 맙니다. 그러나 하나님의 계시에 의지하는 사람은 세상이 깨닫지 못한 비밀을 알게 됩니다. 우리의 무지를 인정하고 하나님의 계시의 말씀에 의지해 보십시오. 세상이 다르게 보일 것입니다.

•••자신의 무지함을 인정하고 계시의 말씀에 의존하게 하소서.

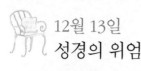

12월 13일
성경의 위엄

너는 그의 말씀에 더하지 말라 그가 너를 책망하시겠고 너는 거짓말하는 자가 될까 두려우니라(30:6)

세상의 모든 책과 문서는 미완결이지만 성경은 그 자체로 완결된 책입니다. 비록 시대의 흐름에 따라 다양하게 해석될 수 있지만 오류는 절대 없습니다. 하나님은 성령의 영감을 받은 기록자들을 통해 우리를 구원하려는 신실한 계획과 실천을 기록하셨습니다. 하나님은 완전함과 거룩함의 기원이기에 그분의 말씀도 완전하고 거룩합니다. 그분의 모든 말씀은 우리를 위한 순전한 사랑의 표현입니다.

영국의 왕 헨리 7세와 8세의 주치의였던 토머스 리나크르(Thomas Linacre, 1460~1524)는 죽기 전 4년 동안 수도원에서 수사로 살았습니다. 그곳에서 원어로 된 사복음서를 당시 유일한 번역본인 라틴어 성경과 비교하며 읽다가 일기에 이렇게 썼습니다. "이것(원어 성경)이 복음서가 아니든지 우리가 기독교인이 아니든지 둘 중 하나다." 라틴어 성경이 거듭된 왜곡으로 원어 성경의 메시지를 크게 훼손했음을 발견한 것입니다. 성경을 자신의 목적에 맞춰 가감하거나 해석하는 것은 심각한 죄악이며, 하나님의 진노를 초래하는 것입니다. 그러나 성경에 자신을 비춰 자신의 어리석음을 깨닫는 것은 거룩한 행위입니다. 성경은 우리를 거룩하게 변화시키는 거울입니다.

°°°최고의 존경과 사랑으로 하나님의 말씀을 대하게 하소서.

12월 14일
필요한 만큼만 주소서

나를 가난하게도 마옵시고 부하게도 마옵시고 오직 필요한 양식으로 나를 먹이시
옵소서 혹 내가 배불러서 하나님을 모른다 여호와가 누구냐 할까 하오며 혹 내가
가난하여 도둑질하고 내 하나님의 이름을 욕되게 할까 두려워함이니이다(30:8-9)

물질을 구하는 현대 그리스도인들의 기도는 대개 두 종류입니다. "조금만
더 주소서." 또는 "풍족하게 주소서." 현대인들에게 돈은 권력입니다. 그
래서 더 많은 돈을 추구합니다. 원래 돈의 주인은 하나님인데 이제는 사
람이 그 자리를 차지했습니다. 사람들은 자기가 땀 흘려 번 돈이니 자기
마음대로 쓸 권리가 있다고 주장합니다.

그러나 아굴의 기도는 정반대입니다. 돈의 주인이 하나님임을 인정하며
돈을 달라고 합니다. 그리고 돈을 주시되 가난하지도 않고 부하지도 않고
오직 필요한 양식을 살 만큼만 달라고 합니다. 그 이유가 아름답습니다.
가난하면 도둑질로 하나님의 이름을 욕되게 하고, 부해지면 하나님을 모
른다고 부인할까 두렵기 때문입니다. 돈은 필요한 것이지만, 돈 때문에
하나님을 잃어버리고 싶지 않다는 신실한 믿음의 고백입니다. 프랑스 남
부의 작은 도시에서 가난한 학자로 살며, 돈으로 인한 사탄의 유혹에서
벗어나기 위해 고생했던 자끄 엘룰은 '돈은 악한 것'이라고 단언했습니
다. 돈이 현대인들의 신앙에 악영향을 미치고 있음을 경고한 것입니다.
이제 아굴의 기도를 드립시다. 이는 하나님을 멀리하게 만드는 돈의 유혹
에서 벗어나기 위한 경건의 훈련입니다.

···더도 말고 덜도 말고 꼭 필요한 만큼만 돈을 주소서.

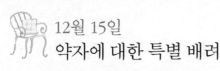

12월 15일
약자에 대한 특별 배려

너는 종을 그의 상전에게 비방하지 말라 그가 너를 저주하겠고 너는 죄책을 당할까
두려우니라(30:10)

출애굽기 20장에서 40장까지는 언약의 핵심인 십계명과 제단에 관한 계
명이 수록돼 있습니다. 그리고 사회법이 시작되는 다음 장에서는 종의 권
리에 관한 법(출 21:1-6)을 언급하고 있습니다. 이는 하나님이 이집트에서 종
살이하던 이스라엘을 구원하셨듯, 이스라엘 안에 있는 종들에게 특별한
관심이 있으시다는 의미입니다.

하나님은 약자들의 편이십니다. 남의 집에서 종살이하는 사회적인 약자
를 그의 상전에게 비방하는 것은 그들을 사랑하시는 하나님의 마음을 아
프게 하는 행위입니다.

임시직이나 비정규직 노동자들처럼 권리가 제한된 사람들의 약점을 악용
하는 고용주나 관리자들이 있습니다. 이들의 원성은 하나님의 귀에 그대
로 들어간다는 사실을 잊지 말아야 합니다. 사람을 대할 때 사회적 지위
가 낮다고 근거 없는 비방을 하거나 안전을 위협해서는 안 됩니다. 모든
인간관계는 "남에게 대접받고자 하는 대로 너희도 남에게 대접하라"(마
7:12)는 예수님의 말씀이 기준입니다. 이 말씀을 실천하지 않고는 사랑의
공동체를 이룰 수 없습니다.

•••약자들을 대할 때 특히 하나님을 의식하게 하소서.

오만한 사람이 되지 않으려면

스스로 깨끗한 자로 여기면서도 자기의 더러운 것을 씻지 아니하는 무리가
있느니라 눈이 심히 높으며 눈꺼풀이 높이 들린 무리가 있느니라(30:12-13)

낳아주고 길러주신 부모님을 저주하고 축복하지 않는 사람, 자기가 최고
권위자인 것처럼 사람들을 얕잡아 보는 사람, 가난한 사람들을 등쳐먹고
사는 사람…. 이들의 공통점은 하나님의 율법을 고의적으로 지키지 않는
다는 것입니다. 처음부터 율법을 거부하는 사람은 없습니다. 사람에게는
본능적으로 도덕성이라는 양심이 있기 때문입니다(롬 1:20; 2:14-15). 사탄의
전략은 우리의 마음이 조금씩 율법에서 멀어지게 만드는 것입니다. 이 수
법은 아주 효과적입니다. 우리는 큰 양심의 가책 없이 율법에서 살짝 벗
어나는 경험을 가끔 합니다. 우리의 속된 자아는 양심이 느슨해진 틈을
타 욕심을 채우기 위한 지름길과 편법에 살며시 손을 대기 시작하지요.
그것을 거절할 수 있는 힘은 율법에 대한 지극한 사랑과 두려움에서 나옵
니다.

다윗은 하나님을 조롱하는 교만한 자들에게 둘러싸여 수없이 조롱당했습
니다. 그럴 때마다 죽을 힘을 다해 하나님의 법도를 떠나지 않았습니다(시
119:51). 오만한 무리에 속하지 않는 가장 적극적인 방법은 다윗처럼 하나
님의 율법을 목숨 걸고 지키는 것입니다. 도덕적 경계선이 희미해지는 세
상에서 그리스도인에게 율법은 갈수록 소중해지고 있습니다.

●●●율법으로 세상의 악한 풍조를 거스를 수 있는 믿음을 주소서.

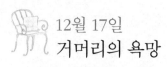

12월 17일
거머리의 욕망

거머리에게는 두 딸이 있어 다오 다오 하느니라 족한 줄을 알지 못하여 족하다 하지 아니하는 것 서넛이 있나니 곧 스올과 아이 배지 못하는 태와 물로 채울 수 없는 땅과 족하다 하지 아니하는 불이니라(30:15-16)

거머리는 사람의 피부에 달라붙어 자기 몸이 가득 찰 때까지 피를 빨아들입니다. 마치 배고픈 아이가 엄마 젖을 물고 배가 부를 때까지 계속 젖을 빠는 것처럼 거머리의 흡혈은 끝이 없습니다. 죄인들을 끝없이 삼키는 스올(지옥), 불임 여성의 자식을 바라는 끝없는 갈구, 가뭄으로 갈라져 아무리 물을 부어도 끝이 없는 땅, 산에 있는 나무를 다 태울 듯 멈추지 않는 산불…. 이런 것들은 만족을 모르는 사람의 욕심과 욕망을 상징합니다.

사람의 마음은 만족할 때까지 계속 갈증을 느낍니다. 알코올중독인 한 이혼남이 이렇게 고백했습니다. "일주일 내내 술을 마셔도 모자랍니다. 아내와 딸에게 인정받지 못하고 버림받았다고 생각하면 견딜 수가 없습니다. 나는 사랑받고 사랑하고 싶습니다." 이 사람은 아내에게 사랑받지 못한다고 생각했기 때문에 이혼한 것입니다. 사랑받고 싶어하는 마음도 거머리가 피를 빠는 것처럼 끝이 없습니다. 우리의 마음을 만족시킬 수 있는 것은 순결한 사랑입니다. 그리스도 안에서 하나님의 온전한 사랑을 체험하지 못한다면, 우리는 세상에서 만족을 찾기 위해 끝없이 방황할 것입니다. 욕망의 불을 빨리 끄고 하나님의 은혜를 맛보십시오. 세상과 사람들을 향한 불만이 서서히 가라앉을 것입니다.

***하나님의 사랑으로 영혼의 갈증을 해갈시켜 주소서.

자취는 없어도 사실은 남는다

내가 심히 기이히 여기고도 깨닫지 못하는 것 서넛이 있나니 곧 공중에
날아다니는 독수리의 자취와 반석 위로 기어 다니는 뱀의 자취와 바다로
지나다니는 배의 자취와 남자가 여자와 함께 한 자취며(30:18-19)

작은 마을에 한 여자에 대한 소문이 돌았습니다. 미군 부대 흑인 사병과
연애한다는 소문이었습니다. 여자의 가족은 증거를 대라며 소문을 부인
했습니다. 그런데 몇 달 뒤 그 여자가 마을에서 사라졌습니다. 피부가 검
은 아이를 낳자 가족들이 동네 사람들 몰래 떠나보냈던 것입니다. 여자의
가족은 물론이고 마을 사람들의 충격은 이만저만이 아니었습니다.

공중을 나는 독수리, 바위 위를 기는 뱀, 바다 위를 항해하는 배, 남녀의
함께함, 이 모든 것은 지나고 나면 밥 먹고 입 닦은 것처럼 자취를 남기지
않습니다. 사람들은 남녀가 잠을 자고 헤어지면 아무 자취도 없을 것이라
생각하고 사창가를 드나들거나 혼외정사를 즐깁니다. 그러나 사실은 사
라지지 않습니다. 결과 또한 반드시 드러납니다. 아무리 완벽히 흔적을
지웠다 하더라도 모든 죄악은 파괴적인 결과를 가져옵니다. 그것은 극히
작은 죄악까지도 그냥 넘기시지 않는 하나님의 공의로운 심판입니다. 배
우자가 아닌 사람과 성관계를 가지면 양심의 고통과 가정의 불화, 사회의
타락이라는 후유증이 예외 없이 닥칩니다. 성적 순결을 지키면 자유로운
양심으로 하나님 앞에 당당하게 나아갈 수 있습니다. 순결을 지키는 데
힘써야 합니다.

•••삶의 자취보다 삶의 내용을 지키는 자가 되게 하소서.

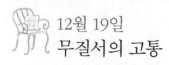

12월 19일
무질서의 고통

세상을 진동시키며 세상이 견딜 수 없게 하는 것 서넛이 있나니 곧 종이 임금된 것과 미련한 자가 음식으로 배부른 것과 미움 받는 여자가 시집 간 것과 여종이 주모를 이은 것이니라(30:21-23)

한국전쟁 때 북한군이 주둔한 마을에서는 '완장'이 권력자 노릇을 했습니다. 인민군은 프롤레타리아 혁명군답게 머슴이나 소작농들의 팔에 완장을 채워주고 지주나 공무원의 가족을 숙청하는 데 앞장세웠습니다. 완장을 찬 사람들은 권력에 취해 마음대로 사람들을 해쳤습니다. 마을의 질서가 깨지자 사람들은 공포에 떨었습니다. 홍위병들이 주름잡던 중국의 문화혁명 때도 마찬가지였습니다. 제자가 스승을 반동으로 내몰기도 했으니까요.

질서는 권위와 신뢰를 바탕으로 합니다. 종이 임금이 된 것은 임금에게 바쳐야 하는 신뢰와 충성을 저버린 것입니다. 미련한 자가 배가 불러 눈에 보이는 것 없이 설치는 것은 사회 권위를 무시하는 것입니다. 험한 말과 거친 행실로 미움받는 여자가 시집을 가면 그 집안의 신뢰가 흔들리게 됩니다. 여종이 정당한 절차 없이 주모(궁궐의 여성 최고 권위자)가 되면 세상의 권위는 땅에 떨어집니다. 하나님은 사람들이 이성과 양심에 따라 조화롭고 질서 있게 살도록 하셨습니다. 욕심과 야망은 하나님의 뜻을 거부하는 죄악입니다. 만약 이 죄악이 질서를 이긴다면 세상은 무질서한 고통의 땅이 될 것입니다. 그러나 하나님 말씀에 순종하는 사람은 질서 있고 규모 있는 삶 속에서 기쁨과 자유를 누릴 것입니다.

***질서를 넘어 욕망을 성취하고자 하는 유혹을 이기게 하소서.

우리의 생존 전략

땅에 작고도 가장 지혜로운 것 넷이 있나니 곧 힘이 없는 종류로되 먹을 것을 여름에 준비하는 개미와 약한 종류로되 집을 바위 사이에 짓는 사반과 임금이 없으되 다 떼를 지어 나아가는 메뚜기와 손에 잡힐 만하여도 왕궁에 있는 도마뱀이니라(30:24-28)

땅위의 미물들을 자세히 살펴보면 나름대로 지혜로운 생존방식을 가지고 있습니다. 개미는 아주 힘없는 존재지만 여름에 부지런히 곡식을 모아 생명을 유지합니다. 맹수에게 쉽게 잡아먹히는 약한 오소리는 바위틈에 집을 지어 안전하게 거주합니다. 메뚜기는 인간처럼 리더는 없지만 떼를 지어 다니며 큰 힘을 발휘합니다. 도마뱀은 사람들 손에 잡혀 죽기 딱 알맞지만 민첩함으로 왕궁과 같은 화려한 곳에서도 서식합니다. 사람들은 이런 미물들의 생존 방식을 자연적 본능이라고 합니다. 그러나 예수님은 미물들이 살아가는 것은 하나님의 섭리와 은혜라고 가르치십니다(마 6:26-30).

이집트에 종으로 팔려간 요셉은 언제라도 죽임을 당하거나 버림받을 수 있었습니다. 그런 요셉이 크게 성공할 수 있었던 것은 하나님을 떠나지 않고 그분이 주시는 지혜를 따랐기 때문입니다. 하나님의 말씀에 순종하는 사람은 언뜻 보면 많은 불이익을 당하는 것 같습니다. 그러나 예수님은 "온유한 사람은 복이 있나니 그들이 땅을 기업으로 받을 것"(마 5:5)이라고 말씀하셨습니다. 만물의 영장인 사람도 미물과 생존 방식은 같습니다. 하나님이 주시는 지혜에 의지해서 자신의 약점을 극복하는 것입니다.

***욕심 부리지 않는 미물들처럼 하나님의 지혜로 축복받게 하소서.

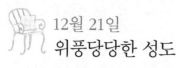

12월 21일
위풍당당한 성도

잘 걸으며 위풍 있게 다니는 것 서넛이 있나니 곧 짐승 중에 가장 강하여 아무 짐
승 앞에서도 물러가지 아니하는 사자와 사냥개와 숫염소와 및 당할 수 없는 왕이니
라(30:29-31)

어제의 말씀과 달리 아굴은 위풍당당한 동물들을 예로 듭니다. 동물의 제
왕인 사자는 걸음걸이와 갈기에서 왕 같은 품위를 느낄 수 있습니다. 꼬
리를 빳빳이 세우고 걸어 다니는 수탉(공동번역)과 양떼를 거느리고 앞서가
는 숫염소에서도 리더의 품격을 엿볼 수 있습니다. 힘 있는 군사를 뒤에
거느리고, 앞장서서 적군을 향해 포효하는 왕은 위풍당당의 대표적인 예
입니다. 이런 리더들에게서 우리는 두려움 없는 자신감을 배웁니다.

이러한 자신감과 품위는 우리가 배워서 바꿀 수 있는 성품이 아닙니다. 누
군가가 주어야 하는 것입니다. 바로 예수 그리스도께서 주셔야 하는 것이
지요. 우리는 우리 죄를 대신 지신 그리스도 안에서 그분을 믿음으로 담대
함과 확신을 가지고 하나님께 나아갈 수 있습니다(엡 3:12). 이제 우리는 그
리스도에 대한 믿음으로 저주받은 죄인이 아니라 의로운 사람이라 인정
받고 영원한 생명을 보장받았습니다. 이 확신으로 우리는 하나님의 자녀
로서 이 세상을 품위 있게 살아갈 수 있는 자격과 능력을 받았습니다. 하
나님의 사랑과 지혜로 거듭난 우리는 우리의 신앙을 세상 앞에 고백하고,
그 고백에 합당하게 자신감 넘치고 품위 있는 삶을 살아야 합니다.

•••그리스도 안에서 매일 담대히 살아가게 하소서.

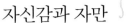

12월 22일
자신감과 자만

*만일 네가 미련하여 스스로 높은 체하였거나 혹 악한 일을 도모하였거든
네 손으로 입을 막으라 대저 젖을 저으면 엉긴 젖이 되고 코를 비틀면
피가 나는 것같이 노를 격동하면 다툼이 남이니라(30:32-33)*

아굴은 사자와 왕처럼 당당하고 품위 있는 성도가 되라고 권면한 뒤에 바로 스스로 자기를 높이는 어리석음은 사람의 분노를 일으켜 갈등을 일으킨다고 경고합니다. 자만한 말을 하는 사람은 다른 사람을 자기보다 낮추는 교만한 사람입니다. 자신을 자랑하는 사람은 마치 우유를 휘저어 버터를 만들고, 코를 비틀어 피를 흘리게 하는 것처럼 평화로운 사람의 마음을 분노로 채웁니다. 자기 자랑은 어리석은 일이기에 당장 그 입을 막아야 합니다.

자신감은 자만과 다릅니다. 자만하는 사람은 자기 능력을 의지하기 때문에 자기 약점을 두려워하지만, 자신감 있는 사람은 하나님의 능력을 의지하기 때문에 자기의 부족함을 염려하지 않습니다. 그리고 자신을 불필요하게 높이거나 드러내지 않고 오히려 낮추고 숨기는 겸손한 자세를 취합니다. 예수님은 모든 권세보다 높은 분이었지만 가난하고 병들고 소외된 낮은 자들의 친구셨습니다. 예수님은 수많은 기적을 행하셨지만 한 번도 자신을 높이는 말씀을 하지 않으셨습니다. 그러나 사람들은 그분의 사역에 경탄을 금치 못했습니다. 당당하고 품위 있게 사는 것은 자신을 높이는 것이 아니라 낮추는 것임을 잊지 말아야 합니다.

°°°자랑하고 싶은 마음을 겸손함으로 이기게 하소서.

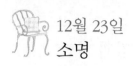

12월 23일
소명

네 힘을 여자들에게 쓰지 말며 왕들을 멸망시키는 일을 행하지 말지어다(31:3)

고대 중국 하나라에 걸(桀)이라는 걸출한 왕이 있었습니다. 힘으로는 아무도 그를 당할 자가 없었습니다. 파죽지세로 주변 나라를 정복하던 그가 유시씨(有施氏) 국의 매희라는 천하의 미인을 아내로 얻은 뒤로는 멸망의 길을 걸었습니다. 왕은 매희의 환심을 얻기 위해 궁전을 보석과 상아로 꾸미고 아름다운 정원을 만들어주었습니다. 매희는 한 술 더 떠서 정원에 연못을 만들어 술로 가득 채우고, 한쪽에는 고기를 쌓아 산을 만들었으며, 포육으로 숲까지 조성해 놓았습니다. 그리고 술로 만든 연못에 배를 띄워 왕과 함께 놀았습니다. 심지어 비단 찢는 소리가 좋아 매일 수백 필의 비단을 찢게 하기도 했습니다. 나라를 다스리는 일보다 매희를 만족시키는 데 골몰한 걸 왕 때문에 국고는 줄어들고 나라는 쇠퇴했습니다.

하나님은 왕과 백성에게 각자 해야 할 일을 주셨습니다. 왕은 백성을 보호하고 섬기는 일을 소명으로 받았습니다. 백성은 사람들에게 필요한 재화와 서비스를 생산하거나, 가정을 경영하고 자녀를 키우는 일을 소명으로 받았습니다. 자기 소명에 충성을 다하는 것이 하나님의 뜻에 따라 사는 복된 삶입니다.

***오늘도 제게 주신 소명을 마음에 새기고 충성케 하소서.

12월 24일
술 마시지 말라

르무엘아 포도주를 마시는 것이 왕들에게 마땅하지 아니하고 왕들에게
마땅하지 아니하며 독주를 찾는 것이 주권자들에게 마땅하지 않도다(31:4)

"술은 바른 생애로 수고하여 모은 재물을 빼앗으며 걸인과 죄인을 만들고
집을 망하게 하며 협잡과 뇌물과 사사로운 정을 성행케 하여 사무를 그르
치고 국재를 남용하며 부세를 무겁게 하고 유익한 일에 쓸 돈을 여러 백
만금씩 해로운 일에 허비하여 항상 군색하게 하니 만일 술에 없애는 재물
을 일용지물에 쓰면 사농공상이 다 흥왕하고 돈 없어 어려워하는 괴롬이
구름같이 흩어질지니 경제상으로나 도덕상으로 보면 술은 없이할 물건이
어늘 오늘날까지 그대로 두니 괴이하도다." 한국 교회 금주운동의 일환으
로 1897년 12월 29일자 〈대한크리스도인회보〉에 실린 기사의 일부입니
다. 100여 년 전에 술을 우려했던 것과 지금의 현실이 크게 다르지 않습니
다. 회식문화로 대변되는 한국의 술 문화는 술을 즐기는 수준을 넘어 로
비와 성문란이 난무하는 사회악이 되어 버렸습니다.

술에 취하면 올바른 판단을 하기 어렵습니다. 어리석은 사람은 술로 자신
의 어려운 상황을 잊고 싶어하지만, 깨어나면 더 깊은 괴로움이 찾아옵니
다. 사도 바울은 "술 취하지 말라 이는 방탕한 것"(엡 5:18)이라고 경고합니
다. 적어도 지도자는 술을 마시지 말아야 합니다. 작은 실수라도 허용하
면 안 되는 자리기 때문입니다.

***성령 충만함으로 술 취함의 유혹을 이기게 하소서.

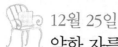

12월 25일
약한 자를 위해 입을 열라

너는 말 못하는 자와 모든 고독한 자의 송사를 위하여 입을 열지니라 너는 입을 열
어 공의로 재판하여 곤고한 자와 궁핍한 자를 신원할지니라(31:8-9)

러시아의 푸틴 총리는 세상에서 제일 바쁜 사람 가운데 한 명입니다. 어
느 날 푸틴은 시베리아의 한 도시로 날아가 곧장 한 공장으로 향했습니
다. 공장 대표 및 임직원들과 함께 회의하던 푸틴은 공장 대표를 일으켜
세우고는 "당신은 왜 직원들에게 밀린 임금을 주지 않는 겁니까?" 하고
몰아세웠습니다. 그러고는 어물어물하던 공장 대표에게 펜을 집어던지며
"바퀴벌레처럼 회피하지 말고 체불임금 지급각서에 서명하시오!" 하고 다
그쳤습니다. 화가 잔뜩 난 푸틴의 회의 장면은 러시아 텔레비전에 그대로
방송되었습니다. 푸틴 총리는 몇 달째 임금을 받지도 못하고 추위에 떨면
서 일하는 노동자들의 수호자라는 인상을 강하게 남겼습니다. 당연히 그
의 인기가 높을 수밖에 없지요.

하나님은 가난한 자와 궁핍한 자를 변호하는 것이 그분을 아는 것이라고
말씀하셨습니다(렘 22:16). 왕은 힘이 없어 사실대로 말하지 못하는 약자와
가난한 자의 편에 서서 공의롭게 재판할 때 비로소 하나님께 인정을 받습
니다. 권위와 권력은 섬김을 위한 것이지 군림을 위한 것이 아닙니다. 그
러므로 아랫사람에게 힘을 행사할 수 있는 위치에 있는 사람은, 겸손하신
예수님의 발자취를 따라 약한 자를 억누르려는 힘의 유혹에서 벗어나야
합니다.

***저보다 힘이 약한 자를 변호하는 의로운 사람이 되게 하소서.

현숙한 아내

누가 현숙한 여인을 찾아 얻겠느냐 그의 값은 진주보다 더 하니라 그런 자의 남편의 마음은 그를 믿나니 산업이 핍절하지 아니하겠으며 그런 자는 살아 있는 동안에 그의 남편에게 선을 행하고 악을 행하지 아니하느니라(31:10-12)

잠언 31장의 현숙한 여인에 대한 가르침을 해석할 때 조심해야 할 점이 있습니다. 남편이 일방적으로 현숙한 여인의 조건을 내밀고 아내를 판단해서는 안 된다는 것입니다. 이스라엘 백성은 잠언의 현숙한 여인을 모든 이스라엘 사람들이 따라야 할 모델로 삼았습니다. 이는 남편은 아내를 사랑하고 아내는 남편에게 복종하라는 사도 바울의 가르침과도 잘 어울립니다(엡 5:22-33).

한 남자의 인생에서 좋은 아내를 얻는 것보다 더 중요한 일은 없습니다. 좋은 아내는 무엇보다 하나님을 두려워하는 믿음을 가진 사람입니다. 하나님의 지혜를 사모하기에 남편에게 깊은 신뢰를 주며, 게으르지 않아 가정에 궁핍함이 없도록 가정 경제를 잘 운용합니다. 현숙한 아내는 남편에게 주신 하나님의 권위를 인정하며 언제나 선으로 대하기에 부부 사이에 평화와 질서가 있습니다. 아내는 권위를 가진 남편을 최선으로 섬기지 않을 수 없습니다. 남편은 신뢰할 수 있는 아내를 사랑하지 않을 수 없습니다. 이런 남편과 아내의 관계는 하나님이 우리 마음에 심어주신 자연 법칙입니다. 기도로 준비해 얻은 좋은 배우자는 외모나 경제사정과 상관없이 하나님의 축복이기에 감사할 수밖에 없습니다.

***하나님이 주신 배우자로 인해 감사하게 하소서.

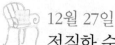

12월 27일
정직한 수고로 차리는 밥상

그는 양털과 삼을 구하여 부지런히 손으로 일하며 상인의 배와 같아서 먼 데서 양식을 가져 오며 밤이 새기 전에 일어나서 자기 집안 사람들에게 음식을 나누어 주며 여종들에게 일을 정하여 맡기며(31:13-15)

한 남자와 한 여자가 만나서 가정을 이루면 경제적으로 자립하는 것이 가장 큰 숙제입니다. 가정을 잘 경영해서 가족들이 안전하고 건강하게 살도록 하는 것이 하나님께 받은 부부의 소명입니다. 그런데 우리 사회에는 부동산 투기, 사채놀이처럼 돈으로 돈을 버는 '쉬운 노동'으로 가정 경제를 이루려는 여인들이 간혹 있습니다. 이런 여인은 한 가정의 경제는 세울지 모르지만 공동체에는 커다란 해악을 가져옵니다.

그러나 현숙한 여인은 부지런히 손을 놀려 양털과 삼으로 옷을 만들어 팔아 가족들에게 좋은 양식을 먹입니다. 왜 이 여인은 자신의 안락을 구하기 전에 가족을 먼저 보살필까요? 하나님의 말씀에 순종하기 때문입니다. 하나님은 "생육하고 번성하고 땅에 충만하라"(창 1:28)는 창조 소명을 모든 부부에게 주셨습니다. 야곱의 삶에서 보는 것처럼 우리는 이마에 땀을 흘리고 고통스러운 수고를 감당해야 이 소명을 지킬 수 있습니다. 현숙한 여인은 악인들이 추구하는 지름길에 마음을 팔지 않고, 땀을 흘리는 정직한 노동의 대가로 '깨끗한' 밥상을 가족 앞에 내놓습니다. 자녀들은 이런 밥상 앞에서 하나님의 지혜로 정직하게 살아가는 삶을 배우게 됩니다.

***날마다 정직하게 일한 대가로 밥을 먹게 하소서.

등불이 꺼지지 않는 축복

밭을 살펴보고 사며 자기의 손으로 번 것을 가지고 포도원을 일구며
힘 있게 허리를 묶으며 자기의 팔을 강하게 하며 자기의 장사가
잘 되는 줄을 깨닫고 밤에 등불을 끄지 아니하며(31:16~18)

현숙한 여인은 정직하고 성실한 사업으로 가정 경제를 윤택하게 합니다.
열심히 일해 모은 재산은 보기에 좋고 쉽게 사라지지도 않습니다. "밤에
등불을 끄지 아니하며"라는 표현은 밤늦게까지 일한다는 뜻보다는 재산
을 오랫동안 누린다는 의미로 해석하는 것이 더 타당합니다. 구약에서 밤
새도록 타는 등불은 생명을, 밤에 꺼진 등불은 큰 불행을 의미합니다(렘
25:10; 욥 18:6). 곧 현숙한 여인이 모은 재산으로 인해 집안에 밤새도록 등불
을 켜놓을 수 있는 여유를 갖게 된다는 뜻입니다.

보릿고개 시절 한 장로님이 폐결핵에 걸려 죽음을 앞두고 있었습니다. 이
제 가정 경제는 부인 권사님의 책임이 되었습니다. 권사님은 육체노동을
해본 적이 없었지만 달리 방도가 없었습니다. 그래서 일용노동시장부터
시작해 싸전, 포목점, 소매점 등 힘든 일을 마다하지 않고 뭐든 다 했습니
다. 몇 년 뒤에 권사님 가족은 단칸 지하방에서 지상의 번듯한 집으로 이
사했습니다. 그리고 남편의 병도 고칠 수 있었습니다. 게다가 네 자녀도
모두 훌륭하게 키워 출가시켰습니다. 권사님의 고운 손마디는 많이 굵어
졌지만, 권사님은 남편과 자녀들을 볼 때마다 하나님의 축복에 감격한다
고 합니다. 정말 현숙한 여인입니다.

°°°성실한 노력으로 윤택한 삶을 누리게 하소서.

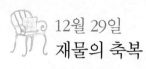

12월 29일
재물의 축복

그는 곤고한 자에게 손을 펴며 궁핍한 자를 위하여 손을 내밀며 자기 집 사람들은 다 홍색 옷을 입었으므로 눈이 와도 그는 자기 집 사람들을 위하여 염려하지 아니하며 그는 자기를 위하여 아름다운 이불을 지으며 세마포와 자색 옷을 입으며(31:20-22)

현숙한 여인은 하나님이 주신 재물을 잘 사용해서 하나님을 기쁘시게 합니다. 현숙한 여인은 가족들에게 좋은 음식을 먹이고 따뜻한 옷을 입혀 추운 겨울에도 몸이 얼지 않도록 합니다. 또 자기를 위해 푹신하고 쾌적한 이불을 만들고 멋진 세마포와 자색 옷을 입어 사람들에게 아름다움을 선사합니다. 자신과 가족들에게 지나치게 아끼고 인색하게 구는 것은 하나님을 구두쇠로 여기는 것과 같습니다. 하나님은 너그럽고 풍성하신 분입니다. 미래에 대한 염려로 재물을 통장에만 쌓아두는 것보다, 주신 복을 자신과 가족들을 위해 적절히 사용하고 누리는 것이 믿음입니다.

그러나 현숙한 여인은 재물을 가족에게만 사용하지 않습니다. 곤고하고 궁핍한 사람들에게 자비로운 손을 내밀어 그들이 절망하고 미움에 사로잡히지 않게 합니다. 나누어줄 것이 없는 사람은 없습니다. 시냇물이 위에서 아래로 흐르듯, 재물은 있는 사람의 손에서 없는 사람의 손으로 쉴새 없이 흘러야 합니다. 자비의 손길은 빡빡한 세상에 오아시스 같은 기쁨을 줍니다. 이렇게 사용하는 재물은 모든 사람에게 하나님의 축복이 됩니다.

•••주님이 주신 재물을 지혜롭게 사용할 수 있는 믿음을 주소서.

내조의 여왕

그의 남편은 그 땅의 장로들과 함께 성문에 앉으며 사람들의 인정을 받으며
그는 베로 옷을 지어 팔며 띠를 만들어 상인들에게 맡기며
자기의 집안일을 보살피고 게을리 얻은 양식을 먹지 아니하나니(31:23-24, 27)

현숙한 여인은 자신의 영화와 풍요를 꿈꾸지 않습니다. 가족들이 존경받
고 사랑받을 수 있도록 돕습니다. 남편이 다른 지도자들과 함께 일하고
사람들에게 인정을 받을 수 있도록 내조를 아끼지 않습니다. 자녀를 양육
할 때도 세상에서 성공하는 처세술이 아닌 하나님의 지혜를 가르칩니다.
그러므로 현숙한 여인의 입에서 나오는 말은 인자하고 자비로우며 친절
합니다. 또 현숙한 여인은 자기 손으로 벌지 않은 게으른 양식은 먹지 않
음으로 자녀들에게 세상을 어떻게 살아야 하는지를 삶으로 가르칩니다.
현숙한 여인은 내조의 여왕입니다.

현숙한 여인이 추구하는 것은 남편과 자녀의 부귀영화가 아닙니다. 하나
님이 맡기신 역할에 충성하는 것, 그 자체를 추구합니다. 현숙한 여인의
헌신적인 노력으로 가족들은 명예를 얻고 정당한 부를 축적해, 세상에 충
만하라는 하나님의 명령을 따를 수 있게 됩니다. 이처럼 우리가 자신의
욕망이 아니라 하나님의 부르심에 충성할 때, 하나님은 우리에게 능력과
존귀로 옷 입히시고 미래에 곤경이 닥쳐와도 웃을 수 있도록 도와주십니
다. 신실하신 하나님을 믿으며 서로 내조하는 가정이 되기를 소원합니다.

***제 영광보다 하나님의 지혜를 구하며 살게 하소서.

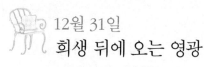

12월 31일
희생 뒤에 오는 영광

그의 자식들은 일어나 감사하며 그의 남편은 칭찬하기를 덕행 있는 여자가 많으나 그대는 모든 여자보다 뛰어나다 하느니라(31:28-29)

여섯 남매를 모두 미국의 최고 엘리트 학교에서 공부시키고 훌륭한 인재로 키워낸 전혜성 여사만큼 행복한 여인도 없을 것입니다. 자녀들이 모두 훌륭한 지도자가 되었을 뿐 아니라 사회에서 존경받는 겸양의 미덕을 갖췄기 때문입니다. 그녀는 아이들이 어릴 때부터 매일 가정예배를 드리며 '낮아지고 섬기는 사람이 되라'고 가르쳤습니다. 또 '공부해라'가 아니라 '공부하자'고 권면하면서 아이들과 함께 공부해 자신도 박사학위를 두 개나 받았습니다. 본인 스스로 모범을 보인 것입니다. 전 여사의 자녀들에게 어머니는 존경과 사랑과 감사의 대상입니다. 일찍 작고한 남편 역시 생전에 아내를 사랑하고 존경했다고 합니다.

현숙한 여인은 가족을 위해 자신을 희생합니다. 그리고 가족은 존경과 감사와 사랑으로 보답합니다. 이것이 하나님이 인간 세상에 세워놓으신 변하지 않는 삶의 법칙입니다. 예수님은 우리를 위해 자기 몸을 희생 제물로 드려 하나님의 뜻에 복종하셨습니다. 그리고 하나님은 예수님을 죽음에서 일으켜 모든 이름 위에 높이 세우시고 하늘과 땅과 땅 아래의 모든 자들이 그분 앞에 무릎 꿇게 하셨습니다(빌 2:6-11). 현숙한 여인처럼 예수님을 닮은 사람도 찾기 힘듭니다. 하나님은 겸손하고 희생하는 사람에게 영광을 주십니다.

***제 영광이 아니라 주님이 주시는 영광을 구하는 삶을 살게 하소서.

금메달

> 고운 것도 거짓되고 아름다운 것도 헛되나 오직 여호와를 경외하는 여자는
> 칭찬을 받을 것이라 그 손의 열매가 그에게로 돌아갈 것이요
> 그 행한 일로 말미암아 성문에서 칭찬을 받으리라(31:30-31)

강남 거리에 다니는 여성들의 얼굴은 비슷비슷하다는 말이 있습니다. 성형수술로 얼굴이 모두 연예인을 닮아간다는 진담 같은 농담입니다. 왜 그들은 성형수술을 하면서까지 예뻐지고 싶은 걸까요? 많은 이유가 있겠지만 사람의 관심을 끌고 자랑하고 싶은 마음 때문이 아닐까요? 그러나 오늘의 말씀은 분명히 선포합니다. "고운 것도 거짓되고 아름다운 것도 헛되나"라고 말입니다. 곱고 아름다운 것은 하나님의 선물입니다. 그러나 마음의 동기가 문제입니다. 하나님보다 사람들의 반응이 더 중요해서 곱고 아름다워지려고 한다면 부질없는 짓입니다. 외모에 대한 사람의 칭찬은 순식간에 사라집니다.

그러나 하나님을 경외하는 사람은 하나님의 칭찬을 받고 싶어합니다. 그래서 그리스도를 닮기 위해 부지런히 자기를 부인하며 십자가를 지는 훈련을 합니다. 이 세상의 성취보다 내세의 영광을 묵상하며 오늘의 고난을 이겨냅니다. 하나님은 성실하고 정직한 손길에 영광의 열매를 주십니다. 우리가 천국에 갈 때는 이 땅에서 거둔 열매, 즉 금메달을 가져갈 것입니다(사 60:1-9; 계 21:24). 오직 여호와를 경외함으로 금메달의 영광을 누립시다.

✱✱✱오직 여호와를 경외하는 믿음의 경주를 하게 하소서.

말씀으로 배우는 삶의 지혜

잠언 365

초판 1쇄 발행 2010년 12월 15일
초판 18쇄 발행 2024년 12월 12일

지은이   이범의 · 이대경 · 이효재

펴낸이   곽성종
책임편집   방재경
본문디자인   선한이웃

펴낸곳   (주)아가페출판사
등 록   제21-754호(1995. 4. 12)
주 소   (08806) 서울시 관악구 남부순환로 2082-33(남현동)
전 화   584-4835(본사) 522-5148(편집부)
팩 스   586-3078(본사) 586-3088(편집부)
홈페이지   www.agape25.com
판 권   ⓒ (주)아가페출판사 2009
ISBN   978-89-537-8057-6 (03230)

아가페 출판사

분당직영서점   전화 (031) 714-7273 | 팩스 (031) 714-7177
인터넷서점   www.agapemall.co.kr
              *인터넷에서 '아가페몰'을 검색하세요.